AF667593

Gerhard Oppel

Verflixter Lernkäfig!

Über den Autor

Er bezeichnet sich selbst als »Sonntagsdenker und Montagsdichter« (Jahrgang 42). Beruflich ein Mann des Vertriebs, kam er erst spät über den Werbetext zur Schriftstellerei. Sein besonderes Interesse gilt den unausweichlichen Fragen, die zeitgemäß zu beantworten sind. Dazu stellt er Gedankengut der Philosophie, der Psychologie, sowie lyrisches Talent bereit, und er hält edle, großherzige Gedanken, die wir in uns hegen, für die wahren Juwelen des Menschen. Der Autor schätzt die Fantasie als wichtiges Werkzeug beim »Handwerk« des Schreibens, denn ihr verdankt er seine oft ungewöhnlichen Einfälle. Im vorliegenden Band aber versucht sich der Autor als Erzähler; die erwähnten Vorlieben für Tiefgründiges werden gelegentlich auch in seinen Geschichten spürbar. Seine leibhaftigen Internatsgeschichten sind übrigens das Erstlingswerk des späten Autors, folglich ist's »die Spätlese aus einem Lernkäfig«.

Gerhard Oppel

Verflixter Lernkäfig!

Leibhaftige Internatsgeschichten

1953-59

Bookmundo

Impressum

Verflixter Lernkäfig!
Leibhaftige Internatsgeschichten 1953-1959

1. Auflage August 2022
ISBN: 9789403670461

Cover-Gestaltung, Foto, Satz und Korrektur durch den Autor; seine Webseite: www.oppelweb.de

Selfpublishing-Portal: Bookmundo Rotterdam
Gedruckt in Deutschland

Bibliografische Informationen der Deutschen Nationalbibliothek sind abrufbar: http://dnb.d-nb.de

Inhaltsverzeichnis

Vorwort

Weil es ja nie zu früh und selten zu spät ist, wofür auch immer man dieses Motto anwendet, so hatte ich mich endlich dazu durchgerungen, etwas Ordnung in meine gut gestreuten Unterlagen zu bringen. Hierbei entdeckte ich ein längst vergessenes Manuskriptfragment aus jungen Jahren, in dem ich Episoden meiner Internatszeit schier unlesbar zu Papier gebracht hatte.
So begann ich also damit, mich in die Hieroglyphen meiner Jugendpfote einzulesen. Allmählich erstand dieses Bollwerk der Erziehung wieder vor geistigem Auge, jenes verhasste und zugleich geliebte Cassianeum, das den Wandel, sozusagen vom Kind zum Manne, so eisern und entschlossen begleitet hatte. Es traten jene skurrilen Gestalten wieder deutlich hervor, die in langen Jahrzehnten immer mehr verblasst, und schließlich in der Versenkung verschwunden waren, darunter Gestalten mit himmelschreienden Profilen. Mir schien bei der Lektüre die Zeit zurückzulaufen, in jene labenden Gefilde von Unfug und Schadenfreude einer scheinbar zügellosen Schülerbande, in der auch ich einst agierte.
Es war eine interessante Zeit! Das war für mich der eine Beweggrund gewesen, das Manuskript fertig zu stellen, um wieder ein Stück Vergangenheit ans Licht zu holen. Und zum Zweiten: Man ist doch kein Egoist – sollen doch auch interessierte Zeitgenossen Zutritt in das Panoptikum dieser sechs Flegeljahre erhalten. Eines Internatsalltags, den manche vielleicht aus eigener

Erfahrung kennen, anderen dürfte vieles völlig fremd vorkommen, uns allen aber möge es Vergnügen bereiten, wenn wir uns dahin versetzen. Würde ich heute gefragt, was ich von einer *Internierung* halte? Diese Frage könnten sich beispielsweise Leser, selbstverständlich auch Leserinnen, stellen – inzwischen wird ja auf *Teufel-komm-raus* gegendert – die für ihren Nachwuchs Ausschau nach einer geeigneten Lösung halten. Ich möchte nur für den Fall dazu raten, wenn es aus widrigen Umständen eben kaum anders geht. Besser finde ich es allemal, wenn ein warmherziges Zuhause die Entwicklungsbasis für den jungen Menschen bildet. Die Gefahr einer Entfremdung von Elternhaus, Spielkameraden und der kindlichen Heimat sind beträchtlich, und in meiner persönlichen Historie führte der Weg auch nie wieder so richtig dorthin zurück. Das trotzdem, obwohl ich meinen Eltern im Herzen immer ein dankbarer Sohn geblieben bin, dies nur nebenbei bemerkt.

Selbstverständlich wollte ich die Schreibe des Jugendlichen nicht völlig mit der Formulierung eines in die Jahre gekommen Erwachsenen überkleistern, andererseits durfte ich meine Glaubwürdigkeit beim Reflektieren der jugendlichen Erlebnisse nicht aufs Spiel setzen. Ein Problem, das auftritt, wenn sich zwei stark unterschiedliche Lebensalter des Autors am selben Buch zu schaffen machen. Deswegen bemühte ich mich um eine behutsame Überarbeitung der frühen Vorlage, die etwa fürs erste Viertel des Gesamttextes existierte, und versuchte, einen stilistischen Mittelweg bei der

Fortführung des Fragments zu gehen. Ob der Leser bemerkt, wo der Alte eingreift, anschließt? Zuvor musste ich mich regelrecht von schweren geistigen Ketten befreien, die ich als eher mittelmäßiger Notensammler einst im Fach Deutsch mit mir fast lebenslang herumschleppte. Stark behindernd empfand ich die *vogelwilde* Grammatik. Sie ist mir im Grunde bis heute ein allgegenwärtiger Hemmschuh beim Schreibhobby geblieben. Damit haben wir uns vorsichtig meiner Bitte an die Leserin, den Leser genähert, bei entdeckten Schwachstellen im Text doch Nachsicht zu üben. Glücklicherweise kommt es beim Schreiben vor allem auf Inhalt und Ideenreichtum an. Mangelt es daran, kann selbst die tadelloseste Grammatik nicht helfen, und auch kein richtig gesetztes Komma. Als exemplarischer Sturkopf gegenüber dieser, für mich konfliktträchtigen deutschen Grammatiklehre, dürfte ich eigentlich weder Gedicht noch Text veröffentlichen, wegen unzureichender Kenntnisse akademischer Spielregeln. Vermutlich möchten jetzt abertausende studierte Germanisten heftig mit den Köpfen nicken? Ätsch! Ich riskiere es trotzdem, und zwar ohne mit dem Buch durch eine grammatische Waschstraße zu fahren, wo Lektoren eifrig Texte schrubben. Das war es schon; es ist raus!

Doch etwas musste ich unbedingt ändern: Die Sie-Form des jungen Autors war mir ein Dorn im Auge, sie tat mir richtig weh, und folglich musste das SIE dem DU, dem EUCH weichen. Nun aber viel Vergnügen beim Lesen!

Der Jugend gewidmet –
dem Alter hinter die Ohren geschrieben!

Der erste Tag

Einige schlaflose Nächte waren dem unausweichlichen Ereignis schon vorausgegangen, das mit jedem Tag näher rückte und mir nicht geringen Kummer verursachte. Jede Freude war längst aus mir geflohen, weil ich nur noch dumpf an das dachte, was mich erwarten sollte. Wie soll das nur weiter gehen mit mir, war die Frage, die mich bleiern bedrückte, und auf die ich keine Antwort finden konnte. Unablässig stiegen in mir die belastenden Kainsmale wie Seifenblasen empor, die jedoch im Gegensatz zu solchen niemals platzten: Einzelkind, Einzelgänger, Eigenbrötler, ein schwerfälliger, träger und verträumter Schüler, eigensinnig, dickköpfig noch dazu. Was kann da schon gut gehen?

Vielleicht hat das meine Eltern bewogen, mich in Auftrag zu geben, an Profis, die nichts lieber tun, als unsereins zurechtzubiegen, um die Flausen auszutreiben. Meinen einzigen Trost in diesen schweren Tagen fand ich in der Vorstellung, dass es schulisch nicht arg viel schlimmer kommen konnte. Es war ja schon schlimm genug und mein Vater hatte den Lederriemen, mit dem er meine letzten Zeugnisse zu kommentieren pflegte, noch nicht fortgeworfen, er hing immer griffbereit hinter der Türe zum Lederlager. Dann, an einem sonnigen Septembertag des Jahres 1953 war es soweit. Mutter packte Hemden, Stümpfe, Unterwäsche und sonstiges *»Kleinod«* in den großen Koffer. Schnell wurde noch das eine oder andere besorgt, und als schließlich alles im Auto verstaut war, stopften wir zuletzt mein Federbett samt Kopfkissen zur Wagentüre hinein, dann kam der Abschied. Meine Mutter machte mir das Kreuzzeichen auf die Stirn und sprach mir mächtig Mut zu. So fühlte ich mich wie ein Boxer, den man in den Ring schickt. Schließlich fuhr Vater mich, den Elfjährigen, ins Knabeninstitut oder wie der Lateiner sagt, ins Cassianeum-Heilig-Kreuz nach Donauwörth. Der Anblick dieses Gebäudekomplexes machte mich sprachlos, ich war überwältigt. Die altehrwürdige Schönheit dieser Gebäude, ihr massiges Mauerwerk, ihre Ausdehnung und schiere Größe flößten mir Respekt ein. Daneben, die mächtige Kirche, ihr alles überragender Turm, der trotz seiner Höhe eher zierlich in seinem barocken Stil erschien. Der Blick ins Kircheninnere war atemberaubend; niemals zuvor hatte ich solch bauliche Schönheit bewusst wahrgenommen.

Dann führte uns der Weg, gesäumt vom Denkmal des Stifters zur Linken und der Ostseite des Kirchenschiffs zur Rechten, hinunter zum eisenbeschlagenen Eingangsportal, einer geschichtsträchtigen Klosterpforte. Mein Vater meldete mich bei der Pforte-Schwester an, deren Anblick auf der Stelle mein Heimweh steigerte.

Wie fremdartig das war! Die schwarze Ordenstracht mit dem kontrastierenden wuchtigen weißen, gerippten Tellerkragen, der wie ein Trompetentrichter eng den Hals umschloss und sogar noch den Kopf einbezog. Nur das faltige, gütig blickende Gesicht war im knappen Oval des Ausschnitts freigelegt, eingerahmt von einer schwarzen Kastenhaube mit einer Schleppe, die weit über den Rücken hinunterfiel. Um die Taille eine weiße Kordel, daran befestigt, der überdimensionale dunkle Rosenkranz mit seinem großen silbernen Kruzifix. Wir wurden von der Empfangsschwester zum Direktorat geleitet und während mein Vater dort vorsprach, wartete ich auf dem Flur. Anschließend trugen wir das Bettzeug an seinen Platz – der Koffer verschwand in einem der zahlreichen Schränke – und dann folgte an diesem Tage ein weiterer Abschied, am Parkplatz, von wo ich Vaters Auto schwermütig nachsah, bis es aus den Augen war.

Sogleich machte ich mich wieder auf die Suche nach meinem Spind, wo die Habseligkeiten flüchtig verstaut waren, denn in ihrer Nähe versprach ich mir im Augenblick den einzigen Halt. Eingebogen in den menschenleeren Seitengang, durchfuhr es mich heftig. Über meinem Kopf fauchte es ungeheuer tierisch und als ich erschrocken nach oben starrte, kam es mir frech entgegen:

»Schau doch nicht so blöd, Kleiner!« Zwei Bengel waren auf allen vieren dort oben von Schrank zu Schrank unterwegs und hatten offensichtlich mit Vergnügen die Nerven des *Neuen* strapaziert.

Ziemlich hilflos stand ich dann vor meinem braunen Holzschrank, den ich nun ordentlich einräumen wollte. Überhaupt machten die vielen, vielen Schränke den stärksten Eindruck auf mich. Links und rechts säumten sie die zahlreichen Seitengänge in zwei riesigen Stockwerken. Mehr als zweihundertfünfzig Schränke! Alle mit Namensschildern: Für jeden dieser Flegel einen, dachte das schockierte Einzelkind ängstlich. Plötzlich, wie aus dem Nichts, stand ein *Schwarzer*, ein Pater, neben mir und warf einen eindeutig friedlichen Blick in meinen Schrank. Verlegen wollte ich da nicht sein und so sagte ich tapfer mein »Grüß Gott« und fragte auch gleich, warum es denn so ruhig ist und wo denn die Schüler alle wären?

»Sie haben jetzt Studierzeit. Um diese Zeit sitzen sie oben in den Studiersälen vor ihren Büchern und lernen«, erhielt ich zuverlässig Auskunft. Es war nicht der erste Pater, den ich zu Gesicht bekam, es schritten viele vorbei. Dabei rauschte der füllige, fast bodenlange schwarze Stoff ihrer Talare, und die um die Hüfte geschlungene Kordel schwang rhythmisch im Schritt von der Taille hinab zu den beiden verknoteten Enden. Auch die Patres wirkten, wie auch die Schwestern in ihrer Ordenstracht, fremd und sehr exotisch auf mich. Doch sie alle waren freundlich, und einige fragten mich, wie ich hieße, woher ich käme, und immer bevor sie weitergingen, meinten sie, dass es mir hier schon gefallen werde.

Als ich meinen Schrank einigermaßen zweckmäßig eingerichtet hatte, begann ich mein neues Zuhause zu erkunden. Ich schlenderte also durch lange, ungewohnt hohe Gänge, guckte ehrfürchtig hinauf zu imposanten Deckenfreskos, welche in filigranen Stuckarbeiten eingefasst waren. Ich sah mir die riesigen goldgerahmten Bilder an, schielte durch etliche Schlüssellöcher, erspähte aber zu meiner Enttäuschung nur spartanische, stark abgenutzte Schulmöbel in Massen. Kein Wunder, bei den knapp siebenhundert Schülern, die wir ins-

gesamt mit den Externen waren. Wenn ich einem Pater begegnete, grinsten wir uns gegenseitig an und beschleunigten geschäftig unsere Schritte; was hätten wir sonst tun sollen? Schaute ich durch die überhohen Fenster nach draußen, breitete sich dort unten ein riesiger, menschenleerer Garten aus, durchzogen von weitläufigen Kieswegen. Begleitet wurde er von mächtigen Bäumen, und in seiner Mitte, auf weiten Wiesenflächen, sah ich die weißen Torgerüste von vier Fußballplätzen. Was soll da aus dir werden – ein Ballnachrenner?, regte sich die kritische Laune des Einzelgängers. Um es vorwegzunehmen: Ich wurde kein aktiver Fußballer, auch kein passiver, bis heute nicht. Solche Leute soll es tatsächlich noch geben und das ist gut so, da sonst womöglich die vielen Stadien vergrößert werden müssten – wer sollte das denn bezahlen?
Inzwischen war es sechzehn Uhr geworden und es schrillten Glocken auf allen Fluren und wie Donner setzte plötzlich ein Getrampel ein, unglaublicher Lärm für meine untrainierten, empfindlichen Ohren. Die Studierzeit war zu Ende und die Jungs stürmten auf die Gänge, stellten sich in Zweierreihen auf. Wir Neuankömmlinge bildeten schüchtern den Kopf der Schlange. Ein Pater übernahm das Kommando und der Zug setzte sich treppab in Bewegung, sodass die alten Holztreppen ihr schweres Los stöhnten. Die Züge aus den anderen Studiersälen schlossen sich an, bis die Schülerschlange sogar vom zweiten Stockwerk bis ins Erdgeschoss, in den Kreuzgang hinunterreichte, wo im angrenzenden Speisesaal der Kaffee bereitstand. Die

Neuen – man hieß uns jetzt ein ganzes Jahr lang so, bis es wieder *Neuere* gab – sie bekamen im vorderen Teil des Saales ihre Plätze zugeteilt. Da saßen wir und starrten mit offenen Mündern auf die Speisesaaltüre, in der so unglaublich viele fremde Gesichter zum Vorschein kamen. Wie Orgelpfeifen stuften sich die Altersgruppen in ihrer Körpergröße. Die Pimpfe, klein wie wir, waren uns natürlich sympathischer, denn die Großen flößten uns mächtig Respekt ein, und es waren viele. Man saß zu acht an langen Tischen. Davon gab es drei Reihen: nämlich eine Mittelreihe, eingefasst von zwei Tischreihen entlang der holzgetäfelten Seitenwände. Von Tisch zu Tisch ermöglichten kleine Abstände den eingezwängten Durchgang. Ich sah mich neugierig um. Die Tischtücher bewiesen Standhaftigkeit, obwohl sie zum Teil schon arg zugerichtet waren, blieben Sie vermutlich lange Zeit den Ferkeleien der Esser ausgesetzt, ehe sie gewechselt wurden. Eine dunkelbraune Holzkassettendecke, die wuchtigen Rahmen mit ihren düsteren Gemälden, aus denen steife Ölgötzen stierten, wie auch das riesige Kruzifix, und das schwarzlackierte Klavier an der Stirnwand, gleich neben dem Ausgang, verliehen dem Raum, trotz seiner Schlichtheit, etwas Erhabenes, Feierliches. Werde ich auf dem Instrument spielen, fragte ich mich? Sobald der Saal sich gefüllt hatte, wurde die Flügeltüre geschlossen und alle erhoben sich auf ein Handzeichen und man sprach ein Tischgebet:

»Herr, segne diese, deine Gaben, die wir durch deine große Güte empfangen werden. Amen«.

Der Pater stand an der Türe, in nächster Nähe von uns Neuen. Für die *Großen* war er nur ein dunkler Fleck, sie saßen ganz weit hinten im Saal und neidvoll blickte ich in diese Richtung, denn dorthin stand mir noch ein langer Weg bevor. Sobald wir uns gesetzt hatten, begann ein lautes Stimmengewirr, mit dem sich der Lärm des Besteckes, der Tassen und Teller mischte. Es gab immer Mukkefugg-Kaffee in großen Aluminiumkannen, zwei Semmeln, Butter – oder war das Margarine? Weder noch, würde ich heute sagen. Dazu Marmelade und Schwarzbrot, so viel wir mochten. Auch Kaffee konnte nach Belieben in der kleinen Teeküche, gleich neben dem Saal, aus einem Riesenpott mit Zapfhahn nachgefasst werden. Über die Kaffeezubereitung waren sich alle einig: auf einen Kubikmeter Wasser keine Kaffeebohne! Es gab bestenfalls nur Malzkaffee oder etwas Ähnliches. Dann, am Ende unserer kleinen Kaffeepause, wurden wir nach dem Tischgebet augenblicklich von der heranstürmenden Schar erfasst, mitgerissen und durch die Türöffnung gemangelt. In springender, mörderischer Kaskade, unter ohrenbetäubendem Lärm, spülte es uns durch winkelige, schmale und düstere Flure abwärts, durchs alte Gemäuer, hinaus ins Freie. Für dreißig Minuten hatte man die Wahl. Wir konnten uns entweder beim Fußballspiel austoben oder man ging in der Klapsmühle spazieren, das waren weitläufige Kieswege, die wir offiziell nicht verlassen durften. Als wir Neuen im Garten unser erstes gemeinsames Palaver hielten, gesellten sich auch einige Patres zu uns, die sofort ins

Kreuzverhör gerieten. Es gibt ja allerhand offene Fragen, wenn man für lange sechs Jahre hinter Verschluss kommen soll. Was wir auf diese Weise erfahren konnten, war nicht sehr ergiebig, es quatschten alle gleichzeitig drauflos.
Wir waren etwa sechzig Schüler, die sich je zu einem Drittel auf die Klassen 1A, 1B, 1C verteilen sollten. Ich gehörte den B-Klässlern an, und verständlicherweise interessierten wir uns mehr für die Artgenossen der zugehörigen Klasse, was dazu führte, dass sich drei Gruppen bildeten, die meist ihre eigenen Freundschaften entwickelten. So beschränkte sich mein Kameradenkreis im Grunde auf die zwanzig internen Schüler der Klasse B. Weitere zwanzig externe Schüler, also Leute, die täglich aus der Umgebung Donauwörths zur Schule kamen, machten unsere Klasse vollzählig. Zu den Externen aber entwickelte sich kein so enger Kontakt; Ausnahmen bestätigen auch hier die Regel.
Oben am Gebäude bimmelte energisch die Gartenglocke, beendete unsere Pause: Marsch, Marsch, zurück in die Studiersäle! Die Neuen allerdings waren noch mit anderen Pflichten beschäftigt. Man sollte im Schuhputzraum ein Putzfach einrichten. So legte ich also Anstreichbürste, Schuhcreme und Glanzbürste hinein, hängte das läppische Schlösschen davor, und beim Abschließen dachte ich hellsichtig bereits an Schuhcremeräuber. Die gab es leider in großer Zahl, wie sich herausstellen sollte und für die waren solche Schlösschen kein Hindernis; man riss einfach die Beschläge weg. Nun wandte ich mich den oberen Stockwerken zu.

Dort waren die Schlafräume. Ich machte große Augen, als ich dieses Reich ausgiebiger erforschte, denn es breitete sich ein Labyrinth von Räumlichkeiten aus. Soweit das Auge reichte, stand Bett an Bett – unzählige, teils ramponierte, ehemals weißlackierte Metallbetten – daneben jeweils ein einfaches Nachtkästchen. Die Wände, weiß getüncht, kahl, nur vereinzelt gab es Kunstdrucke in schlichten Rahmen, und neben den Türen des Schlafreiches hingen immer gefüllte Weihwasserschalen. Denkt euch überdimensionale Schuhschachteln, zufällig aneinandergestellt, aber in unterschiedlicher Höhe angeordnet; so kommt das der Architektur nahe. In einem schummrigen Flur stand der hässliche, elend lange Blechtrog mit seinen schätzungsweise hundert Wasserhähnen, die alleine in meinem Schlafrevier für unsere Sauberkeit ihr Nass spenden sollten. Waren alle Hähne geöffnet, hatten die Jungs an den letzten Metern das Nachsehen, der Wasserdruck reichte nicht – oder das Wasser? Um die Ecke, einige knarrende Stufen unterhalb, lag der *Mittlere Schlafsaal.* Geradeaus, einige Stufen hinauf und man befand sich im *Großen Schlafsaal*. Aber ein kleines Abteil war mit einer Türe von den übrigen Räumen getrennt: Es war dies der *Schwarze Schlafsaal*; davon wird noch die Rede sein. Nun habt ihr vielleicht eine gewisse Raumvorstellung, wie es hier aussah. Ich suchte also in dieser Schlaffabrik mein Bett – für die Neuen waren Namensschilder aufgelegt – und räumte ins Nachtkästchen meine Utensilien ein. Auch der Waschlappen fand noch seinen Hacken am blechernen Waschtrog. Zahnbecher,

Zahncreme und Bürste auf die Ablage gestellt, fertig. Nachdem ich nun die Schlafstätte gesehen hatte, konnte mich auch kein großer Studiersaal mehr erschüttern und wäre er noch so groß, dachte ich tapfer. Gefasst öffnete ich die himmelhohe Saaltüre und trat ein. Und siehe da, schon hob eine Heerschar Lernender die Köpfe, und ich glaubte, dass sie mich alle anstarrten. Da stand ich doch wie der Ochs vorm Berg, mit der Büchertasche in der Hand, einigen Büchern unterm Arm, hilflos auf einer neuen Bühne des Lebens. Erst als getuschelt und gekichert wurde, fiel mir auf, wie ruhig es zuvor war. Gleich aber rief eine sehr barsche, eine unangenehme, schneidende Stimme:

»Ruhe jetzt!«, sofort war es mucksmäuschenstill im Raum. Der Gewaltige saß hinter einem Tisch auf einem Podest, vorne in der Mitte des Saales mit freiem Blick auf seine Untertanen. Er gab mir einen Fingerzeig und ich ging zögerlich auf ihn zu.

»Ein Neuzugang ...«, stellte er abfällig mehr zu sich selbst fest. »Es geht nicht an, dass ihr hier hereintröpfelt und andauernd die Arbeit stört. Lege deine Sachen ins Pult und dann nichts als raus!«, sagte er gezwungen freundlich, was mir direkt spanisch vorkam. Ich schluckte, nickte und wollte in eine Pultreihe eindringen. Die Aufsicht aber rief einen Helfer aus der vorderen Region heran, er solle mir meinen Platz nach dem Belegungsplan zeigen, was nach einigem Hin und Her auch gelang. Gleich hob ich den Deckel des Schreibpultes, verstaute Tasche und Bücher und machte mich schleunigst wieder auf die Socken.

Draußen auf dem Flur atmete ich kräftig durch. Das kann ja lustig werden, dachte ich, und gleichzeitig wurde mir bewusst, dass diese Aufsicht keinen Talar getragen hatte. Bald erfuhr ich, dass unsere Lehrer zum überwiegenden Teil keine Geistlichen sein würden, sondern zivile Lehrkräfte, und dazu gehörte auch dieser respektable Herr, den ich soeben im Studiensaal kennen gelernt hatte. Einige von ihnen wohnten noch dazu im Cassianeum, jener auch. Übrigens: Cassianeum leitet sich vom Märtyrer Cassian her, den seine Schüler mit Schreibgriffeln erstochen hatten. Die waren schlimmer als wir!

Der Studiersaal hatte mir übrigens in seiner Architektur recht gut gefallen. Besonders auffällig war sein riesiges, prächtiges Deckengemälde, umrahmt von geschwungenem Stuckwerk. Hinter dem Podest der Aufsicht hing ein wuchtiges Kreuz an der Wand, welches mindestens zwei Zentner auf die Waage gebracht hätte. Durch die raumhohen, bleiverglasten Fenster mit ihren deckennahen Rundbögen guckte bereits die Dämmerung. Wie schön, wenn erst das Sonnenlicht hereinflutet, dachte ich. Alles erinnerte sehr an einen Schlosssaal, nur die grässlichen Pulte und der abgelaufene, dunkelgeölte Parkettboden störten mich und erstickten jeden Gedanken an ein fürstliches Leben im Keim.

Nun war ich ja mit dem Einräumen meiner Sachen fertig, deshalb schloss ich mich einigen Neuen an, und wir machten uns auf, die entlegenen Winkel des Gebäudes zu erforschen. Sehr schnell wurde uns klar, dass man sich hier durchaus einnisten konnte; die schier endlos langen Gänge und dunklen Winkel des Baues fanden wir einfach toll! In jedem Stockwerk machten wir interessante Entdeckungen und unser gemeinsamer Streifzug ließ uns das Heimweh leichter überwinden. Gib dem Trostlosen Umgang, Speis, Raum und Wein, er wird zufrieden sein. Na, wenigstens Wasser war da! Im zweiten Stock, am Ende eines Seitenganges, entdeckten wir sogar einen Zugang zur angebauten Klosterkirche. Neugierig verschwand die kleine Gruppe hinter der unscheinbaren Türe und gleich standen wir auf der im Halbdunkel liegenden Orgelempore. Ihre Ausdehnung, die geschwungene ausladende Form der beiden Seitenemporen und die mächtig aufragenden Pfeifenstöcke der reich verzierten Barock-Orgel waren beeindruckend. Uns nahm ein intensives Gefühl gefangen, vielleicht weil die Kirche ihre Pracht nicht mehr preisgab, nur noch schemenhaft erahnen ließ. Im Dämmerlicht des sinkenden Tages war es nicht mehr möglich, alle Begrenzungen des Raumes deutlich zu erkennen, sie verloren sich im tiefen Schatten. Dennoch spürten wir in dieser eindrucksvollen Stille die riesige Weite des Kirchenschiffs, und wir fühlten uns wie Vögel in luftiger Höhe, wenn wir in die Tiefe schauten.

Wie ich bereits wusste, wird hier einer der seltenen Kreuz-Partikel, also angeblich ein Splitter aus dem Kreuzholz Jesu als Reliquie verehrt, wonach auch diese sehenswerte Wallfahrtskirche, sowie das Internat den Namen erhielten. Schweigsam und mit jener eigentüm-

lichen, von Kunst bewegten Andacht kehrten wir heim in die lärmende Welt, einer Welt, der wir für Momente entflohen waren. Jetzt aber holte uns die schrille Hausglocke aus unserer Beschaulichkeit zurück.
Mittlerweile war es 18 Uhr geworden, zu dieser Zeit gab es im Speisesaal das Abendessen. Wie immer hatten wir uns in Zweierreihen aufzustellen, doch erst, wenn der letzte Quassler schwieg, gab der Pater das Zeichen zum Abmarsch. Oft ging das nicht ohne Trillerpfeife und es kam häufig vor, dass wir bis zur Weißglut stehen mussten, wenn in die Warteschlange keine Ruhe einkehrte. Zur allgemeinen Belustigung der schadenfrohen Bande knallten zwischendurch auch schon mal ein paar saftige Ohrfeigen an besonders hitzige Köpfe.
Endlich hob sich die Hand des Paters, und wie beim Zugschaffner ertönte ein kurzer Abpfiff, dann setzte sich stampfend die Meute treppab in Bewegung. Häufig war dann das Essen bereits kalt aber schlimmer noch, unsere Freizeit wurde entsprechend kürzer. Im Kreuzgang schließlich, wo sich die Türen zu Küche und Speisesaal auftaten, roch es verräterisch nach den Gaben, die da kommen sollten. Heute gibt es Kakao, wunderbar! Ein andermal Pfefferminztee, na ja. Oder den berüchtigten Malventee, pfui! Die Geschmäcker sind bekanntlich verschieden und so gab es eben für jeden etwas. Die Ansicht, der Teufel fresse in der Not sogar Fliegen, war hier öfters zu hören auch die kontroverse Auffassung, dass dies noch lange kein Grund sei, ihm dies bei manchem Fraß gleichzutun.

Nach dem Essen drehten wir zu kleinen Gruppen in der Klapsmühle ein paar Runden. Nach fünfundvierzig Minuten schellte die Gartenglocke und alle drängten nun nach oben in die Studiersäle. Stand man auf der Strafliste, hieß es büffeln, während die übrigen die Freiheit genossen, Erlaubtes zu schmökern. Wie eng das gesehen wurde, zeigt die geteilte Meinung der Erzieher gar zu Karl Mays Werk. Die einen rümpften die Nase, wenn sie Old Shatterhand rochen, andere wiederum glaubten, dabei großzügig sein zu dürfen. Gegen 20.30 Uhr sprach man gemeinsam das Abendgebet und anschließend trampelten wir unwillig an die Schlafstätte, entsetzt darüber, so früh ins Bett zu müssen. Zu meinem Verdruss patrouillierte in den Gefilden der Schlafräume mit grimmiger Miene jener Präfekt, den ich bereits vom Studiersaal kannte, und den ich als äußerst unsympathisch eingestuft hatte. Seine saftigen Watschen hatten mir das später bestätigt.
Unter den Neuen gab es auch wasserscheue Leute, die der praktischen Ansicht waren, es käme am Waschtrog mehr auf das so-tun-als-ob an, und es wegen ihrer Katzenwäsche für unnötig hielten, Schlafanzugjacke oder Unterhemd auszuziehen. Ich höre noch heute die Aufsicht brüllen, sehe den vernichtenden Blick, der sozusagen die Oberbekleidungen durchbohrte. Interessanterweise habe ich noch heute ein ungutes Gefühl, falls ich doch einmal mit der Schlafanzugjacke am Waschbecken stehe.
Nun war es soweit, übermütig sprangen wir in unsere neuen Betten, die so strapaziert und ausgebeult waren,

dass sie wie trächtige Säue ihre Bäuche durchwölbten, und natürlich freuten wir uns insgeheim auf die kommende Gaudi. Der Präfekt streckte seinen Kopf durch die Türe, sein dicht behaarter Arm tastete nach dem Lichtschalter und indem er sagte: »Ruhe jetzt! Gute Nacht!«, war es dunkel. Auf das hatten wir gewartet, kaum fiel die Türe ins Schloss, begann ein hellwacher Verein in der Neuen-Ecke seine Späße. Es dauerte nur Sekunden, da flog die Türe auf und da stand er wieder. Diesmal klang es gefährlich, obgleich er sehr leise, dafür aber zischend sagte:

»Mit mir könnt ihr das nicht machen; ihr kennt mich noch nicht!« Dann schrill: »Den nächsten hole ich mir!« Er schlug die Türe zu – vorbei war der Spuk. Lange dauerte es, bis wir es wieder wagten, zaghaft miteinander zu flüstern. Einige waren inzwischen bereits eingeschlafen, und natürlich versuchten Schläfrige und Wiedererwachende, die aufkeimende Stimmung mit Psst-Gezische niederzuhalten. Schließlich gaben sie auf und machten mit, sodass unsere erste Internatsnacht ein voller Erfolg wurde, wenn man damit eine rechte Gaudi meint, und die hatten wir bis tief in die Nacht hinein – so richtig müde war ja eh keiner.

Schon um Viertel nach sechs wurden wir lautstark geweckt, diesmal von einem Pater. Auch der hatte etwas gegen wasserscheue Elemente, schlug kurzerhand mit seiner Kuttenkordel auf sie los, was die Horde mit Gejohle quittierte. Dann: Ankleiden, Zweierreihe, Abmarsch zum Frühstück. Was es gibt? Mukkefugg-

Kaffee mit Schwarzbrot, Salzbutter, Erdbeermarmelade, keine Semmeln. Die gibt es an Werktagen nur nachmittags, doch Sonn- und feiertags kommen Brötchen in der Früh und am Nachmittag auf den Tisch. Salzkartoffeln gibt es jeden Tag, schnell ist das kapiert.
»Wir danken dir allmächtiger Gott, für alle Speisen, die wir durch deine große Güte empfangen haben. Amen.«
Fluchtartig, wie bereits geschildert, drängten wir uns durch die Türöffnung, und alles rannte, als ginge es ums Leben, hinaus ins Freie, hinunter in den Garten. Es reichte gerade mal zum Luftschnappen, denn schon nach einer Viertelstunde rief uns die Glocke zurück. Diesmal zog man bedächtigen Schrittes ohne Eile nach oben in seinen Studiersaal, wo man – selbstverständlich unter Aufsicht – dreißig Minuten Zeit fand, sich auf die kommenden Schulstunden vorzubereiten.
Um acht war der Teufel los! Die Luft vibrierte vom Lärm der Schulglocken. Ungeahnte Schülermassen strömten durch die breiten Gänge den Klassenzimmern zu. Es ging zu wie am Hauptbahnhof, wenn vollbesetzte Züge eintreffen. Hier trafen die Externen ein. Uns, den Internen, waren sie zahlenmäßig weit überlegen.
Die Neuen eines Jahrgangs fanden sich auf den Belegungsplänen der Klassen 1 wieder, welche an den Türen der Klassenzimmer angeheftet waren. Und seinen Namen las man wiederum auf dem Kärtchen, das auf einem der Pulte lag. Die Lehrkraft hatte ihrerseits den Sitzplan auf dem Katheder vorrätig und so waren wir von der ersten Stunde an namentlich

Bekannte. Angesprochen wurden wir künftig grundsätzlich mit dem Familiennamen, das sorgte für die gewünschte Distanz. Mit jeweils kurzer Pause wechselten die Unterrichtsfächer im Stundentakt und mit ihnen die Gesichter der Lehrkräfte.

Zur Halbzeit des Vormittags war die Pause etwas länger, sie reichte aber nur zum »gesunden Luftschnappen«.

Um 13 Uhr ging die Paukerei zu Ende, die hungrige Meute drängte sich in den Speisesaal. Was wurde serviert? Richtig! Salzkartoffeln! Die gab es doch jeden Tag.

Was dazu? Weiß ich nicht mehr. Vermutlich Wirsing mit dem etwas streng riechenden Leberkäse, denn diese Delikatesse gab es oft. Nicht selten verschmierten dann die Frevler ihre Teller mit Soße nebst einer durch die Gabel zerquetschten Kartoffel, um so der Saalaufsicht den Beweis von artigen Jungs zu liefern, die Gottes Gaben nun wirklich nicht verschmähten.

Traf es sich aber, dass zu viele Frevler an einem Tisch dies taten, verriet sie das entlarvende Korpus Delikti, die prall gefüllten Schüsseln nämlich, was wiederum der Aufsicht sofortigen Zugriff und Maßnahmen abverlangte: Zuhauen, wenn nötig – oder im günstigsten Falle – so lange danebenstehen und warten, bis tatsächlich eifrig gespachtelt wird. Das unumgängliche Dankgebet zum Schluss, wie immer man solches bei eingezwungener Speise auffasst – dann aber nichts wie raus!

Wohin wird es gehen? Für eineinhalb Stunden an die

frische Luft, in den Garten natürlich. Zum Bolzen, Rundendrehen, Fingerhakeln, Pfennigfuchsen, weiß Gott, was sonst noch alles. Ich werde darüber berichten. Wenn die Gartenglocke bimmelt, ist es 15 Uhr und es beginnt wenig später die Studierzeit, in der die Hausaufgaben zu machen sind und der Stoff nachgearbeitet werden muss, der uns am Vormittag eingeflößt wurde.
Inzwischen hat sich, wie ihr sicher bemerkt habt, der Stundenbogen eines Internatstages geschlossen, das ist gut zu wissen, denn der Tagesablauf in den folgenden Wochen, Monaten oder auch Jahren war im Grunde genommen dem des ersten Tages ähnlich. In diesem starren Rahmen blieb für uns dennoch genügend Spielraum, um unseren Erfindungsgeist ausgiebig zu erproben, die Vorschriften zu umgehen, Freiräume mit List zu schaffen und jede sich bietende Gelegenheit für Unfug und Streiche zu nutzen.
Im Folgenden wollen wir uns den leibhaftigen Begebenheiten eines langen, sechsjährigen Internatsaufenthalts zuwenden, seine Episoden in Erinnerung rufen, ohne jedoch Anspruch auf eine korrekte zeitliche Reihenfolge zu erheben. Obwohl der inhaltliche Rahmen wahren Internatslebens eher nur leichte Kost bietet und folglich weder tollkühne Action noch besondere Tiefgründigkeit erwarten lässt, soll dennoch oberstes Ziel sein, auch den leiseren Tönen Spannung und Tiefe abzugewinnen, und diese Elemente im Laufe der Kapitel nach bestem Vermögen zu steigern und keinesfalls absinken zu lassen.

Schlag auf Schlag

Ich hatte in meiner Kindheit kaum Gelegenheit gehabt, mich herumzuprügeln, folglich war ich für das mir Bevorstehende ein Kämpfer ohne Erfahrung, oder hart gesprochen, ein Feigling in dieser Beziehung und zwangsläufig ein friedlicher Zeitgenosse.

Ausgerechnet ich musste schon während meiner ersten schüchternen Internatswochen Bekanntschaft mit einem Boxer machen. Die Herausforderung wurde mir im Speisesaal angetragen. Den Grund dazu gab eine Lappalie, an die ich mich heute nicht mehr erinnere. Völlig aus der Fassung brachte mich die Tatsache, dass ich es mit einem Großen aus einer höheren Klasse zu tun hatte. Sofort war die Sache beschlossen, nicht von uns, den Kontrahenten, sondern von den Neugierigen, die entsprechend ihrer Altersgruppe Partei ergriffen. Der Boxkampf werde im Garten ausgetragen, hieß es. Jedes Lager schnappte sich schnell ihren Champion und redete mit Engelszungen auf ihn ein. Von allen Seiten bedrängt und mehr geschoben als freiwillig, stolperten wir die Kieswege in den Garten hinunter.

Dann standen wir uns gegenüber, im Sichtschutz vom Blattwerk der Büsche und umringt von Sensationslustigen, die uns lauthals anfeuerten. Mir schien es ungeheuerlich, mich als neuer Schüler mit einem Großen zu prügeln, und das Herz sackte mir in die Hosentasche. Regungslos stand ich da und kreidebleich im Gesicht. Der Zimmermann, mein Gegner, war ein fragwürdiger *Großer*, sie nannten ihn spöttisch Zwerg. Er reichte mir kaum ans Kinn und er sprang wie ein Federmännchen auf mich los und versuchte, mich mit seinen zierlichen Fäusten am Kopf zu treffen. Was für eine Blamage! Die anderen lachten sich halb tot über uns beide. Der Zimmermann war so komisch in seinen immer eifrigeren Attacken und ich stand wie sein Trainingsgerät vor ihm, die Arme schützend vorm Kopf gehalten und meinte vor Scham im Boden zu versinken. Ich hatte das seltsame Gefühl, als spränge mich ein Schäferhund an. Als ich noch immer keine Anstalten machte, mich zu verteidigen, zog ich mir den unmissverständlichen Tadel meiner Gruppe zu. Der äußerte sich in zornigen Zwischenrufen, und durch heftige Schubser in den Rücken versuchte man mich dem Gegner näher zu bringen. Das gab mir den Rest. Mit einer verzweifelten Armbewegung widersetzte ich mich der Angriffslust des eintrommelnden Gegners, auch um mir das lästige Kerlchen vom Leib zu halten. Unbeabsichtigt hatte ich seinen Zinken getroffen. Auweh! Zimmermann taumelte zurück und fingerte nach dem Taschentuch, das er vor die blutende Nase hielt. Atemringend drohte er mir, gedämpft durch seine vorgehaltene Rotzfahne, dass er mit mir noch abrechnen würde und mich beim nächsten Mal so richtig zusammenhauen werde. Unser Kampf endete schließlich im allseitigen Gelächter, und die Gruppen lösten sich in friedlicher Heiterkeit auf. Trotzdem tat mir mein Gegner leid; der kleinwüchsige Zeitgenosse hatte vermutlich noch mehr Angst als ich ausgestanden.

An einen anderen Boxkampf denke ich mit gewisser

Schadenfreude. Wolfgang, kurz Wolfe, ein Niederbayer, mit dem mich im Laufe der Zeit eine untrennbare Freundschaft verband, bekam in der Schuhputzkammer einen seiner gefürchteten Wutausbrüche. Dass es dazu sehr leicht kommen konnte, werdet ihr verstehen, wenn ich euch zuerst einmal den Gewaltakt Schuhputzen schildere. Nach dem Abendessen nämlich stürzte sich eine wilde Horde Schuhputzer in den besagten Raum. Der dürfte knapp zwei Meter breit und neun Meter lang gewesen sein. An der Längswand, unterhalb der zahlreichen Putzfächer, ebenso an der gegenüberliegenden Seite, befanden sich schmale Mauersockel, die als Fußstütze dienten. Die Sprinter und Erstankömmlinge, mit wenigen Sekunden Zeitvorsprung, bearbeiteten ihr Schuhwerk in fieberhafter Eile, um noch rechtzeitig dem Ansturm einer tollwütigen Putzerarmee zu entgehen. Aber wem gelang das schon? Niemand hatte Lust, so lange zu warten, bis die ersten Hansel ihr Fußwerk poliert hatten. Das Motto hieß: Wer ko, der ko ... Also zwängten wir uns allabendlich mit wildem Gebrüll in die hin und her torkelnde Putzkolonne. Manchen verließ das Stehvermögen auf seinem Standbein und der verschwand eben buchstäblich unter den Füßen der anderen. Wildes Rempeln und um sich Schlagen war unvermeidlich und geschah oft aus blanker Notwehr. Auch ein gesundes Trommelfell war nötig, ebenso ein harter Schädel, denn nicht selten schlugen unsere Rüben knallend gegen die wackeligen Fachtürchen. Unbeschreiblich, wie es da zuging!
Von der niederen Decke baumelten insgesamt drei

funzelige Glühlampen in ihren rostigen Fassungen, aber selten gaben alle drei Birnen ihr spärliches Licht. Denn tagsüber, wenn niemand den Drang zur Schuhpflege verspürte, kamen die Fußballer zum Zuge. Sie knallten das Leder mit voller Wucht an die Stirnseite des alten Gemäuers. Das schepperte furchtbar und es kostete gelegentlich einer Glühbirne das Leben. Um so romantischer wurde es dann in den dunklen Gefilden beim abendlichen Schuhputz. Das war alles im Grunde alltäglich und nichts Besonderes, doch versetze dich mal in eine Notsituation! Als nämlich einige Rambos von der Mitte her mit Hauruck-Gebrüll gewalttätig die Putzerkolonne anrempelten, fiel schier der letzte Mann noch um. Eine Kettenreaktion war in Gang gekommen und es herrschte Panik, jetzt ging es quasi ums Überleben. Unbändiges Zorngeschrei machte sich Luft und jeder meinte im Nachbarn einen rabiaten Rempler vor sich zu haben, sodass sich alle gegenseitig ans Schlafittchen gingen. Auf der Stelle entwickelten sich im Wutgebrüll heftige Boxkämpfe. Die Unterlegenen und auch die geschädigten Anlieger des Schlamassels räumten schließlich das Feld, teils humpelnd, und einige mit angepressten Taschentüchern vor blutenden Nasen. Unseren Herrn Pater Direktor, kurz *Chef* genannt, hatte der Lärm angelockt. Gewichtig wie er war, ruderte er mit weiten Armbewegungen auf die Räuberhöhle zu. Sein Nackenfett rollte auf und ab und das war ein schlechtes Zeichen. Was er im Vorfeld sah? Verstreute, geschlagene Krieger, die angesichts ihres Chefs die letzten Kräfte sammelten und in alle Richtungen aus-

einanderstoben.
»Der Chef!«, dieser gefürchtete Warnruf drang bis in die letzten Winkel der Kampfstätte und dies bedeutete: Abhauen! Ganz schnell raus hier! Ein Ansturm auf die Pendeltüre setzte ein und die Schuhputzer stürzten sich in Scharen auf den Gang. Das zwang Herrn Pater Direktor einige Schritte zurückzutreten, um nicht umgerissen zu werden. Den Wolfe aber hielt sein Zorn am längsten in der Falle. Als er die Schuhputzkammer mit den letzten Kämpfern verlassen wollte, haute ihm der Chef blitzartig einen faustdicken Handschlag hinter den Schädel, dass er aus dem Tritt kam und über die eigenen Füße stolperte.
Die flüchtende Horde aber lief der Schuhputzkontrolle in die Quere, die sich am Treppenaufgang zu den Obergeschossen postiert hatte. Ein Pater mit einem willfährigen Helfer ließen sich das Schuhwerk vorführen, sogar der Steg zwischen Sohle und Absatz wurde überprüft. Zeigten sich Putzmängel an den Latschen, gab der Lakai mit einem Rohrstock die Quittung und jagte den Glanzmuffel zurück in den Putzbunker. Hoffentlich liest das kein strammer Max, denn sonst gibt es vielleicht schon bald den SÜV, den Schuhwerk-Überwachungs-Verein für schlampige Bürger.

*

Einseitigkeit hat immer schlechten Stand.

Der Blick zurück

Nun, nach einigen Wochen Internatsleben seien einige Gedanken erlaubt, eine zaghafte Zwischenbilanz, sozusagen.

Wohl jeder Mensch trägt seine kleinen Dellen und seelischen Schrammen mit sich herum, das war bei mir nicht anders. Froh war ich jedenfalls darüber, ein Problem los zu sein, dass mir daheim im Elternhaus schon machen Albtraum beschert hatte. Doch nun begann sich der böse Spuk aufzulösen, ich sah meinen Widersacher immer seltener vor dem inneren Bildschirm.

Das war ein Junge, der schätzungsweise fünf Jahre älter war als ich und der mich, den Volksschulzweitklässler, auf meinem gewohnten Weg durch die Geschäftsstraße der Kleinstadt aus dem Hinterhalt eines Gässchens heraus am Arm packte und mich gewalttätig an sich zog. Als ich versuchte zu schreien, drückte er mir die Hand auf den Mund und verriet mir, was passiert, wenn ich nur ein Sterbenswörtchen davon zu jemandem sagen würde. Es ging ihm ganz einfach um die Aufbesserung seines Taschengelds, ein Straßenräuber also, der sich jetzt von mir die Hosentaschen umkrempeln ließ und alles kassierte, was Brauchbares darin verborgen war; auch mein neues kostbares Taschenmesser war nun fort. Dann haute er mir eine Watsche ins Gesicht und forderte mich auf, nächstes Mal unbedingt Geld mitzubringen – sonst ...

Für mich war der Tag gelaufen, ich flennte und getraute mich aber aus Angst vor seiner angekündigten Rache nichts daheim zu erzählen. Stattdessen steckte ich zwei blaue Zehnpfennigscheine in meine Hosentasche, die ich ab jetzt griffbereit hielt, denn sonst hätte ich mich nicht mehr alleine hinaus auf die Straße gewagt. Prompt kam es auch immer wieder zum Abkassieren und meine Versuche, diesem widerlichen Kerl aus dem Weg zu gehen, scheiterten kläglich. Unvermittelt griff er nach mir, bald in allen Winkeln der Stadt, wo ich mich bewegte. Dann aber setzten die Überfälle aus und mir fiel ein Stein vom Herzen. Über das Jahr hatte ich den Erpresser vergessen. Fassungslos war ich, als er wieder auftauchte, diesmal allerdings mit der Forderung nach größeren Beträgen: Fünfzig Pfennige wollte er von mir haben, das war keine Kleinigkeit! So viel hatte ich damals am letzten Marktsonntag in die Hand gedrückt bekommen, vielleicht mit der verschwenderischen Aufforderung:

»Da Gerd, kauf dir was Schönes.« Jetzt aber, das Geld war weg! – ausgegeben für Eis, eine Bockwurst, Pulverrollen für den Revolver und Bärendreck. Zumindest Ähnliches wird es gewesen sein, für fünfzig Pfennige. Beim alten, weißhaarigen Drescher jedenfalls gab es für einen Grünen, also das grüne Fünfpfennigscheinchen, eine handgroße Waffelmuschel, überladen mit Vanilleeis, das der Lebensmittelhändler mit einem Holzspachtel großzügig aufstrich, während wir Kinder ihm dabei erwartungsvoll und aufmunternd anblinzelten. Schließlich waren wir vom Eisgenuss so übermütig und übersättigt, dass wir uns zu guter Letzt damit nachspuckten, so riesig waren die Portionen. Das war

der absolute Luxus für den kleinen Mann, so wie es der große Mann heute empfinden mag, wenn er sich eine Zigarette mit einem Fünfzigeuroschein ansteckt.
Der Markt übrigens, gleich vor meiner Haustüre, bot immer einen interessanten Anschauungsunterricht und gewährte Einblick in die Welt der Erwachsenen, man sah deren Freud und manchmal auch ihr Leid.
Einmal schaute ich andächtig beim Fleckenteufel zu, einem Marktschreier, der sein weißes Oberhemd in den schönsten Farben bekleckerte: Spinat, Roterübensaft, Kakaopulver – und damit es auch garstig wird, kam angebatzte Erde auf die Brust und wurde grauslich verschmiert, der Rest abgeklopft. Die Zuschauer und so manches Ferkel unter ihnen lachten vor Vergnügen; man trat sich gegenseitig die Zehen, so sehr drängte das Volk um den offenen Stand herum.
»Da hilft kein Altweibermittel mehr, ihr Leute – keine Kernseife – rein gar nichts mehr!« Dabei tauchte er die Seife ins köchelnde Wasser der Blechschüssel, die auf einem Spirituskocher bereitstand, rieb das Seifenstück auf seiner Hemdenbrust und dann den linken Ärmel hinab bis zur Manschette, setzte mit der Wurzelbürste nach, bis alles nur so schäumte. Die Flecken aber blieben, wie sollte es anders sein.
»Ja, ja, ihr Schlaumeier – glaubt ihr, ich kenne eure Hausmittel nicht, ha? Spiritus – Spiritus ...«, äffte er.
»Der hilft doch immer, sagt ihr – was? Nix hilft's! Da, schau her Mutti – guck! – schau ganz genau hin!«
Dabei nahm er die grüne Spiritusflasche mit dem gruseligen Totenkopf, öffnete den Bügelverschluss und gab

einen ordentlichen Schuss auf den Schwamm. Seine Hemdbrust und der Ärmel trieften bereits – und jetzt noch der Alkohol! Aber auch der vertrieb die Flecken nicht.
»Jetzt bist wohl platt Oma, dass der Spiritus beim Einreiben nicht hilft!« Animiert durch das Gelächter der Gaffer und übereifrig in seinen Bewegungen geworden, streifte er versehentlich wohl mit dem Hemdsärmel die Flamme und mit einem Wuff stand der Fleckenteufel lichterloh brennend vor seinem Publikum. Das aber suchte unverzüglich das Weite, man hatte genug gesehen. Der Fleckenteufel aber wälzte sich auf dem Kopfsteinpflaster und sein Standnachbar warf ihm eine Decke über, die das Feuer im Nu erstickte. Wie alles vorbei war, standen nur noch ein paar Kinder in respektabler Entfernung herum und sahen einen kreidebleichen, verwandelten Menschen, der jetzt überhaupt nicht mehr so lustig war, wie es zuvor schien.
Noch am selben Tag beobachtete ich eine andere Szene vor einem Bekleidungsstand. Dort hingen in langer Reihe Lederjacken, und ein junger Mann probte schon eine Zeit lang an. Dieses Blouson sollte passen. Er feilschte soeben mit der Marktfrau über den Preis, als ihm plötzlich einer von hinten am Kragen riss und dem erschrockenen Kunden einen Faustschlag ins Gesicht versetzte, mit der giftigen Bemerkung:
»Jetzt sind wir quitt!« Prompt wandte der Angreifer sich auf der Stelle ab und flüchtete durch die Reihen der umstehenden Zuschauer. Der Geschlagene aber nahm sofort die Verfolgung auf und verschwand mit

der neuen Lederjacke auf Nimmerwiedersehen.
Da dachte ich augenblicklich an meinen hinterhältigen Räuber, denn ich hatte das Spiel durchschaut. Um Gemeinheiten zu erkennen, muss man nämlich nicht erst viele Jahre auf dem Buckel haben.
Wie wir ja wissen, hatte mein Erpresser kurz danach wieder zugeschlagen und mir eine Bringschuld von fünfzig Pfennigen aufgegeben. Ich plünderte deshalb meine Sparbüchse und hielt den Tribut stets griffbereit. Sogar noch in der fünften Klasse der Volksschulzeit erpresste mich dieser Schweinekerl. Aus solchen Leuten kann einmal ganz Großes werden, denn früh übt sich, wer ein Meister werden will. Dieses Problem konnte ich nun durch den Schulwechsel abhaken. Ein anderes aber bereitete mir noch große Sorge.
Wie weit ich mich auch in meine Kindheit zurückerinnern kann, hatte ich da, worauf man sitzt, einen prächtigen Hautausschlag. Vielleicht kennt der eine oder andere Leser diese Geisel aus eigener Erfahrung, dann wird er mir nachfühlen können, wie sehr darunter ein Mensch zu leiden hat, auch wenn es oberflächlich besehen gar nicht so schlimm aussieht. Der unbändige Juckreiz in der Nacht, das unbewusste Aufkratzen, die blutverschmierte Schlafhose jeden Morgen, über Jahre hinweg, eine Ewigkeit lang – das war schon traumatisch! In der Schulbank sitzend, konnte der Ausschlag dermaßen jucken, dass es im Kopf schier gepfiffen hat und ich unruhig auf dem Hosenboden hin und her rutschte. Zumindest liegt in dieser Sache schon eine gewisse Erklärung für meine schwachen Schulnoten

damals. Beim Hautarzt konnte der kindliche Allessammler wenigstens die leere gläserne Gasampulle mitzunehmen, aus der ein lilafarbenes, nach Benzin stinkendes Mittel auf das Hinterteil gesprüht worden war. Doch wie beim Fleckenteufel auch – es war vergeblich, der Ausschlag ließ sich mit überhaupt nichts entfernen. Ich trug ihn an mir wie ein fremdes Wesen und war mir beinahe selbst verhasst, dass ich solchen Umgang duldete. Dennoch war ich kein Kind von Traurigkeit, gehörte schon immer zu denen, die gerne lachen, häufig auch zu früh, bevor das Lustige ausgesprochen ist und dann verlegen aus der Wäsche gucken, wenn es anders kam, als man dachte.
Da fällt mir gleich der Jona ein: So schlimm wie bei dem war es bei mir allerdings nicht: Wenn unser Volksschullehrer auch nur einen Hauch von Witzigkeit versprühte, bekam der Jona einen echten Lachanfall. Als Einziger lachte er so übermäßig, dass er nicht selten aus der Schulbank fiel und von den Schülern in den Gang hinausgeführt werden musste. Von dort hörte man ihn noch ausgiebig aufjohlen und prusten, während von uns das Lustige schon längst den Reißaus genommen hatte. Das sind eben die kleinen Dellen, die das Wesen Mensch mit sich herumschleppt. Zu meiner übergroßen Freude begann sich im Internat mein Hautausschlag binnen weniger Wochen zurückzuziehen, und über den Winter war das Übel vollständig für immer verschwunden. Bis heute weiß ich nicht, woran das gelegen hatte. Am Leder? Kam der Ausschlag womöglich von Gerbstoffen, den Chemikalien der Lederaufbereitung? War

ich allergisch dagegen? Oder lag es vielleicht doch eher am psychologischen Umstand, dem strafenden Lederriemen, der im väterlichen Lederlager hing – Ihr erinnert euch? Das Gebiet der örtlichen Anwendung deckte sich jedenfalls perfekt mit dem Symptombereich. Nun aber war der Weg freigemacht für meine erstaunliche Wandlung vom dumpfen, schüchternen Schüler zum übermütigen Stenzen.

*

Es schrieb ein Schüler so hässliche Noten,
war verlassen von allen guten Geistern!
Vater verhaute ihn grässlich die Pfoten.
Das sollte den Schüler in Zukunft begeistern.

*

Oh – wie schön leicht ist das:
a 2 + b 2 = c Quadrat
Dieses sagt Pythagoras.
»Die Hypotenuse aber
sei natürlich - c!«,
nervt die Suse.
Ihr Wissen
tut mir
weh
!

Das Radio

Dem Wolfe kam es sehr gelegen, dass ich endlich die Moneten herausrücken wollte, um ihm sein Taschenradio abzukaufen. Das Geschäft schwelte in meinen grauen Zellen schon etliche Wochen vor sich hin, einfach deshalb, weil mein Kapital zu schwindsüchtig war, für eine solch hohe Investition. So hatte ich aus meiner Not eine Tugend gemacht und so getan, als würde mich das immer wieder angepriesene Radio herzlich wenig interessieren. Das war aber keine leichte Sache für mich, denn schließlich hatte ich nur noch dieses verdammte Miniradio im Sinn und konnte seinetwegen kaum mehr schlafen. Menschenskind! – wie sehr hatte ich Wolfe um diesen Schatz beneidet. Aber der Kaufmann muss eben seine Begierde verbergen, will er nicht den Preis verderben. Aus heutiger Sicht ist meine damalige Sehnsucht nach einem Radio kaum mehr nachvollziehbar. Vermutlich war es das strikte Verbot für Rundfunkgeräte, was mich reizte? Denn es gab nur wenige, die so etwas besaßen. Verstärkt wurde meine Begierde aber durch einen Umstand, der mir erst jetzt klar geworden ist. Es war mein erster bewusster Kaufakt eines heiß begehrten Teiles und wie jeder weiß, ist das erste Mal, gleich, um was es geht, besonders eindrucksvoll. Nie wieder in meinem Leben hatte sich bei einer Anschaffung ein derartiges Hochgefühl des Besitzens eingestellt. Ja, heute macht sich eher ein leichter Widerwille beim Investieren breit, weil inzwischen auch der Hinterkopf gelernt hat, was Geld ist:

Bei ehrlichen Leuten – nichts als Arbeit!
Doch zurück zum Radio. Dass Verbotenes reizvoll ist, weiß man bekanntlich seit Adam & Eva, eine alte Geschichte also. Und die sensationelle Größe, oder richtiger gesagt, die Kleinheit des Radios hatte es mir besonders angetan. Es war sogar etwas kleiner als ein Zigarrenkistchen und das war für ein Röhrengerät schon sehr schmächtig, winzige Transistorempfänger kamen erst viel später auf den Markt. So genoss ich nun mein Ansehen als stolzer Radiobesitzer und während ich nachts unter mein Kopfkissen lauschte, spürte ich förmlich den Neid der Bettnachbarn. Wenn aber Bill Haleys Shake, Rattle and Roll oder Satchmos (Louis Armstrongs) begehrter kranker Kehlkopf dran war, hob ich leicht das Kissen an und ließ die Bettanlieger mithören. AFN, der kultige Amisender und ein deutsches Programm, viel mehr war nicht hereinzukriegen, auch die Empfangsqualität dieses Gerätes war nach heutigen Maßstäben miserabel, doch das war Nebensache. Sein enormer Batteriehunger war schon eher ein Problem, eines das mich in den finanziellen Ruin treiben konnte; nur drei, höchstens vier Stunden hielt ein Batteriesatz durch. Batterien waren teuer und Geld war ständig knapp. Dieser Umstand war aber auch wirklich der einzige Grund, der mich trösten konnte, als das Schicksal seinen Lauf nahm. Tagsüber hatte ich mein Heiligtum im Schrank versteckt und bei jeder Gelegenheit holte ich es verstohlen ans Tageslicht, um es genüsslich zu begrapschen und anzuhimmeln: Ist es nicht toll? Es gehört dir. Wie es so seltsam riecht – nach Bakelit?

Aber es funktioniert! Ans Ohr damit – nur ganz leise – hör doch, wie schön! Auch im Sichtschutz der Schranktür barg diese verehrende Betrachtung eine große Gefahr, der ich mir als Neuer noch nicht so recht bewusst war.

Ein Pater hatte gleich zwei hübsche Spitznamen: Stinker und Schleicher nannte man ihn. Letzteren Namen machte er alle Ehre. Auf Kreppsohlen, leise wie eine Katze, schlich er seine Opfer von hinten an.

»Gib das her«, kam es leise an mein Ohr. Ich fuhr erschreckt zusammen, beinahe wäre mir das Radio aus der Hand gefallen. Es war der *Stinker,* und weil diese Benennung weitaus populärer war, wollen wir uns an selbige halten. Wahrscheinlich kommt euch die Vergabe solcher Namensetiketten ziemlich gemein vor, unsereiner sah binnen kürzester Zeit nichts Anrüchiges mehr dabei – nein, ganz im Gegenteil! Wir verbanden den Namen Stinker mit aufrichtiger Hochachtung und haushohem Respekt vor seinem geistigen Schwergewicht. Der Arme selbst hat das ganz bestimmt anders gesehen, er dürfte zeitlebens unter dieser Bürde gelitten haben. Und weil empfundene Demütigung das Selbstbewusstsein abbröckeln lässt, was schließlich in Nachgiebigkeit Ausdruck findet, wird solche von den Schülern natürlich gnadenlos ausgeschlachtet. Aber nochmals, ehrlichen Bammel hatten wir dennoch, auch wenn unser Verhalten im Nachhinein respektlos erscheint. Stinker also hatte das erste Mal bei mir zugeschlagen. Wortlos ließ er mein Ein und Alles in seine riesengroße Kuttentasche gleiten, wobei er ärschlings mit seiner Hand in die Tasche nach hinten fuhr, jene typische Bewegung, die mich später immer wieder um Kostbares brachte. Wie armselig nimmt sich dagegen eine Hosentasche aus!

Nach einem halben Jahr durfte ich mir das Raubgut freundlicherweise in seinem Zimmer abholen. Ohne Batterien, versteht sich und mit der unbarmherzigen Auflage, »auch nie wieder welche einzulegen, in diesem Hause«.

Ich empfand ein sonderbares Gefühl, als ich Stinkers Zimmer betrat. Die Beute vieler Streifzüge war hier gehortet. Wohin das Auge auch schielte, überall lagen in größter Unordnung begehrenswerte Sachen herum und dazu faszinierende Utensilien, die der zweifache Doktor der Mathematik zu seinem Hobby, der Astronomie, benötigte. Aus Pappe, Blechdosen, Brillengläsern, Hosengummi und Gott weiß, was sonst noch alles, hatte der Pater seine Fernrohre zusammengebastelt. Leider war es nur wenigen Auserwählten vergönnt, damit einen Blick in den nächtlichen Sternenhimmel zu richten. Unseren Müller Pitt aus der A-Klasse hatte ich um diese Gunst schon etwas beneidet. Das Radio hatte nun für mich jeden Reiz verloren und ich verkaufte es mit fünf Mark Gewinn, für zwanzig Mark. Wolfe, den ich diese vermeintlich schadenfrohe Nachricht sofort unter die Nase rieb, winkte vielsagend ab und meinte lässig, er hätte mir auch schon fünf Märker aufgeschlagen. Auch er hatte es seinerzeit jemanden abgekauft. Ziemlich baff waren wir dann doch, als uns Monate später ein weiterer stolzer Besitzer versicherte, das

Radio für fünfundzwanzig Mark erstanden zu haben. Da grinsten wir ihn unverschämt an und wie aus einem Munde kam, was kommen musste:
»Verdammt! Schon wieder fünf Mark ...!«
Der Radiokäufer schaute uns verständnislos an, machte sich gar ernsthafte Sorgen über uns. Wer weiß, ob der sich auf Dauer die teuren Batterien leisten konnte? Wohl kaum – und sollte der Bub seinen Einstandspreis beim erneuten Verkauf des Radios nicht mehr haben erzielen können, würde uns das überhaupt nicht sehr gewundert haben ...
Mein liebes Vaterland! Deutsche Sprache, schwere Sprache! Weiter geht's – denn genauso wie beim Aktiengeschäft – irgendwann ist die Fantasie am Ende und die Blase platzt, zum Schaden der einen und der hämischen Freude der anderen.

*

Schadenfreude ist auch immer die Bestellung von Karma ähnlicher Art, wobei dann eben andere Grund zur Freude über einen selber bekommen werden.

Prost Mahlzeit!

Der Speisesaal war ein permanentes Nörgelzentrum, ich schließe mich weiß Gott nicht aus. Aber bei jenem Abendessen hatte ich das eindeutige Gefühl: Das war doch zu weit gegangen!

Der ruhige und eher schüchtern wirkende Pater mit dem Prädikat *Eulensepp* führte damals beim Abendessen die Aufsicht. Es gab Kraut und dazu eine undefinierbare Art von gummiartigen Knödeln. In den hinteren Regionen des Saales wurde darüber heftig opponiert. Den Großen schmeckte es nicht, und einer brüllte wie am Spieß:

»Saufraß grässlicher!« Das rief Eulensepp auf den Plan. Ich sehe ihn noch heute vor mir, wie er sich mit hochrotem Kopf ziemlich widerwillig nach hinten in die Tiefe des Saales begab.

»Das Zeug kann man doch nicht essen«, rief ihm ein Sechsklässler zu und haute demonstrativ mit dem Löffelrücken auf den Gummiknödel. Noch ehe Eulensepp etwas dazu sagen konntc, schleuderte ein zorniges Bürschchen einen Knödel quer durch den Saal und traf, es war nicht zu fassen, des Paters Hinterkopf. Der drehte sich sehr, sehr langsam um, als hätte er Angst, den Übeltäter noch zu entdecken. Dann kratze er sich wortlos die Reste von Kopf und Kragen, machte eine rasche Kehrtwendung und flog schier durch den langen Saal, die Türe ließ er sperrangelweit offen. Das nun einsetzende Gemurmel, ließ eindeutig die Missbilligung für diese Tat erkennen. Und nett war das ja wirklich nicht gewesen. Als der Eulensepp wieder zum Dankgebet erschien, hatte er wässerige Augen und diesmal sogar einen knallroten Kopf, sagen mochte er nichts.

Aus anderem Holz geschnitzt war da schon Frater Martin, ein gewisser Herr Bormann, Sohn des Heil-Hitler-Mannes, ein kerniges Mannsbild. Einmal, beim Mittagessen, kam mir Old Shatterhands berühmter Faustschlag in den Sinn. Ich saß vor der Holzverkleidung, mit welcher der Speisesaal mannshoch getäfelt war. Zu meinem ahnungslosen Tischnachbarn sagte ich unvermittelt:

»Weißt du, wie Old Shatterhand schlägt?« Noch ehe er etwas erwidern konnte, schlug ich mit voller Wucht die Faust über seinen Kopf an die Holzwand:

»Sooo!« Das krachte zu meinem Schrecken derart laut, dass sich alle Augen auf mich richteten. Frater Martin schoss auf mich zu und befahl:

»Aufstehen!« Und augenblicklich patschte es unglaublich heftig auf meiner Backe. Die Wucht des Schlages warf mich hinter den Tisch. Im tosenden Gelächter hörte ich wie aus weiter Ferne und mit jenem eigentümlichen Kopfpfeifen, die boshafte Stimme meines Tischnachbarn:

»Weißt du jetzt auch, wie Old Shatterhand schlägt?«

Ich kann dem Frater Martin bescheinigen, dass er in diesem Hause mit der allerbesten Handschrift aufwarten konnte. Noch nach einer halben Stunde konnte ich mir im Spiegel die Spuren seiner Tatze auf meiner Wange angucken. Es war die kräftigste Watsche, die ich

jemals habe einstecken müssen.
Um dumme Einfälle war ich doch nie verlegen. Ein andermal bot ich leichtsinnig und völlig voreilig unserer achtköpfigen Tischgemeinschaft eine widerwärtige Wette an: Zehn Portionen dieser angeranzten Salzbutter wollte ich schlucken, die heimtückisch in allen Schattierungen von Dunkelgelb bis Blütenweiß schimmerte. Mein hochfliegender Gedanke: Diese Butter verkörperte so etwas wie das ewige Leben. Die Reste wurden jedes Mal gesammelt – das war nie wenig – die fehlende Menge durch frische Salzbutter ersetzt, das neue Gemisch kräftig durchgewalkt und zu guter Letzt kamen die Klumpen in die Stanze, welche etwa 10 mm dicke Rosetten fabrizierte. Meine Wette fand natürlich großes Interesse, schon deshalb, weil ich mich zum Spottpreis von einer Mark überwinden wollte. Im Nu lagen die Groschen auf dem Tisch. Also fing ich damit an, die ersten Fettbomben zu schlucken. Augenblicklich hatte ich meine Wette bereut, aber es gab kein Zurück mehr. Ungewollt hatte ich auch noch die Aufmerksamkeit der benachbarten Tischgenossen auf mich gezogen, die jetzt mit angewiderter Gestik als amüsierte Gratisluser die Wette nicht leichter machten. Mir stand die Butter schon bis zum Anschlag und ein widerwärtiges Gefühl überkam mich. Dennoch schluckte ich unverdrossen weiter, bis die zehnte Rosette endlich im Magen angekommen war. Besonders schwierig bei dieser Vorstellung war es, mir den unbändig zunehmenden Ekel nicht anmerken zu lassen; das sollte doch wirklich nur eine Kleinigkeit für mich sein. Bestimmt

war mein Lächeln ziemlich verbogen, als ich lässig die Groschen einstrich, und wie man mir sagte, hatte ich jetzt eine äußerst auffällige gelbgrünliche Gesichtsfarbe bekommen.
Dieses würgende Butterschlucken war mir noch in taufrischer Erinnerung, schon drehte sich mein Magen erneut um, hatte ich doch im Speisesaal zufällig was recht Unappetitliches mitbekommen. Neugierig schaute ich durch den Türspalt, um zu erkunden, welcher Fraß uns denn heute bevorstünde; die Küchenmädchen bereiteten soeben den Mittagstisch vor.
Ach, – Speisen einen Fraß zu nennen, war nach allgemeinem Verständnis keine Undankbarkeit gegenüber Gottes Gaben. So unbarmherzig direkt war eben unsere Umgangssprache, und gerade deswegen traf sie meist voll ins Schwarze.
Auf einem Rollwagen stand ein riesiges Ungetüm von Kochtopf, randvoll gefüllt mit Buchstabensuppe! Sollte ich nun buchstäblich die Weisheit mit dem Löffel fressen? Bei dem Gedanken musste ich grinsen, denn so ein Schlaumeier wie ich wusste doch bereits, dass sich alles Wissen der Welt mit nur läppischen sechsundzwanzig Buchstaben und zehn Ziffern ausdrücken lässt. Also, nur frisch ans Werk, kräftig zugelangt und richtig kombiniert, dann klappt es mit der Schule! Doch gleich schon fesselten die Gören meine Aufmerksamkeit: Sie schäkerten und warfen sich gegenseitig einen schmutzigen, klitschnassen Putzlappen zu, der auch prompt satt aufklatschend in der Nudelsuppe landete. Beherzt griff eine Maid nach dem Fremdkörper, wand

ihn kräftig über dem Behälter aus und das Wurfspiel wurde lachend fortgesetzt. Damit nicht genug. Als ich mich mit einem sonderbaren Gefühl in der Magengegend zurückziehen wollte, schepperte es in der Teeküche, einem Vorraum zum Speisesaal und der verinnerlichte Winnetou pirschte sich heran. Ah! Leberkäse gibt es! Ein Tollpatsch hatte das große Blechtablett fallen lassen und das Mädchen war jetzt emsig dabei, die Leberkässtücke vom Fußboden aufzulesen und wieder ordentlich auf die Platte zu setzen. Mittags hatte ich diesmal überhaupt keinen Hunger und nachdem die Kameraden kräftig zugelangt hatten, sollten sie doch ruhig erfahren, warum der Meinige heute nicht Appetit auf Nudelsuppe und Leberkäse hatte. Da hörte man sie aber schlucken – und ihre Augen hättet ihr sehen sollen – groß wie Wagenräder! So ähnlich wird auch der Schüler Hirneis geguckt haben, als er erschrocken eine große, rostige Beilagscheibe auf seinen Teller spuckte, die sich mit dem Blaukraut in sein Mundwerk geschmuggelt hatte.

Wollen wir uns jetzt einer besonderen Spezialität des Hauses zuwenden: dem weißen und dem roten Presssack. Über beide Sorten herrschte Einigkeit. Es ist uns gleichgültig gewesen, welche Farbe er hatte, uns grauste einfach davor. Sein Erscheinen im 14-Tage-Zyklus hatte uns dann eines Tages soweit gebracht, dieses wüste Exemplar zu bestreiken. Unberührt blieben die Bremsgummis, wie man sie verächtlich nannte, auf den Platten liegen, was zu einer kolossalen Aufregung im Reich der Küche führte. An jenem Abend hatte unser Streik Erfolg, die Bremsgummis wurden unwillig von den Küchengeistern abserviert. Für uns war damit klar: Nie wieder wird es diesen verhassten Presssack geben. Wir hatten aber die Rechnung ohne den Wirt gemacht, denn am folgenden Abend beehrte uns Herr Pater Direktor höchstpersönlich mit seiner Anwesenheit im Speisesaal. Allerdings hatten wir den Presssack schon vergessen, doch ahnten wir Schlimmes. Einige mutmaßten, es komme wahrscheinlich ein neuer Prototyp von Fraß auf den Tisch und der Chef möchte ihn persönlich magengängig machen, das heißt, ihn mit seiner Autorität bei uns durchdrücken. Weit gefehlt, es wurde lediglich der Presssack von gestern serviert und uns fielen vor Entzücken die Kinnladen auf die Brust.

Nach dem Tischgebet ging der Chef auf seinen knarzenden Schuhsohlen und mit federnden Schritten, die Hände auf dem Rücken, eine Zeit lang hin und her. Im Saal hörte man die Schüler atmen, so respektvoll still war es und nur das rasselnde Geräusch der Bestecke schuf die Illusion, inmitten einer hungrigen Gesellschaft zu sitzen. Tatsächlich war uns der Hunger vergangen und mit allerlei Umständlichkeit versuchten die Schlemmer diesen Moment hinauszuzögern, bis sie zwangsläufig den Presssack unters Messer nehmen sollten. Unser Chef hielt plötzlich inne, kippte, wie es seine Art war, den Körper noch einige Male vor und zurück, brachte seine Hände nach vorne und faltete sie über den Bauch. Dann warf er seinen Kopf nach hinten, dass sich der Nacken zu Schwülsten rollte und seine

goldgefasste Brille funkelte gemeinsam mit dem goldenen Eckzahn für alle weithin sichtbar.
»Lange genug habe ich zugesehen«, donnerte er.
»Es ist sündhaft, mit welcher Niedertracht ihr Gottes Gaben verschmäht. Ich wünsche nicht, dass ihr Zeiten erleben müsst, in denen ihr nach einer Speise wie dieser betteln würdet. Ich erwarte, dass ein jeder seinen Teller geziemend leert!« Und mit einem orkanartigen Aufschwung brüllte er:
»Bevor das nicht geschehen ist, verlässt niemand diesen Saal!« Seine Stimme hatte sich überschlagen. Jetzt siegte bei den meisten die Tapferkeit. Verbissen säbelten sie den Bremsgummi zurecht und würgten die Brocken hinunter. Dabei blieb so manchem Gourmet der Bissen buchstäblich im Halse stecken, denn schließlich hatte die solidarische Abneigung gegen den Presssack und der nun unerbittlich ausgeübte Esszwang eine regelrechte Massenhysterie erzeugt. Dabei boten sich recht eigentümliche Szenen an den Tischen, und sehr unappetitliche Geräusche machten die Runde.
Pater Direktor sagte nach einer Weile, dass alle gehen dürften, die ordentlich aufgegessen hätten. Dort stand er, der Gefürchtete und die ersten strebten auf die Saaltüre zu, wo sie einen strengen Seitenblick des Chefs ertragen mussten. Ich war auch dabei und trug den Bremsgummi im Taschentuch eingewickelt in der Hosentasche. Was hatte ich für ein Glück! Der nun einsetzende Andrang auf die Saaltüre ließ den Chef Verdacht schöpfen und so ließ er sich vom Nächstbesten die umgekrempelten Hosentaschen zeigen. Dann knall-

ten saftige Ohrfeigen und das Häuflein der Wartenden schmolz beträchtlich dahin, denn die Idee, das leckere Stück in der Hosentasche zu schmuggeln, hatten viele. Sie kehrten verstohlen auf ihre Plätze zurück und nur ganz wenige hatten dann noch die Standfestigkeit, an ihr Schmugglerglück zu glauben. Dabei war einmal dieser Glückspilz, der sich seiner Bundhose besann und auf Drängen seiner verzagten Tischnachbarn so viele Bremsgummis rings um seine Hosenbünde verstaute, dass er kaum noch unauffällig laufen konnte. Seinem Spießrutenlauf drückten die Auftraggeber beide Daumen, und er schaffte es! Ein Kreativer verdankte der praktischen Form des Presssackes seine Erleuchtung. Kurz entschlossen zog er die Schuhe aus, legte zwei Bremsgummis an die Fersen und stieg kräftig wieder hinein. Mit federnden Schritten gelang ihm die Flucht. Einen Nachteil aber hatte der Presssack-Schmuggel: Alle Toiletten kamen in einen widerlichen Zustand, weil die Bremsgummis dutzendweise den Wasserablauf der sanitären Einrichtungen im ganzen Gebäude blockierten.

*

Es war einmal ein Spesenritter –
der wurde dick und immer dicker,
bis es ihn beim Essensakt
mit lautem Knall zerrissen hat.

Nächtliches

Anfangs waren wir doch recht bescheiden mit unseren Späßen, wie es eben so ist, wenn Neulinge zu Werke gehen. Da hätte ein Großer – heute nennt man solche Leute wohl Gruftis? – nur verächtlich über unser Dosentelefon gespottet. Wir fertigten es aus einer leeren Schuhcremedose. Der Deckel bekam, wie die Sprechmuschel eines Telefonhörers, viele Löcher verpasst. In den Dosenboden stießen wir mittig ein Loch ein, hindurch fädelten wir eine lange Schnur, die in der Dose an einem Streichholz verknotet wurde. Ein Stückchen Butterbrotpapier diente als Membrane, der Deckel wurde aufgedrückt und fertig war der Apparat. Das gleiche *Gerät* kam ans andere Ende der Schnur. Eifrig wachsten wir die *Leitung* ein, mit Hightech-Schuhfett, Marke farblos – und das erste Bettgespräch konnte beginnen.

Es war ziemlich spät, und im Schlafsaal hatte sich einträchtiges Schnarchen eingestellt, das einem wütend machte, wenn man selbst einmal nicht einschlafen konnte. Wir formten also unsere Bettdecken zurecht und verkrochen uns darunter. Die Schnur spannte sich über eine ansehnliche Entfernung und der Michel, mein Gesprächspartner, hielt die Dose fest am Ohr.

»Hallo, du Greenhorn, kannst du deinen Feind Winnetou verstehen?«, redete ich halblaut in den Dosendeckel und deutlich kam es zurück:

»Alte Rothaut, wenn ich dich vor die Flinte bekomme, knall ich dich ab. Ich bin Old Firehand!« Darauf

schimpfte ich ins Telefon:
»Du beleidigst den Namen meines weißen Bruders. Du willst Old Firehand sein? Ein mieser Schurke bist du!«
So blödelten wir eine ganze Weile herum und unsere verstellten Stimmen klangen, als kämen sie aus einem Puppentheater. Unter den Bettdecken hatten wir nicht bemerkt, dass sich der Feind näherte. Stinker! Er war es, der sich in der Dunkelheit anschlich. Er konnte sich keinen rechten Reim darauf machen, was für eine blödsinnige Aktion hier lief. Dummerweise führte ihn sein Weg genau in die gespannte Schnur, die sich plötzlich ruckartig spannte und schon schleuderte meine Dose aus dem Bett. Mit Getöse rollte sie dann unter den Betten davon.
Als ich die Umrisse des Paters erspähte, stellte ich mich auf der Stelle schlafend. Der Michel, welcher die Dose noch in Händen hielt, schaltete enorm schnell; im Schutze der Dunkelheit schob er flink seine Schuhcremeschachtel unter die Bettdecke seines schlafenden Nachbarn, drehte sich wieder um und schlief eilends ganz tief und fest.
Der Pater hatte inzwischen seine Taschenlampe zu Hilfe geholt; ihm schien aber die davon gerollte Dose wenig zu interessieren. Er folgte handfesten Beweisen, bückte sich nach der Schnur, hob sie auf und seilte sich so an die Schlafstatt des ahnungslosen Schläfers heran. Als er die Dose unter der Decke hervorgeholt hatte, musste ihn ein heftiger Zorn über die Unverschämtheit dieses Lausbuben erfasst haben, weil der sich noch immer schlafend stellte, obgleich das Beweismaterial

ihn schon genügend entlarvte. So richtete er das Strahlenbündel seiner Stablampe auf den vermeintlichen Lauser, der seinerseits griesgrämig die Augen rieb und sich mit einem Ruck erschrocken aufsetzte, als er den ungewöhnlichen Störenfried erkannt hatte.

»Ich werde dir deine Flausen schon austreiben«, fauchte ihn Stinker an und während er mit der freien Hand den Lauser mächtig am Haarschopf hin und her riss, hielt er linker Hand den Lichtkegel auf das verzerrte Gesicht des Gepeinigten gerichtet. Dann war genug gerüttelt und Stinker ließ, wahrscheinlich angewidert durchs Haarfett, den Schädel zurück ins Kopfkissen fallen. Der Michel hatte sich anfangs mit leichtem Schnarchen getarnt, aber nun gurgelte er so verdächtig, dass ich stark fürchtete, er werde sich das Lachen nicht mehr verbeißen können. Im letzten Moment rettete er sich in einen Hustenanfall, bei welchem er sich furchtbar unter der Bettdecke quälte. Ich aber hatte mich verzweifelt in den Bettzipfel eingebissen und hatte vor irrer Schadenfreude, wegen der komischen Darbietung, Not mit dem Luftholen. Endlich hörte ich, wie sich Stinker fingerreibend entfernte, um Schuppen und Kopfhautfett loszuwerden. Zuvor hatte er dem völlig verdatterten, Unschuldigen, der nicht einmal zu einer Rechtfertigung fähig war, gedroht, er werde auch den Lümmel am anderen Draht noch gehörig die Leviten lesen.

»Morgen –«, hatte er barsch angekündigt, »morgen will ich wissen, wer dein Komplize ist!« Wie schön, er hat es nie erfahren. Wahrscheinlich deshalb nicht, weil

Stinker die Lappalie vergessen hatte oder weil vieles bei Tag eben nicht so schwarz ist, wie es in der Nacht aussieht. Ein anderer hatte die Sache dagegen nicht so schnell vergessen. Aber zu seiner Ehre sei gesagt, er lachte sogar ein bisschen mit, als wir ihm unser Geständnis ablegten.

Zu dieser Zeit war das auch gewesen, als wir bei nächtlichem Bettgeplauder, etwa über Geisterbeschwörung und Hypnose, tatsächlich eine leichte Gänsehaut bekamen. Lag es nicht nahe, ein Medium im Schlafsaal auszuwählen und gleich Nägel mit Köpfen zu machen? Gut so. Wir beabsichtigten Schlag Mitternacht an das Unterbewusstsein eines Opfers beschwörende Fragen zu richten, um vielleicht eine Antwort zu entlocken. Unser *Versuchskaninchen* sollte bei dieser Prozedur natürlich nicht aufwachen. Ursprünglich wollte ich dieses blödsinnige Experiment nur ein einziges Mal aus forschender Neugierde probieren. Das Medium erwies sich aber als Niete, wachte während der Bearbeitung auf und gab keine Ruhe mehr, bis es als Assistent einer weiteren Beschwörung beiwohnen durfte. Deswegen setzten wir unsere Bemühungen fort.

So kam es, dass sich eine wachsende Anhängerschaft fand, denn die Gaudi nahm zu und kein Eingeweihter wollte sich die entgehen lassen. Natürlich wuchs in den folgenden Nächten mit der Zahl der Teilnehmer auch das Zeremoniell. Dazu gehörte selbstverständlich auch eine standesgemäße Kleidung aller Geisterbeschwörer. Also hüllten wir uns in Bettlaken, kreuzten die Arme vor der Brust und verneigten uns gegenseitig drei Mal,

ehe wir begannen, uns um das Bett eines Mediums zu formieren. Die Kollegen machten ihre Sache dabei so gut, dass mich sogar ein leichter Schauer überkam. Mit weit ausholenden, langsamen und majestätischen Armbewegungen beschworen wir das Medium. Sodann wurden die seltsamen Fragen eindringlich aber leise an den Schläfer gerichtet. Im offenen Fenster stand übergroß die Mondscheibe, umrahmt von Wolkenfetzen und das fahle Himmelslicht verlieh der Szene den gewissen Grusel – eine Vollmondnacht wie sie im Buche steht! War es unsere Beschwörungskunst oder wirkten Kräfte jenes nahen Gestirns, dem ja mancherlei magische Wirkungen nachgesagt werden? Jedenfalls hatten wir erstmals Kontakt mit einem schlafenden Medium. Auf die hartnäckig gestellte Anfrage:
»Wer bis du? Nenne deinen Namen«, gab das Unterbewusstsein des Penners Auskunft:
»Schärer Rudi ...«, drang es zaghaft aus dem Federbett hervor, unter das sich die bedrängten Ohren unwillkürlich verkrochen hatten. Diese Worte erhielten nun wahrhaftig keine Offenbarung, aber wir waren fasziniert, denn Rudi schlief brav weiter und einigen Beschwörern gingen jetzt die Gäule durch und sie fragten dem armen Schläfer schier ein Loch in den Bauch. So erfahren wir beispielsweise, dass sein Vater einen Bauernhof hat – ein Traktor, Hühner, Enten und sieben Schweine sind auch da – na also, es funktioniert doch!
»Hast du ein Mädchen? – ob du ein Mädchen hast, will ich wissen!«, bohrte ein Neugieriger. Rudi warf sich gequält um seine Körperachse und was er von sich gab,

konnten wir zwar nicht verstehen, doch wir konnten es riechen. Als aber die Frage nach dem Mädchen wiederholt gestellt wurde, wälzte sich der Schärer Rudi auf die andere Seite. Weil das so schön war, ließen wir Rudi einige Zeit im Bett rotieren, bis er schließlich mit zornigem Grollen aus dem Schlaf hochfuhr und als er uns wahrgenommen hatte, rieb er sich erst einmal tüchtig die Augen. Wir waren aber immer noch da, waren kein Albtraum, sondern lästige Realität und das gab Rudi den Rest.

»Ihr habt einen Traktor daheim – und dein Vater hat einen Bauernhof – und sieben Säue habt ihr auch! Stimmt's? Hab' ich recht?«, sprudelte ein Quälgeist hervor. Unser Rudi guckte sich fassungslos im Kreis um, schüttelte sich dann vor Zorn und fuhr uns fuchsteufelswild an:

»Ich glaub', ihr spinnt! – Solche blöde Deppen – haut doch endlich ab, lasst mich in Ruhe!« Diese Aufforderung ließen wir uns nicht zweimal sagen. Wie aufgescheuchte Furien stoben wir in alle Richtungen auseinander und flitzten in unsere Betten.

Wer in seiner Jugendzeit mit vielen Artgenossen in einem Saal geschlafen hat, wird sich bestimmt an einen Standardstreich erinnern, der auch bei uns Anhänger fand. Was man dabei benötigt? Ein Opfer mit gesundem, tiefen Schlaf und eine Tube Zahncreme. Beides hatten wir in Fülle. Ein Zahncremestrang von zehn Zentimeter Länge genügt für eine Gesichtsmaske; für eine indianische Kriegsbemalung kommt man mit weniger aus. Wer jemals mit derartigem Unfug beehrt

wurde, hat morgens seine helle Freude und weiß eine gründliche Gesichtswäsche zu schätzen.
Wem nun aber die Zahncreme reut, der kann sogar mit einer Schüssel Wasser auf seine Schadenfreude kommen. Allerdings handwarm muss es sein! Ich betone das deshalb, weil es mir in bezüglicher Anwendung zu kalt war. Ich erwachte wegen einer eisigen Kälte, die von meiner Hand in den ganzen Körper ausstrahlte. Kein Wunder, wenn man bedenkt, dass ein Bürschchen meine Hand in kaltes Leitungswasser gehängt hatte. Als ich davon erwachte, flog die Schüssel zu Boden und die Überschwemmung war da. Wäre das Wasser jedoch lauwarm gewesen, heimtückisch handwarm, hätte ich am Morgen womöglich die Überschwemmung im Bett gehabt. Exakter formuliert: Ich wäre zum ahnungslosen Bettnässer geworden, der bekanntlich für den Spott nicht zu sorgen braucht.
Zum Glück führt der Trick mit der Wasserschüssel nicht so leicht und einfach zum Erfolg, wie es sich hier liest.

*

Das Privileg, umfassende Kenntnisse zu erlangen,
ist das, was Schüler ohne zu zögern verlangen.
Doch im Wunsche nistet das Bangen,
ob sie ans Wissen auch mit Faulheit gelangen?

Eine Sache ist nun schon gar nicht nachahmenswert, die Geschichte mit dem Fleckenwasser.
Den ganzen Tag regnete es, uns erfasste an einem schulfreien Wochenende die Langeweile, weil wir wegen des schlechten Wetters nicht ins Freie konnten. Doch an solchen Tagen gedieh der Unfug prächtig. Heute hatte ich Kumpel Wolfe einen Floh ins Ohr gesetzt; ich wollte ihn narkotisieren und der war spontan zu diesem Experiment bereit. Wir verdrückten uns am späten Nachmittag in den Schlafsaal, der natürlich um diese Zeit ein Dornröschendasein fristete, aber gerade deshalb für unser Vorhaben ideale Voraussetzungen bot, weil es so still war, dort. Während Wolfe es sich auf seinem Bett bequem machte, holte ich einen Waschlappen und Fleckenwasser aus dem Nachttisch hervor. Den Lappen legte ich meinem Opfer auf die Nase.
»So, jetzt kannst mit dem Zählen beginnen.« Und als Wolfe mutig damit anfing, träufelte ich Fleckenwasser auf den Lappen: »eins ... zwei ... drei ...«
Bevor ich nun mit dem Austreiben des Bewusstseins fortfahre, wenden wir uns neugierigerweise den Beweggründen zu, die zu solch medizinischer Verirrung führten. Schnell findet man mich im Rückspiegel der Zeit im Operationssaal wieder, wo ich mich vor dem Narkosearzt bis zum k.o. auszählte. Die gesundheitliche Schwachstelle eines Stiergeborenen sei eben

der Kopf, das hatte schon frühzeitig meine selige Mutter erkannt, – wie recht sie damit hatte!

Vom Zeitpunkt dieses Internatskapitels geht's nun etwa drei Jahre zurück: Da liege ich als neunjähriger sterbenskrank in der warmen Küche, auf dem Sofa, in dickes Federbett eingebaut. Ich habe hohes Fieber und seit Tagen starkes Ohrenstechen. Es ist später Abend, dunkel ist es im Raum, und die Holzscheite knistern im Küchenherd. Ihr Feuerschein springt durch die Ofenringe der Herdplatte an die Zimmerdecke und ich starre auf den Reigen dieser flammenden Projektion. Ich höre mich schreien und muss erbrechen, als Mutter an meiner Seite sitzt. Dabei klingelt es an der Haustür – Dr. Hartmann, ein so gütiger wie tüchtiger Arzt, kommt auf seinem späten Heimweg noch herein, um nach mir zu sehen. Mein Zustand beschleunigt den Ablauf:
»Er muss sofort operiert werden, sonst kann ich keine Verantwortung übernehmen!«
Keine halbe Stunde war vergangen, schon liege ich im Krankenhaus fröstelnd auf einer Pritsche, nur mit einem weißen Leinenhemd bekleidet, fixiere die vorüberfliegenden Beschriftungen der Zimmertüren, während die Schwester hastig den Rollwagen durch zugige Flure schiebt. In den Lastenaufzug, durch lange Gänge, wieder endlosen Zimmerfluchten entlang –
da steht in unvergessener rotbrauner Old-English-Schriftart: »Operationssaal«.
Ein weißkitteliges Team macht sich über mich her; ich soll zählen – und weiter – weiterzählen – nicht auf-

hören! Immer tapfer weiterzählen, und dabei träufelt ein Arzt Flüssigkeit aufs Läppchen, das auf meiner Nase liegt, es nimmt mir fast den Atem. Die großen grellen Leuchten über mir beginnen sich zu drehen, immer rasender wird ihre Fahrt. Das Licht sprüht wie Feuer im Kreise herum. Es ist verwandt dem Feuerrad der Ofenringe, das mich im Fieberwahn schwindlig machte. Die Ärzte aber, vornübergebeugt, erkenne ich an ihren leuchtend grünen Froschköpfen – o ja, wie der Kopf vom *Salamander-Lurchi*: Breites Lachmaul und große runde Augen, höre wie ihre Worte zu Gequake werden. Es ist sehr lustig, wenn sie sich zanken:

»Gut, wie er zählt ...«, meint der eine Frosch.

»Er zählt doch falsch!«, quakt erbost der andere. Immer dieselben Worte – aber immer schneller – bis zum heftigsten Froschkonzert. Dabei rotiert das Feuerrad, es verbreitert sich zum alles verschlingenden Final, ein Feuer, das mein Bewusstsein verzehrt – ich bin in der Narkose versunken. Die nächtliche Operation dauerte eine geschlagene Stunde, es ist 23 Uhr.

»Ihr Sohn hätte diese Nacht nicht überlebt ...«, sagte Dr. Hartmann zu meinen Eltern, die im Flur vor dem OP warteten. Als ich morgens erwachte, ertastete ich einen riesigen Kopfverband. Was war nur geschehen? Ich litt unter akuter Mittelohreiterung und Dr. Hartmann hatte den Knochen hinter meinem Ohr herausgemeißelt, um Zugang fürs Werkzeug zu schaffen, sozusagen.

»Da könntest du ein Hühnerei reinlegen, so groß ist das Loch«, sagte er bei der ersten Visite, wohl in der

Absicht, mich zu erheitern. Zum Eierverstecken war mir aber gar nicht zumute, doch statt zu heulen, musste ich dann doch aus meinem Turban hervorgrinsen. Hätte ich aber gewusst, wie lange ich den Verband tragen würde, wäre sehr heftig zu flennen gewesen.
Nach einigen Wochen ging es wieder in den OP – so nennt der Profi die Stätte der Operation – diesmal zum Verbandswechsel. Juchhe, juchhu! Glaubte ich doch, der hässliche Verband käme nun für immer weg. Windung um Windung verließ die Binde den Kopf und je mehr abgenommen war, desto mehr schmerzte es. War der Kopf endlich frei, hörte ich großes Lob über meine bisherige Tapferkeit.
Kommt da noch was, wo solche gefordert ist? Ja, es folgte der große Schmerz. Die Tamponade, die schichtweise in den Hohlraum gestopft und nun stark verkrustet war, wurde nun mit der Pinzette herausgezupft. Das dauerte wohl *ewige* zehn Minuten, in denen ich wortwörtlich Rotz und Wasser heulte. Die Wunde blutete jetzt kräftig und Dr. Hartmann stopfte kraftvoll frische Tamponade hinein, Schicht auf Schicht. Der äußerst schmerzreiche Vorgang wiederholte sich nun in umgekehrter Reihenfolge, bis ich schließlich wieder meinen weißen Turban quer über dem Kopf trug. Wohl ein halbes Dutzend Mal musste ich diese Tortur durchstehen, bis ich mit frischer Tamponade und Kopfverband schulfähig entlassen werden konnte.
Was nun folgt, fällt unter die Rubrik: Wer den Schaden hat, braucht für den Spott nicht zu sorgen. Als nach vielleicht vierzehn Tagen mein weißer Turban

abgenommen war, trug ich über viele Monate eine schwarze Ohrenklappe und bot damit meiner Klasse ein vertrautes Bild. Dann aber kam es zu einem Überraschungseffekt, der – wie beim langhaarigen Renz – für Gaudi sorgte, als jener von heute auf morgen, kahl geschoren, zum Unterricht kam und den massiven Angriffen von Schreibgeräten nicht mehr Herr werden konnte. Zu verlockend war der nackte Schädel für ein Gekritzel. Damals unterstrich allerdings die künstliche Glatze keine modische Extravaganz, eher das Gegenteil: So etwas geschah aus Kostengründen, mangels der Moneten für den Haarschneider und hatte zugleich einen kräftigen Anstrich von Asozialität. Vielleicht tun sich unbewusst noch manche ältere Semester beim Umdenken schwer, weil Glatzköpfe heutzutage ja als höchst salonfähig gelten. Doch kommen wir auf jenen Umstand zurück, womit ich der Klasse Grund zum Ausrasten gab ...

Also, am glücklichsten Tag meines jungen Lebens fiel die Ohrenklappe! Zwar stimmte das mit der eigroßen Öffnung, doch daran hatte ich mich in Gedanken schon gewöhnt und dem Doktor geglaubt, dass man später einmal – heile, heile Segen – kaum mehr was davon sehen würde, wenn das Loch zugewachsen ist; rückblickend stimmt das auch.

Ein wunderbares Gefühl der Erleichterung hatte mich erfasst, als ich erstmals wieder klappenlos durch die Straßen stolzierte. Nachmittags alberte ich vor Übermut mit Freunden in einem Haufen Sägespänen herum – du ahnst es bereits? Richtig!, ich bekam einen Holzstachel ins Auge und musste deswegen zum Augenarzt. Was erwartete mich? Eine schwarze Augenklappe, verdammte Schweinerei! Ich sah aus wie Seeräuber Flint. Am nächsten Morgen trat ich mit allergrößtem Widerwillen ins Klassenzimmer und war mir des Spotts meiner Mitschüler sicher. Das Gejohle erreichte seinen Höhepunkt, als Flint zugeben musste, dass der plötzliche Klappensprung vom Ohr zum Auge kein Gag war. Soweit die kleine Rückblende in meine vorinternatliche Volksschulzeit, wobei ja auch von einer Narkose die Rede war, einem Erlebnis der besonderen Art. Ist es da verwunderlich, wenn selbstgemachte Erfahrung dazu ermutigt, ja anspornt, ein tolles Narkoseexperiment mal auszuprobieren?

Wir befinden uns zu solchem wieder im Schlafsaal des Internats:

»... neununddreißig – vierzig – einundvierzig ...«, lallte mein Patient und es klang so, als läge er in den letzten Zügen. Sein Gesicht war blass geworden und ich hatte auf einmal fürchterliche Angst bekommen, sodass ich gleich den Lappen wegriss und Wolfe energisch an den Schultern rüttelte. Dieser kam nur sehr langsam in die Wirklichkeit zurück und wie mir schien, bereitete ihm das jähe Ende der Prozedur Unbehagen.

»Jetzt, wo es gerade super war, weckst du mich auf!«, nörgelte er vorwurfsvoll und indem er sich aufrichtete und den Schädel kratzte, meinte er, ich müsse es unbedingt noch einmal machen.

»Aber lass dir Zeit mit dem Aufwecken«, sprach's und legte sich erwartungsvoll ins Kissen zurück.

»Auf deine Verantwortung«, sagte ich und glaubte insgeheim damit mein schlechtes Gewissen zu entlasten.
»Ja, mach' schon, du Feigling, fang schon an – eins, zwei, drei ...«
Wieder träufelte ich Fleckenwasser, nun ein bisschen mehr und schon bei siebenunddreißig war Wolfe weggetreten. Diesmal war sein Gesicht kreidebleich geworden, der Atem ging flach und stockend. Ich saß auf der Bettkante und fühlte seinen flackernden Puls und mit jedem Pulsschlag wuchs die Angst, er könnte nicht mehr aufwachen. Nach einer bangen Minute etwa beschloss ich, meinen Freund aus seiner Narkose zu reißen. Wie beim ersten Mal rüttelte ich ihn an der Schulter und ich war völlig verzweifelt, dass er daraufhin kein Lebenszeichen von sich gab. Was ich jetzt anstellte, mag nicht die feine Art gewesen sein, mir war jedes Mittel recht, den Scheintoten zurück ins Leben zu holen. Ich trommelte wie besessen mit den Fäusten auf ihn ein, schüttelte seinen Kopf hin und her, schlug ihn auf die Wangen und riss ihn an den Haaren. Endlich hatte meine Mühe einen kleinen Erfolg – Wolfe röchelte. Gut so, er lebt noch, dachte ich erleichtert. Wenigstens er tut überhaupt etwas! Als hetzte mich ein Teufel, sauste ich durch die langen Bettreihen zum Waschtrog, riss einen der unendlich vielen Waschlappen vom Hacken und als ich mit dem nassen Lappen und einem Zahnbecher Wasser herbeieilte, stand *Zwick* an Wolfes Bett.
»Was ist mit ihm?«, wandte der Pater sich erschrocken an mich. Ich hätte ihn verwünschen können in diesem

Augenblick.
»Ach, schlecht ist ihm geworden und dann ... dann ist er bewusstlos geworden«, stotterte ich vorwurfsvoll.
»So steh doch nicht herum, leg ihn doch den Lappen ... ach was, gib mir den Waschlappen!« Und Zwick riss mir den Lappen aus der Hand und klatschte ihn meinen Kumpel auf die Stirn. Diese kalte Auflage verfehlte nicht die Wirkung. Sofort regten sich die Lebensgeister und Zwick machte große Augen, als der arme Schüler nach einer Weile wie ein Betrunkener lallte:
»Einmalig! Sag' ich dir – pfundig war's – ich zahl dir das nächste Fleckenwasser.« Indes stand ich mit gesenkten Augen dem Zwick gegenüber, der aber sagte kein Wort. Selbst dem benebelten Wolfe musste diese hartnäckige Stille verdächtig sein.
»Was ist denn?« Besorgt richtete er sich mühsam auf und wie Schuppen fiel ihm der Waschlappen von den Augen. Mit einem unbeschreiblichen Ausdruck im fahlen Gesicht machte er sich mit der neuen Situation vertraut und hatte Mühe, sie zu begreifen.
»Herr Pater, ich hab' Fleckenwasser auf einen Lappen getan und den hat sich der Wolfe auf seine Nase gelegt«, versuchte ich hastig zu erklären.
»Hm, hm ...«, nickte der mit seinem schweren Kopf und dabei rappelte er sich ächzend aus dem Bett heraus. Zwick stand noch wie versteinert da und als Wolfe und ich den Reißaus versuchten, schrie er mir energisch nach:
»Du kommst heute nach dem Abendessen auf mein Zimmer, verstanden!«, holte sein Brevier aus der Rock-

tasche und setzte seinen Gang fort. Das ist ja noch mal gut gegangen, dachte ich, denn der Pater Zwick war ein ruhiger und harmloser Zeitgenosse. Kein Wunder also, wenn ich wenig Angst hatte, ihm einen Besuch abzustatten. Mutig klopfte ich also nach der Abendmahlzeit an seine Zimmertüre. Zur Antwort bekam ich ein heiseres und sehr barsches »Herein!« zu hören. Es war unverkennbar, ich wurde erwartet. Was ich dann erblickte, erfüllte mich nun doch mit Schrecken. Dieser harmlose Zwick hatte sich auf mich vorbereitet. Da stand er, Furcht erregend, in Hosenträgern und mit aufgekrempelten Hemdsärmeln. Ein seltenes Bild, wenn man bedenkt, dass ein Pater für uns ausschließlich in vertrauter Ordenstracht vorstellbar war. Wer hat jemals einen Ordensmann in Hosenträgern gesehen? Diese Frage schoss mir noch kurz in den Sinn, aber kaum war die Türe ins Schloss gefallen, stürzte sich der Zwick, wie ein Preisboxer auf mich. Er stieß und schubste mich quer durch den Raum und schlug mich in der Zimmerecke quasi k.o! Die Laute, die er dabei ausstieß, ließen mich an einen Gorilla denken. Alles ging sehr rasch, und ehe ich mich versah, flog ich durch die Türe zurück in die Freiheit. Habe ich im Andenken an die handfeste Ohrfeige von Frater Martin schon ein höchstes Prädikat vergeben, so sehe ich mich angesichts der Zwick'schen Boxleistung genötigt, den Empfang der kräftigsten Faustschläge zu bestätigen.

Nicht nur Erzieher schienen es auf meinen armen Kopf abgesehen zu haben, auch die Mitglieder des HNO-

Handwerks blieben bis heute magisch von ihm angelockt, wie Motten vom Neonlicht. Deswegen gibt es in meinem Schädel mittlerweile kaum noch eine Höhle, in die sich ein HNO-Arzt nicht hineingewagt hätte – und sei es mit Gewalt, durch die Knochen! Ein besonders rabiater Bursche beschrieb dies folgendermaßen:
»Wir öffnen nur das Fenster der Kieferhöhle und schauen einmal hinein ...«
Das ist etwa so, als würdest du ein Loch in die Zimmerwand hauen und dann sagen:
»Wir haben das Fenster geöffnet und gucken nun hinaus ...«
Aber bekanntlich kuscht man sehr schnell vor diesen Weißkitteln, noch dazu als junger Heinrich, und lässt eben das Fenster öffnen, wenn's vom berühmten *Hals-Nasen-Ohren-Kapazi* gewünscht wird. Ist ja nur ein Fenster, was soll's. Heute aber weiß ich: Das seichte Bankkonto des Arztes hatte in ihm diesen nachdrücklichen Eifer erzeugt – später ist man ja immer klüger: Die elegante Privatklinik war überschuldet und auch der anspruchsvolle Lebensstil forderte fließbandmäßig Operationen, ganz bestimmt auch seine geschiedenen Frauen und nicht zuletzt die Reitpferde!
Mein Bettnachbar damals, der Weiß Johannes, hatte beispielsweise wohl etwas Ähnliches als ich. Er bekam wenig Luft durch die Nase und spürte gelegentlich einen leichten Druckschmerz neben den beiden Nasenflügeln. Jetzt lag er hier und – wohlgemerkt vorsorglich! – vorsorglich sollten alle seine Zähne ausgerissen werden, damit ja nicht ein gefährlicher Eiterherd über-

sehen wird.
»Um Himmels willen, lass dir das bloß nicht antun!«, kämpfte ich für seine Zähne. Weiß aber hatte sich ergeben und vor seiner eigentlichen Kieferhöhlenoperation fuhr man erst mal einen alten, eingefallenen zahnlosen Greis zurück an sein Bett. Ich erschrak zu Tode, hatte den Dreißigjährigen nicht wieder erkannt und war wie von Sinnen. Und hops, lag ich anderntags in vermeintlicher Narkose unterm Messer und spürte ein widerwärtiges Schaben, als wolle man mit dem Schablöffel durch den Kopf. Man wollte. Schließlich guckte man durchs Fenster und der Arzt sagte erleichtert:
»Ha, da ist ja gar nichts drin!« Da packte mich Frust und Sorge übers unnötige Hantieren und mit schwerer und durch allerlei Klammern verbarrikadierter Zunge lallte ich fragend:
»Da ist gar nix drin?« Ich spürte, wie es dem Arzt samt Assistenten einen Ruck gab – dann bemerkte er sichtlich amüsiert:
»Der ist ja wach! Schwester – geben Sie mehr ...«
Später, im Bett, wollte man mir den Spiegel verweigern, so schön sah ich aus. Die operierte Gesichtshälfte war aufgeschwollen bis zum schmalen Schweinsäuglein und färbte sich in den folgenden Tagen von gelb bis dunkelviolett – oder war es umgekehrt?
Der Weiß aber war jetzt richtig eingestimmt und weil man ihn wohl nicht noch mehr verschrecken wollte, öffnete man bei ihm auf einen Streich gleich die zwei Fenster der beiden Kieferhöhlen. Mein Gott!, wie sah der aus!

»Kein Grund zur Sorge, Herr Weiß – alles war in Ordnung. Jetzt haben Sie es ja überstanden«, sagte beruhigend die Schwester an seinem Bett. Gar nix drin ...?, dachte ich zornig bei mir.

Sodala, bald ging es mir erneut an den Kragen: Da war noch ein Fenster aufzumachen. Und sobald die Schwellungen abgeklungen waren und die Nasenlöcher wieder Raum für Werkzeug und das Licht im Kopf freigaben, wurde auch die Nasenscheidewand schmäler gehauen. Jawohl, mit Hammer und Meißel – das knallte nur so im Schädel! Ich habe diesmal den Mund gehalten, bei dem Lärm. Dieses *Gewerkel* war so ziemlich das Allerletzte: ehrliche Warnung! Ach ja, eine Kleinigkeit, meine beiden Mandeln hätte ich beinahe vergessen ...

»Die Mandeln sind fällig, also raus damit!«, meinte der Wüstling beim nächsten Inventarcheck.

»Ich habe noch Mandeln?«, fragte ich überrascht.

»Und ob! Das sind Krankheitsherde ersten Ranges! Sehr gefährlich kann das werden. Das sollten Sie sich gut überlegen, wenn Sie schon mal im Hause sind ... wir könnten das terminlich noch auf die Reihe kriegen.«

»Ja, wenn Sie meinen, Herr Doktor? Mir wurde aber als Kind schon die Mandel entfernt ...«

»Das war die Rachenmandel, junger Mann – sauber gemacht – gute Arbeit!«, lobte der Mensch und sein Leuchtspiegel über dem Kopf hatte mich hypnotisiert: Ich Dummerchen ließ mir meine Mandeln vorbeugend und quasi im Vorübergehen herausschneiden. Zuerst gab es die *»Leck-mich-am-Arsch-Spritze«* ins Hinter-

teil, so wird die Beruhigungsspritze von den Kennern der Materie zutreffend benannt, etwas später tippelte ich benommen ins kleine OP-Zimmer. Ein paar zusätzliche Spritzchen in den Rachen – zwick, zwack – igittigitt – hinein damit in den Treteimer.
»Sodala, – hier, Ihre Nierenschale, schön gerade halten – geht's alleine?«
»Hm, hm ...« Und auf wackeligen Beinen, die schwabbelnde Blutschüssel vor der Brust, schlurfte ich durch den langen Flur, vorbei an den roten Samtvorhängen und aufpolierten Messingklinken, dachte daran, wie teuer so was ist und legte mich vorsichtig ins Bett.
Nach sieben langen Wochen war endlich der Geldtransfer von Krankenkasse zur Edelklinik beendet. Das Ergebnis wird euch vielleicht interessieren? Symptome absolut unverändert – allerdings kann jetzt bei Nebenhöhlenbeschwerden nicht mehr erfolgreich geröntgt werden, weil die Narben das Bild schwärzen und ganz nebenbei entfleuchte für immer auch mein Geruchssinn. Heute müsste ich mir klüger vorkommen als diese HNO-Kapazität, doch glaube ich nicht, dass dieser Arzt wirklich fachlich so dumm war, wie er Operationen für unausweichlich hielt. Es sind wohl nur geschwollene Weichteile im Nasenraum gewesen, welche die Atmung beengten. Dazu gehören neben Polypen vor allem Schleimhautschwellungen, die, wie ich vermute, nicht selten von Verspannungen herrühren. Ja sogar Seh- und Brillenprobleme haben mit solchen Verkrampfungen zu tun, das ist meine leidvolle Erfahrung. Solches gehört bekanntlich nicht unters Messer, zum Leidwesen man-

cher Beutelschneider, sondern ist seelisch bedingt, bedarf anderer Rezepte. Nun, da ich allen Grund zur Reklamation hatte, suchte ich den damaligen HNO-Star in seiner Münchner Praxis auf und jetzt zeigte sich, wie schlau dieser Mensch wirklich war:

»Wir müssen die Fenster eben nochmals öffnen, wahrscheinlich sind sie inzwischen verknorpelt, und bei dieser Gelegenheit sollte unbedingt auch die Nasenmuschel entfernt werden!«

Schnell hatte er die Reklamation vom Stuhl: Der hat mich nie wieder gesehen.

*

Gäbe es Gesundheit zu kaufen – welcher Arzt möchte sie anbieten?

*

Mir ist der Doktor einerlei;
ich mach es wie der Papagei,
halt' mich gesund mit Erdebrei.

Parole Nachtrauch

Das Rauchen war uns generell strengstens untersagt und es kam emotional schon beinahe einer kriminellen Handlung gleich, wenn jemand dabei ertappt wurde, sei es im Internat oder außerhalb davon. Erstaunlicherweise standen damals die gesundheitlichen Risiken nicht im Vordergrund, wie das heutzutage der Fall ist. Ich denke, das Rauchen wurde in dieser Beziehung landläufig und wohl auch von wissenschaftlicher Seite eher harmloser eingestuft. Bei uns aber – hier ging es eindeutig um moralische Aspekte von Abstinenz und Suchtgefahr und damit um die seelische Unversehrtheit der Schützlinge. Ähnliches galt übrigens auch für den Alkohol. Diese Sichtweise scheint jetzt leider veraltet, sie musste dem Gesundheitsgedanken weichen; Moral ist hierbei kaum ein Thema mehr. Wer aber von uns unreifen Flegeln hätte Moral begreifen können? Und hops, wandert nicht begriffene Moral ins Tabureich. Und worin liegt der Unterschied eines ignorierten Gesundheitsarguments und missverstandener Moral? Heute blasen dir die aufgeklärten, aber reaktionären Lauser den Qualm ungeniert ins Gesicht, während uns Duckmäuser das schlechte Gewissen ins Versteck trieb und wir dort heimlich pafften.

Ehe wir jetzt über eine im Stich gelassene Moral philosophieren, kehren wir doch lieber zur Story zurück. Trotz aller Verbote – geraucht wurde ausgiebig, man durfte sich eben nur nicht erwischen lassen. Notgedrungen gab es in Raucherkreisen allerhand Schliche, die den verbotenen Genuss ermöglichen sollten. Ein solcher führt uns geradewegs zur »Parole Nachtrauch«, einem Nachtklub, der von nikotinlüsternen Knirpsen ins Leben gerufen war und sich wachsender Beliebtheit erfreute. Allerdings wurden nur Leute eingeweiht, von denen man wusste, dass sie dichthielten, also vertrauenswürdig waren. Spitzel, die es bekanntlich überall gibt, hatten Klubsperre, man kannte doch seine Gesellen.

Wie es dazu kam? Man stelle sich das so vor: Zwei Raucher unterhalten sich. Der eine schwärmt von gestern Nacht, als er leicht fröstelnd, im Schlafanzug, am offenen Klofenster stand und einige kräftige Züge in den Nachthimmel blies. Wohlgemerkt! – nicht ängstlich versteckt wie sonst, im Gebüsch oder in den Wipfeln der Buchen und Kastanien – nein, hier, in diesem unserem Hause! Triumphierend, frech wie Oskar, grinste er sein Gegenüber an und versicherte, es heute Nacht wieder zu treiben.

»In welchem Klo denn?«, fragte einer interessiert zurück.

»Klar doch, im Oberen, nur einen Katzensprung vom Heiabett.«

»Das ist geil! Aber wenn eine Kutte auf Patrouille ist, stinkt es verdammt gefährlich ...«

»Ach wo, um zwei ist kein Schwein mehr unterwegs. Meinst, die Kutten brauchen keinen Schlaf? Also, was ist, bist du dabei?«

»Ok, also um zwo! Weckst du mich?«

»Sicher, wenn ich es nicht verpenne ...«

Der Dritte im Bunde war zwar Nichtraucher, hatte aber neugierig die Ohren gespitzt und besaß einen Reisewecker. Wie das nun weitergeht, kann man sich ja gut vorstellen. So ähnlich könnte sich die Gründung des Nachtklubs abgespielt haben. Der Zuspruch war ungemein. In Zeiten großer Nachfrage hatte der jeweilige Weckdienst sogar Assistenten, um die Süchtlinge in allen Teilen der Schlafstätten unverzüglich aus ihren Träumen zu holen. Ein dezenter Rüttler an der Schulter – flüsternd die »Parole Nachtrauch« ins Ohr – das war es schon. Alles Weitere geschah beinahe lautlos und mit erstaunlicher Routine, ohne dass die schlafenden Nichtraucher auch nur eine Ahnung davon bekamen, was da Nacht für Nacht zwischen ihren Betten sprichwörtlich zu Gange war.
Im hinteren Toilettentrakt traf man sich dann, um an den offenen Fenstern einen Glimmstängel zu paffen. Abgeschirmt durch zwei lange Reihen von Kabinen, deren obere Türstege tagsüber als Turnstangen dienten, an denen manchmal gleichzeitig ein halbes Dutzend Turner hingen, die im Wettstreit Klimmzüge absolvierten. Der einarmige Stutz schaffte trotz seines Armstummels sechzig einwandfreie Klimmzüge! Dabei blieben uns, den Zweiarmigen, die Mäuler offen. Hier hinten standen wir also, meist schweigend und dicht gedrängt an den Fenstern und bliesen aus vollen Lungen den Rauch ins Freie. Einem Unbeteiligten ist es wahrscheinlich unmöglich, für soweit Abgehobenes Verständnis aufzubringen. Uns aber bedeutete dieser Ausbruch aus der Pflicht- und Darfnorm sehr viel. Wir

fühlten uns für ein paar Minuten als *Supermenschen*, denen dank Zigarettenwerbung doch die Welt gehört, und wir meinten wohl in diesen Minuten auch alles locker im Griff zu haben, so locker und lässig wie wir den Glimmstängel hielten. Es kam natürlich noch hinzu, dass uns eine Unterbrechung der Nachtruhe überhaupt nichts ausmachte, ganz im Gegenteil. Wir brannten schier darauf, etwas außer der Reihe zu erleben, und diese eigentümliche Art von Schlafanzugromantik zog uns immer wieder in ihren Bann.
Lange Zeit blieb die Aktion Nachtrauch unentdeckt, vermutlich war das auch ein Grund, warum sich eine Anhängerschaft in der Größenordnung von zwei Fußballmannschaften gefunden hatte. Nun, eines Nachts, fand unser heimliches Stelldichein ein jähes Ende. Als wir gerade im dichten Tabakqualm standen, gesellte sich, von allen unbemerkt, der Stinker zu uns. Wie lange er hinter uns schon gestanden hatte, lässt sich nicht sagen, jedenfalls dürfte er schon eine ganze Weile unser Gepaffe bestaunt haben. Alle waren wir mächtig erschrocken, als er hinter unserem Rücken spöttisch fragte, was wir denn hier treiben?, und augenblicklich setzte ein Glutregen ein, die Kippen flogen zielstrebig aus dem oberen Stockwerk in den Garten hinunter und dabei fand ein Lauser im Brustton der Überzeugung:
»Ach nur Luft schnappen, Herr Pater ...«, und ein solidarisches Gebrummel setzte ein, was eigentlich jeden Zweifel hätte beseitigen müssen. Dabei zog verräterisch dichter Zigarettenqualm über unsere Köpfe hinweg, hinaus in die Nacht.

»Soso, Luft schnappen. Ach tatsächlich? Ich werde euch das Rauchen austreiben; es wird euch ganz bestimmt vergehen!«, ließ sich Stinker hören.
»Ihr sollt reichlich Gelegenheit zum Luftschnappen bekommen!«, und flink wie ein Zauberer, holte er aus seiner unergründlich tiefen Rocktasche eine kleine Taschenlampe und seine berüchtigte Blechschachtel hervor, in der sich ein ordentlicher Füllfederhalter und ein kleiner Schreibblock befanden. Während seine Linke die Schachtel samt Beleuchtung hielt, öffneten die Finger der Rechten den Federhalter – es war immer wieder faszinierend, wie geschickt er das machte – und mit offenkundiger Genugtuung begann er nun, völlig wortlos, unsere Namen gewissenhaft untereinander aufzuschreiben. Nur das verlegene Hüsteln der Raucher und die kratzende Feder auf dem Papier war zu vernehmen. Hin und wieder erforschte der Lichtkegel neues Datenmaterial in der dunklen hinteren Region, wohin sich instinktiv die Drückeberger geschoben hatten, wohl in der Hoffnung sich unsichtbar machen zu können. Stinker aber war Mathematiker, somit sehr gründlich. Keiner entging seinem Fang. Erst als alle erfasst waren, durften wir abrücken.
Dieser Pater war für seine ausgeklügelte Strafakte bekannt, was uns doch mit Besorgnis erfüllte und so manchem von uns einen schlechten Schlaf bescherte. Am nächsten Abend wussten wir sehr bald, woher der Wind wehte. Kaum hatten wir uns ins Bett gelegt, beobachteten wir Stinker – seinen Schritten folgten wir mit Argusaugen – wie der sein Blechhirn aus der

Kuttentasche hervorholte, oje! Indem er unsere Namen aus der Schachtel vorlas, hatten wir in Reihe und Glied anzutreten.

»Ihr könnt euch eure Decken mitnehmen«, sagte er streng und zu den braven Schülern in den Betten, die mit unverhohlener Schadenfreude wie Säue quiekten, meinte er, dass diese Nachtraucher nun von ihrer Sucht geheilt werden sollen. Es kam der biblischen Vertreibung aus dem Paradies nahe, wie wir mit gesenkten Köpfen und mit Wolldecken über unseren Schultern, hinaus auf den kalten Flur marschierten. Draußen standen wir dann Stunde um Stunde in die Wolldecken eingewickelt und hatten vor Müdigkeit kaum noch die Kraft zum Stehen. Nur das monotone Schlurfen von Stinkers Sandaletten auf den Solnhofener Platten war zu vernehmen. Dieser Quälgeist wandelte die ganze Zeit unermüdlich gemessenen Schrittes auf und ab und las dabei unaufhörlich in seinem Brevier und würdigte uns keines Blickes. Endlich – es war nach Mitternacht, kam das erlösende Wort. Wie geschlagene Krieger torkelten wir an unsere Betten und Stinkers letzte Worte raubten uns schier den Verstand:

»Bis morgen!«, hatte er gesagt. Die nächtliche Parade wiederholte sich indessen etliche Male und der Klub Nachtrauch war am Boden zerstört. Die Zeit heilt Wunden, heißt es, das empfanden auch wir so.

Der Schwarze Schlafsaal

Es dauerte nicht lange, schon nahmen die Streiche überhand, was Stinker veranlasste, eine alte Drohung in die Tat umzusetzen. Den Anstoß zu seinem Entschluss gab eine Ungehörigkeit, die unser Herr Pater Direktor zu später Nachtruhe erlebte. Ein fürchterliches Gepolter über seinem Schlafgemach hatte ihm Beine gemacht. Verursacht wurde der Lärm von zwei Kampftruppen, die emsig dabei waren, Schränke zu Barrikaden zusammenzuschieben. Wie bereits erwähnt, säumten die Schränke der Schüler links und rechts die Gänge im ganzen Haus. Als der Chef schnaubend die Treppe hochjagte, war das Bollwerk schon fertig und eine wilde Kissenschlacht entbrannt. Die Kämpfer warfen sich über das mannshohe Hindernis eifrig Kopfkissen zu und – verdammt! – in diesem Moment tänzelte laut schreiend der Chef in den dunklen Seitengang.

Sein Gebrülle war für die abgeriegelte Partei aber pures Glück. In Panik warfen sich dagegen die Frontkämpfer an die Barrikade und dem Chef müssen die Schläge der Kniescheiben ans Sperrholz der Schranktüren wie Detonationen in den Ohren geklungen haben. Mit hastigen Klimmzügen, keuchend vor Schreck und Anstrengung, retteten sich die Knirpse über das Hindernis hinweg, noch ehe der Chef den Lichtschalter gefunden hatte. Ihm bot sich ein unüberwindliches Bollwerk aus dicht zusammengestellten Schränken und zu seinen Füßen lagen die Kopfkissen. Auf seine wütenden Befehle hin, kamen schläfrige Typen aus dem Schlaf-

saal, um die Barrikade zu öffnen und mit den Aufräumungsarbeiten zu beginnen. Als sie der Chef zu Gesicht bekam, hatte er nur müde, ahnungslos und unschuldig dreinschauende Geschöpfe vor sich.
»Also, nun – «, prophezeite er zornig, »das wird ein Nachspiel haben!« Dann ging er wieder nach unten.
Das Nachspiel vollzog Stinker, seine rechte Hand und Vertretung. Als Erstes verhängte der eine allgemeine Ausgangssperre für den gesamten Schlafsaal, mit der hinterhältigen Einschränkung, davon abzusehen, falls sich die beteiligten Rowdys freiwillig melden sollten. Das war ein ausgezeichnetes Druckmittel, denn für die meisten war der gelegentliche Stadtbummel in tristen Zeiten außerordentlich reizvoll. So braucht man sich nicht zu wundern, dass Stinkers Rechnung aufging. Die Nachtkämpfer mussten sich letztlich dem Feind stellen und die Verwirklichung seines lang gehegten Planes, den er oft genug angedroht hatte, stand unmittelbar bevor.
Tags darauf wurde nämlich der Belegungsplan der Schlafsäle überarbeitet. Von Schlafsälen, die so unübersichtlich und verschachtelt, aber miteinander offen verbunden waren, dass sie leicht zur Brutstätte für nächtlichen Unfug werden konnten. Es hausten darin verstreut ja die Störenfriede. Und war einmal ein Bereich infiziert von solchen Subjekten – Originalton Saalaufsicht – zog das Kreise, machte Schule. Schließlich wird sogar ein Miesepeter fidel, wenn er einen Anführer als gnädigen Förderer in seiner Nähe weiß. Also brauchten solche schädlichen Elemente nur eliminiert – ebenfalls

Originalton – und in ein konzentriertes Lager überführt werden, drohte Stinker seit langem.
Es gab dafür einen idealen kleineren Raum, der ganz und gar die Straftheorie unterstützte. Hässlich war der und unangenehm zugleich. Abgesondert vom übrigen Schlaflabyrinth lag der triste Raum einige Treppenstufen tiefer, besaß idealerweise eine Türe und grenzte mit seinen beiden Fenstern an den quadratischen Innenhof des Gebäudes. Dadurch sollten die Insassen eine Überraschung erleben: Einerseits zogen die Düfte aus der Küche im Erdgeschoss himmelwärts, andererseits heizte der anliegende Kamin den Bösewichten mächtig ein. Öffneten sie aber zur Abkühlung die Fenster, krochen die Küchendünste gnadenlos ins Innere und erinnerten auf wundersame Weise an die Kochkünste vergangener Tage.
In dieser *Gruft* also hatten die Strolche ihre neue Heimat. Hier quartierte sie Stinker nach und nach ein, und es wurde rasch bekannt, dass alle, die nicht parierten oder straffällig geworden waren, ebenfalls dort Unterkunft finden würden.
Der *Schwarze Schlafsaal* hatte seine Geburtsstunde. Die erziehungstechnischen Vorteile lagen auf der Hand: Mehrere Fliegen traf man gleich mit einem Streich. Für die Braven hatte man eine wirksame Abschreckung, für die Lümmel eine permanente Strafbarkeit und natürlich war dieser Flegelhort leichter unter Kontrolle zu halten. Da konnte man getrost Kollektivstrafen verhängen, es traf immer die Richtigen. Unschuldige gab es dort vom Standpunkt der Erzieher aus sowieso nicht.

Einen unbedachten Nachteil hatte der Schwarze Schlafsaal dennoch, weil er zur munter sprudelnden Quelle gröbsten Unfugs wurde und stets Impulse für die übrige Gemeinschaft lieferte. Seine Anziehungskraft nahm mit seiner Berühmtheit zu, sodass es schließlich als Auszeichnung galt, dort selbst einige Zeit verbracht zu haben.

An die erste Aktion entsinne ich mich, sie erfolgte schon in seinen Gründungstagen, damit begann seine Popularität. Mitten in der Nacht wurde ich unsanft wachgerüttelt und auch gleich von vielen Händen aus dem Bett gezerrt. Es waren die Greifer der Verworfenen aus der Gruft. Erst einmal zu Tode erschrocken, dann wütend und schließlich wieder beruhigt, als ich erkannt hatte, dass ich nicht der einzige war, dem solches geschah. In allen Teilen der Schlafsäle herrschte rege Aktivität, griffen sich Trupps die Schläfer und schließlich waren die Angreifer, verstärkt durch die Erweckten, derartig produktiv, dass in kürzester Zeit ein allgemeines Chaos in der Dunkelheit herrschte und arges Gezeter, bis sich allmählich die Gemüter wieder beruhigt hatten. Die *Parole Nachtmarsch* verbreitete sich unter einer mittlerweile hell wachen Meute und Psst-Gezische setzte ein, ehe einer die Türe zum Flur öffnete. Die Besatzung des Schwarzen Schlafsaals führte den Zug an, und einer hinter dem anderen trat hinaus in den düsteren, nur notbeleuchteten Gang.

In völliger Schweigsamkeit folgte man den Fersen des Vordermannes und der Weg führte uns durch alle Stockwerke des Gebäudes. Allen voran der Streibl.

Während er mit seiner Gefolgschaft im Gänsemarsch bereits im Karree des Kreuzganges marschierte, hieß es für die Letzten im Schlafsaal droben: »Immer hinten anschließen ...«
Als der Anführer wieder die Treppe nach oben nahm, begegneten sich die Nachtwandler gegenläufig auf den langen Treppenhausstiegen und alle hatten große Mühe, sich mit einem stillen Vergnügen abzufinden. Lautlos huschten die Schlafanzüge durch ein eher dunkles Gebäude, das hierdurch noch mehr an Unheimlichkeit zu gewinnen schien, als es für uns eh schon besaß. Das tiefe Schwarz in den Wänden hatte so gar keinen Bezug mehr zum Weiß eines sonnig barocken Traktes, wie er sich am Tage zeigte. Leicht und jederzeit, trotz allen Spaßes, den wir genossen, konnte sich aus dem Dunkel plötzlich eine schwarze Kutte lösen, ein schriller Pfiff aus der Trillerpfeife die Stille des Instituts durchschneiden. Mit derselben Panik, wie Gnus vor dem angreifenden Raubtier entfliehen, würden wir sofort polternd die Holztreppen hinaufrennen, flüchtend im Schutz der Dunkelheit, so lang, bis entlarvendes Licht uns zum Stillstand zwänge. Erkannt heißt entdeckt, erschossen, erledigt! Die anderen aber lägen brav und treuherzig schlafend in ihren Betten, wenn das Kuttenschwarz herausfordernd in den Schlafraum träte. Es geschah aber nichts. Alles verlief in lausbübischer Harmonie und während die Letzten durch die Türe ins Schlafreich traten, pennte die Führerschar im Schwarzen Schlafsaal bereits in seliger Ruh.

Der Ausbruch

Wenn von Nächtlichem die Rede ist, darf der Fall Gerold und Anton nicht fehlen.

Die beiden galten als vorbildliche, ordentliche Schüler und deshalb hatte ihnen niemand einen ernsthaften Skandal zugetraut. Die Betten der beiden befanden sich damals in jenem Teil des Schlafsaales, wo zwei niedrige Fenster den Blick in die Freiheit preisgaben. Man schaute aus dem zweiten Stockwerk auf einen niedrigen Vorbau, sah unten den Kiesweg außerhalb des Internatskomplexes und das gegenüberliegende Verlagsgebäude. Dieser Umstand hatte die beiden dazu bewogen, in aller Heimlichkeit eine Strickleiter zu basteln, um diese, na wenn schon, auch zu gebrauchen. In der fraglichen Nacht erwachte ich wegen einer seltsamen Unruhe und Betriebsamkeit in der besagten Saalecke. Mein Bett stand einen mäßigen Steinwurf weit entfernt von Gerold und Antons Bett, doch was sich inzwischen ereignete, hatte ich nicht mitbekommen. Ein aufgeregtes Getuschel war zu Gange, und zwei Worte machten schnell die Runde: Ausbruch – Strickleiter ...

Vorne schlug jetzt die Türe auf und der gewichtige Chef, nur mit Bademantel bekleidet – das war sensationell! – rannte wie ein Leistungssportler in unsere Richtung, gefolgt von Servus, dem Hausmeister. Chef und Hausmeister setzten zum letzten Spurt durch die Bettreihen an. Pater Direktor schnaufte wie eine Dampflok, als er an meinem Bett vorbeirollte. Gleich machten sie sich am offenen Fenster zu schaffen und

schon war zu hören, wie Servus die Strickleiter einholte. Der Chef führte in heller Aufregung dabei ein unverständliches Selbstgespräch. Fluchte er gar auf Lateinisch? Gleich blitzte eine Taschenlampe auf, der Lichtstrahl fuhr zittrig über die Betten. Knappe nervöse Fragen – sie fanden aber in den Betten keine Antwort. Nichts Verdächtiges zeigte sich. Niemand fehlte. Alle machten schläfrige Augen, sobald sie der Lichtkegel erfasste, keiner wusste, was vorgegangen war. Eine Weile führten die beiden Häscher ein aufgeregtes Zwiegespräch, dann zogen sie sich endlich zurück.
Erst am nächsten Morgen sollten wir mehr erfahren. Als Gerold und Anton während der Frühmesse durch einen dezenten Fingerzeig eines Paters aus der Kirchenbank geholt wurden, ahnten wir einen Zusammenhang und richtig, ein Schlafgenosse hatte die beiden beim Abstieg beobachtet und dem Chef seine Aufwartung gemacht. Leider blieb dieser Spitzel anonym, wir hätten ihn zu gerne unter die Finger bekommen.
Die zwei Abenteurer aber, so das Gerücht, sollten entlassen werden. Wir freuten uns mit ihnen, als man an höchster Stelle Gnade vor Recht ergehen ließ und nur einen *Großen Verweis* aussprach. So etwas bewegte aber nicht die Welt, Verweise hatten schon viele von uns. Jetzt aber wurden die Ausreißer mit Fragen bestürmt, schließlich wollten wir ja wissen, warum ihre Tat gescheitert war. Nun, der Anton kletterte zuerst die Strickleiter hinunter. Als er auf dem Vorbau Fuß gefasst hatte, schwang sich Gerold aus dem Fenster. Auf halbem Wege sah er sich plötzlich im Scheinwerfer-

licht. Es kam vom Nachtwächter des gegenüberliegenden Verlagshauses, der den Ausbrecher zufällig entdeckte. Gerold stieg schleunigst wieder nach oben und dann auch der Anton. Der war ein ziemlich nervöser Geselle und ich kann mir sein Gekraxel auf der Strickleiter lebhaft vorstellen. Sofort zogen sich die Ausreißer in fieberhafter Eile wieder die Schlafanzüge an und legten sich in ihre Betten. Unterdessen rief der Nachtwächter unseren Chef an. Was folgte, ist bereits geschildert. Neugierig fragte ich später einmal den Anton, was sie denn damals vorhatten. Seine Antwort verblüffte mich.

»Ach, nur ein bisschen spazieren gehen ...«.

Das glaubte ich ihm auch, denn was um Himmelswillen hätten sie mitten in der Nacht um drei Uhr schon tun sollen?

Der Schwarze Schlafsaal aber hatte zwei neue Insassen und zur Begrüßung dröhnte der obligatorische Empfangschoral in allen möglichen und unmöglichen Tonarten durch die Nacht:

»Schaurig klingt der Leichenchor – grässlich klappern die Gebeine ...«

*

So ist das Leben zu fassen:
Denken und Handeln – tun oder lassen.

Pudelkopf – Kaas – Kabinenroller

Nun wollen wir uns aber mit etwas anderem befassen; kommen wir zu einer sehr wichtigen Sache, der Schule. Schließlich war dieser Punkt für unsere Eltern das A und O, und von uns, den Schülern, wurde ja erwartet, dass wir uns mit Leib und Seele dieser Aufgabe widmeten. Anhand eines kleinen Beispiels will ich verdeutlichen, wie leicht sich Eltern da täuschen können.
Unser *Eppelein von Faulingen* hatte schlichtweg nicht erkannt, worauf es in der Schule ankommt: auf das so tun als ob! Hartnäckig schwieg er, wenn er von Lehrkräften gefragt wurde. Das war nicht das Schlimmste. Hinzu kam seine ungewöhnliche Art wie er Schul- und Hausaufgaben anfertigte, denn er pflegte da nur drei Kreuzchen aufs Blatt zu kritzeln. Sein Gastspiel in der Klasse hatte ein kometenhaftes Schicksal. So schnell er gekommen war, so schnell war er gegangen worden, wie man bei uns sagte. Ein Sonderling also, na wenn schon.
Sonderlinge gab es auch unter der Lehrerschaft, und das war schlimmer! Damals hatten wir unseren Spaß an seltenen Exemplaren aus der Geisteswelt. Heute allerdings muss ich rückblickend feststellen, dass ich liebend gerne auf solche Erscheinungen verzichten wollte, müsste ich noch einmal die Schulbank drücken. Leider ist der Nürnberger Trichter noch immer nicht erfunden und alles deutet darauf hin, dass auch zukünftige Generationen die gebotene Gehirnnahrung selbst löffeln müssen.

Schade, dass wir damals so manches missverstanden haben. Wir dachten wohl, die Lehrer würden uns schon füttern. So kommt es, dass sich meine Englischkenntnisse aus der Schulzeit leicht auf zwei DIN A 4 Seiten unterbringen ließen. Leider –!, gefüttert wurden wir nicht! Wir hätten selbst löffeln müssen. Das ist die späte Erkenntnis.

Professor *Pudelkopf*, ein außerordentlich hochgradig nervöser Brillenträger war in meiner Klasse das erste große Ereignis. Als wir erfuhren, dass uns der Pudelkopf zuteilwerden sollte, johlten wir vor Entzücken. Seinen slawisch klingenden Namen hatten wir nur geringfügig abändern müssen, um daraus tierischen Glanz zu zaubern. Ich kann mich heute beim besten Willen nicht mehr daran erinnern, aus welchem Fachgebiet wir ein langes Jahr hindurch von ihm gespeist wurden. An seinen höllischen Drang, mich mit dem Rohrstock zu bearbeiten, erinnere ich mich umso besser. Ein solcher Strafakt spornte jedes Mal die ganze Klasse zur regen Mitarbeit an. Aus Leibeskräften brüllte der schadenfrohe Verein, wenn ich draußen vor dem Katheder stand und mir Pudelkopf schmerzhafte Striemen über meine Hand zauberte:

»... fünf – sechs – sieben – hurra!« Dabei hatte ich sehr rasch gelernt, dass ich den wilden Stockschläger nicht ansehen durfte, denn das reizte mich derartig zum Lachen und ihn zur Wut, dass Pudelkopf jedes Mal nach meiner anderen Hand griff und von neuem begann. Wie ein Verrückter hüpfte er während der Prozedur herum, nach jedem Stockschlag riss er mich

etwa eine viertel Drehung mit sich herum. Der Klasse bot sich ein seltsamer Veitstanz.
»Dir werde ich es zeigen ... peng ... hast du endlich ... peng ... begriffen ... peng ... verstanden ... peng ... dass mit mir ... peng ... nicht zu spaßen ... peng ... ist«, japste er dabei und sein schmales Gesicht schnitt fantastische Grimassen. Der Arme brachte niemals Ruhe in die Klasse. An das pausenlose Geschwätz hatte er sich gewöhnt, nahm es kaum mehr wahr. Wenn allerdings der gewohnte Lärmpegel überschritten wurde, also in einen Tumult ausartete, wurde er ein wilder Mann.
Einmal war es wieder soweit. Der Lärm war unerträglich geworden und so bellte der Professor sein gewohntes Machtwort: »Ruhe!« Für uns war es diesmal ein Stichwort, wir hatten uns abgesprochen, daraufhin absolut ruhig zu sein. Die Stille setzte auf einen Schlag jäh ein und Pudelkopf stand sichtlich erschrocken und fassungslos vor der Wandtafel. Man hätte eine Stecknadel fallen hören. Die ungewohnte Ruhe wurde ihm schließlich unerträglich, sodass er nach dem Rohrstock griff, seinen knochigen Zeigefinger mit einer unbeschreiblichen Gestik in die Klasse reckte und ganz leise sagte:
»Bis nachher ...«, dann wandte er sich ruckartig ab und schlich sich rückwärts, furchtbar umständlich, zur Türe hinaus, wobei ihm der lange Stock in die Quere kam und er damit Schwierigkeiten hatte, durch den Türrahmen zu kommen. Minuten waren vergangen, und noch immer hielt sich unser Schweigen wie ein Fluch im Klassenzimmer. Dann ging sehr langsam und leise

die Türe auf, einen winzigen Spalt, der Rohrstock kam drohend in seiner ganzen Länge zum Vorschein, dann die Faust, die ihn hielt. Nach Sekunden geriet die Nase ins Blickfeld, schließlich schob sich zaghaft der Kopf durch den Türspalt. Wie eine Erlösung musste es dem Professor vorgekommen sein, als wir plötzlich wie verrückt vor Lachen brüllten und mit den Füßen stampften. Da war er wieder in seinem Element, sogleich riss er die Türe auf und sauste zum Katheder. Anschließend hatte der Rohrstock für den Rest der Schulstunde keine Pause mehr.

Als erstes Opfer musste der stämmige Sepp daran glauben. Der aber hatte offensichtlich wenig Lust, den angestauten Zorn hinzunehmen. So entwickelte sich vor unseren Augen ein komischer Ringkampf, der ein absurdes Bild bot, das lohnte, festgehalten zu werden. Sepp war auf einen Armdreh von Pudelkopf zu Boden gegangen, er kniete in eigentümlicher Manier vor dem Professor. Dabei steckte sein Kopf, der uns die Zunge verächtlich entgegen reckte, zwischen den Beinen des Siegers, eingeklemmt wie in einem Schraubstock. Pudelkopf, der nach vorne gebeugt mit der linken Hand den Arm des Schülers festhielt, haute mit dem Stock in der Rechten kräftig auf das Hinterteil. Seine Nickelbrille baumelte ihm dabei ständig vorm Gesicht herum, weil sie nur noch mit dem Federbügel an einem Ohr hing.

Ein Lehrer hat die Schule satt –

ei, da sind die Schüler platt!

Im ersten Schuljahr war uns eine recht zweifelhafte Ehre angetan worden. Unsere Klasse wurde mangels des nötigen Klassenraumes für ein Jahr zur Wanderklasse erklärt. Das bedeutete, wir mussten nach jeder Schulstunde unsere Büchertaschen in ein anderes, eben gerade frei gewordenes Klassenzimmer schleppen und geduldig warten, bis sich bei der Lehrerschaft unser aktueller Aufenthalt herumgesprochen hatte. Bisweilen kam es vor, dass uns die Lehrkraft im ganzen Gebäudekomplex suchen und auch rechtzeitig finden musste, ehe es zu spät war, dann nämlich bimmelte die Schulglocke und ein anderer Professor folgte seiner Pflicht. Zwangsläufig ergaben sich unproduktive Zeiten, die wir mit Unfug eifrig ausfüllten oder wir nützten sie, indem wir vor gefürchteten Schularbeiten Lösungshilfen nach den neuesten Erkenntnissen anfertigten: Spickzettel, Holzschnitte in Bänke, Lineale, Tätowierungen auf Handflächen und sonstige Körperteile, kurzum – jedes Mittel war recht, das zum erstrebten Erfolg führte.

An eine Episode denke ich dabei besonders gerne.

Professor Kaas, unser strenger gelbhäutiger Deutschlehrer, wurde durch seinen Namen bereits von der Vorsehung bestens bedient und bedurfte deswegen von uns keiner speziellen Namensgebung. Er wollte ein besonders erfolgreicher Spickzetteljäger sein, dabei hatte es ihn sozusagen eiskalt erwischt. Der Schmidt Arthur, in der mittleren Bankreihe, war kein Ungeschickter. Um von seiner speziellen Abschreibetechnik abzulenken, benahm er sich instinktiv richtig, nämlich so, als läge

der Spickzettel über den Knien im Pultfach. Er rutschte deshalb, als er sich beim Spicken ertappt fühlte, sehr nervös auf seinen Hosenboden herum und schielte ablenkend nach unten. In Wahrheit hatte er sich die begehrten Informationen ganz vorsichtig aus dem Ärmel seiner Jacke besorgt, wo er einen schmalen Pappstreifen mit vorteilhaften Notizen versteckt hielt.
»Schmidt, steh sofort auf!«, befahl plötzlich der Kaas und eilte auf ihn zu.
»Habe ich dich endlich erwischt! Der Krug geht solange zum Brunnen bis er – äh ... na sowas – so etwas!« Verwirrt schüttelte er den Kopf und der Schmidt sagte trocken:
»Mein Pausenbrot, Herr Professor.«
»Ja, nun, Marmelade – Erdbeermarmelade. Muss mich doch getäuscht haben ... ja – aber sei nur froh Schmidt, dass ich dich nicht überführt habe!« Dabei wischte er sich bedächtig die Marmelade von den Fingern in sein frisch gebügeltes Taschentuch und setzte sich dann wieder hinter den Katheder.
Die Moral von der Geschichte: Greif nie blindlings in ein Fach, es könnte auch mal Honig sein!
Ich habe Kaas sein Missgeschick von Herzen gegönnt, klopfte er mir doch in der ersten Klasse bei jeder kleinsten Gelegenheit mit der Faust heftig auf den Kopf, wobei sein metallenes Gliederuhrband nervig schepperte. Dabei pflegte er immer zu sagen:
»Du liederlicher Bursche, – du!« Aber das war doch gar nicht wahr.

Zwischen Goethe und Kleist
gäbe es keine Parallelen,
antwortete der Schüler dreist,
als er sollte darüber erzählen.

Wenn man bei einer Lehrkraft einen Stein im Brett hatte, war natürlich vieles besser. Unser Professor Wendt zum Beispiel hatte die Angewohnheit, bei jeder passenden und unpassenden Gelegenheit, seinen Favoriten Alois besonders hervorzuheben:

»Mein lieber Freund Alois ...«, verkündete er ständig und gemeint war sein Lieblingsschüler.

»Ja, der Alois hat das wieder gekonnt gemeistert!« – oder: »Mein Freund Alois wird, wie ich ihn kenne, mit mir der gleichen Ansicht sein ...«

»Der Alois und ich glauben schon, dass es so geht« und so weiter und so fort. Freilich tat uns dieser Umstand nicht weh. Nein, wir freuten uns, dass der Wendt einen Gesprächspartner hatte, daher konnten wir ungestört dösen und von besseren Zeiten träumen.

Der Professor unterrichtete in den kaufmännischen Fächern Betriebswirtschaft und kaufmännisches Rechnen. Aber wie er das tat! Uns riss es vor Schläfrigkeit beinahe die Kinnladen auseinander, so arg mussten wir manchmal gähnen. Seine Stimme klang gedämpft und die Worte kamen derart monoton von den Lippen, dass schon nach kurzer Zeit die meisten Zuhörer mit ihren fünf Sinnen abgereist waren. Unermüdlich schritt er roboterhaft hin und her, während seine Hand rhythmisch wie ein Fallbeil die Luft zerschnitt. Es war die sichtbare Unterstreichung seiner undurchschaubaren Gedankengänge und der Alois spitzte wie ein Luchs die Ohren – wenigstens einer. Von Wendts Ausführungen interessierte uns nur ein Thema: die neuesten Erlebnisse und Abenteuer mit seinem Schneewittchensarg, den einhundertsechzig Stundenkilometer schnellen Messerschmittkabinenroller. Darüber er uns zuverlässig und tagaktuell anfangs jeder Stunde informierte.

»Stellt euch nur vor, man hat mir heute Morgen meinen Messerschmittkabinenroller – übrigens ein ausgezeichnetes Fahrzeug! – hinter einer Hecke im Garten versteckt. Aber schlau wie ich bin, habe ich ihn sofort entdeckt!« Das war aber nichts Neues für uns, wir hatten seinen fahrbaren Untersatz schließlich durch die Gegend geschleppt. Dass er ihn schon gefunden hatte, nahmen wir erleichtert zur Kenntnis.

Sing! Sing!

Widmen wir uns nun einer musischen Angelegenheit, der Musik. Zuständig dafür war Professor Zeh, dem der Spitzname *Kadenzensepp* beschieden war. Er blieb der Schrecken aller Unmusikalischen, zu denen ganz besonders Wolfe gehörte, ja der überragte dank seiner genialen Unmusikalität alles bisher Dagewesene. Sein Unvermögen auf diesem Gebiet war einfach phänomenal! Den Straußwalzer *An der schönen blauen Donau* konnte er durchaus für Mozarts *Kleine Nachtmusik* halten. Für Wolfe war Musik offenbar ein riesengroßer, düsterer Topf, in dem es allerlei seltene Töne nach oben brodelt – also, alles in allem – nur ein undefinierbares Tongewirr. Beim ersten Vorsingen, was für Professor Zeh Gehör-, Sing- und Talentprobe war, fauchte der am Klavier sitzende und dabei tonangebende Kadenzensepp den Wolfe an:

»Und so einer heißt Wolfgang! Dein Namensvetter, der Mozart, dreht sich im Grab, wenn er dich hört. Deine Größe liegt jedenfalls ganz wo anders: Du bist nämlich die größte musikalische Wildsau, die mir bis jetzt über den Weg gelaufen ist! – Sing C! – o Herr! – nein! Niemals! Ceee – soll's sein, verdammt nochmal!«

Dann sprang er auf und packte Wolfe an den Schläfenhaaren, drehte sie solange, bis der Sänger vor Schmerz eine Oktave nach oben winselte. »Sing jetzt C! – Cee ... Heimatland! Ceeee – sollst singen! – und kein Fis daherjaulen!«

Der wütende Kadenzensepp änderte jetzt seine Taktik.

Während er intonierte, also den Ton anstimmte, boxte er Wolfe in die Schultergegend, dass dieser einige Schritte zurücktaumelte. Nach dem nächsten misslungenen Versuch, ein einwandfreies C herauszuboxen, folgte ein weiterer Schlag. Auf diese Weise bewegten sich die beiden Musikfreunde durch das Klassenzimmer bis in die hinterste Ecke. Von dorther vernahmen wir immer wieder die dumpfen Aufschläge auf die Sängerbrust, Paukenschläge zum eigentümlichsten Gesangsduett, das wir jemals hörten.

Diese Vorstellung fand ihr Ende, als die Klasse, die bis dahin andächtig schwieg, plötzlich in hemmungsloses Gelächter ausbrach. Kadenzensepp fuhr herum wie ein wildes Tier, dem man das Fressen entrissen hatte. Sein gefährlich flackernder Blick folgte den Zeigefingern der Lachenden und als er merkte, dass dieses Gelächter nicht auf seine Rechnung ging, stimmte er kräftig mit ein. Gegenüber, in der letzten Bank, hatte nämlich der Ritschl aufgeregt auf seinem Füllfederhalter herumgebissen und als der in allen Fugen krachte, war es schon zu spät. Ein köstlicher Anblick für uns, wie dem Ritschl die königsblaue Tinte aus den Mundwinkeln tropfte. Wir lachten ihm alle mit blanker Freude ins Gesicht und zum Dank zeigte uns der Ritschl mit einem unkollegialen Bääh seine blaue Zunge. Dann zog er gekränkt den Kopf tief zwischen die Schultern und tat so als wären wir für ihn Luft. Wie Frankensteins Bruder sah er noch nach Tagen zum Erschrecken aus, wenn er seinen Mund aufmachte.

Sportskanonen & alte Knochen

Ein alljährliches großes Ereignis rückte immer näher. Das Schulsportfest machte von sich reden. In allen Klassen wurde in den Turnstunden fleißig trainiert, denn es galt, möglichst viele Siegerurkunden einzuheimsen, was ja auch ein begünstigendes Licht auf die Fähigkeiten des Turnlehrers werfen würde. Zu jener Zeit war uns eine Aushilfskraft beschert, ein rundlicher, schwergewichtiger Österreicher. Um seinen Kampfgeist zu verdeutlichen, möchte ich Worte wiedergeben, die er uns einmal zu Beginn einer Turnstunde ernsthaft zur Diskussion stellte:

»Schaut's, draußen ist's heut' eh' so kalt – möcht' ihr neet Stillbeschäftigung treiben – lesen und so ...? Ich kann heut' vor Kraft eh kaum steh'n!«

Wir schauten ihn ziemlich verdutzt an; es passte uns gar nicht, wenn wir die Bänke drücken sollten, obwohl wir eigentlich Anspruch auf frische Luft und Bewegung hatten. So überstimmten wir einstimmig den Vorschlag unseres Vorturners und stürmten hinunter auf die Sportplätze, gefolgt in beträchtlichem Abstand von dem widerstrebenden Meister.

Wolfe und ich verdrückten uns sogleich durch eine viel strapazierte Zaunlücke, und in sportlicher Manier liefen wir im Dauerlauf 1000 Meter bis zum *Pauli*, unsere Stammkneipe. Nach einem Glas Bier traten wir pünktlich zum Endspurt an und gesellten uns dann leicht beschwipst zu den verschwitzen Fußballern.

Das Sportfest selbst aber brachte uns leider um unseren

Frühschoppen, wir mussten im Kampf um die Punkte unseren Mann stellen. Wir zwei waren für unsere unsportliche Begabung hinreichend bekannt. Das allerletzte Wesen, das es auf sportlichem Gebiet gab, war aber der Listl. Ich hatte die Ehre, mit dieser Kapazität zum 100-Meterlauf anzutreten. Dieses Schauspiel ließ sich niemand entgehen. Da standen sie also beidseitig der 100-Meterbahn und grinsten uns spöttisch an. Der Startschuss brachte uns auf die Füße. Gegen Listl war ich ein Vollblutsportler, denn schon nach wenigen Sekunden glaubte ich ganz alleine diesen Lauf zu machen. Mir wähnte, genügend Zeit zu haben, mich nach meinem Wettbewerber umzugucken. Dieser schlurfte weit abgeschlagen wie ein entkräfteter Marathonläufer über den Boden. Die lächerlichen Anfeuerungsrufe meiner Kameraden machten mich so verlegen, dass ich fürchtete, die Beherrschung über meine Beine zu verlieren. Endlich klickte die Stoppuhr; ich hatte es geschafft. Erst etliche Sekunden später hievte sich hustend unser Listl über die Ziellinie. Meine Zeit war miserabel, dennoch holte ich in anderen Disziplinen beim Sportfest zu meiner eigenen Verwunderung eine Urkunde. Glück und wenigstens Bronze muss man eben haben!

Ein Läufer küsst die Aschenbahn
und läuft dann, was er laufen kann.
Doch war der Kuss vergeblich –
der Sieg war ihm nicht möglich.

War für mich der Fünftausend-Meter-Rekruten-Lauf beim Bund noch kein Problem, so tun mir heutzutage schon die Füße weh, auch ohne einen einzigen Schritt gelaufen zu sein. Jetzt höre ich aber gleich die ernsthaften Vorwürfe:
»Das kommt davon! Solltest mehr Bewegung haben, aktiver sein, nicht nur hinter dem Schreibtisch, dem Computer oder am Klavier hocken ...« Dabei renne ich manchmal nächtelang durch wilde Traumkulissen und bin am nächsten Morgen wie gerädert. Wer will da auch noch am Tage herumlaufen? Zu viel Bewegung verschleißt doch nur die Gelenke, oder? Spaß beiseite! Ich weiß sehr genau, dass die Vorhaltungen berechtigt sind, fasse auch immer wieder gute Vorsätze; mein letzter ist noch kein Jahr alt:
»Ab morgen renne ich jeden Tag vor dem Frühstück in den Wald – der beginnt siebzig Meter vor der Haustür – und laufe wenigstens einmal im Karree herum, dann dusche ich mir den Schweiß ab und anschließend gibt's das Frühstück.« Was ist daraus geworden? Wenn es schon Schweiß abzuduschen gibt, ist es äußerstenfalls Nachtschweiß, aber wenigstens das Frühstück halte ich durch. Ich besitze Turnschuhe, Trainingsanzug, ein Fahrrad – alles in bestem Zustand. Neuwertig! Aber ich habe auch ein Auto und einen kleinen Motorroller. Damit komme ich überall hin, wohin ich will. Ihr merkt es schon: Dem ist nicht mehr zu helfen! Aufgegeben hat mich meine besorgte Frau aber noch nicht. Von der Verwandtschaft steht seit kurzem ein ausgedienter Hometrainer unterm Dach, so ein Fahrrad für boden-

ständige Typen. Da sind schon zweieinhalbtausend Kilometer auf dem Tacho. Weiß Gott, nicht von mir! Wie ein Affe komme ich mir darauf vor, wenn ich so einen Anfall bekomme und mich in den Sattel schwinge. Nach tausend Metern reicht es mir aber endgültig, dann ist Schluss damit. Da bleibe ich lieber meinem Vorsatz treu; so ein Waldlauf ist eben doch was anderes!

Wenn zuvor, beim Rekrutenlauf, von meinen Füßen die Rede war, so möchte ich doch nicht alleine hier herumstehen, denn viel interessantere Füße hatte meine Großmutter! Sollte derartiges erblastig in der Familie liegen, könnte es im weiteren Verlauf meines Lebens ja noch recht bunt mit mir zugehen. Oma hatte nämlich fast immer blaue Flecken, die sich je nach Reifegrad von blutunterlaufenem Dunkelrot übers Blau nach Violett veränderten. Bekommen hat sie ihre Schrammen und Beulen von den zahlreichen Stürzen, wenn ihr wieder einmal die alten Beine den Dienst versagt hatten. Wenn sie, diese doch passable, aber schwergewichtige Person, ihre teilweise akrobatischen Stürze immer wohlbehalten überstanden hatte, so grenzt das beinahe an ein Wunder. Einmal sah ich sie vom Parterre aus die ersten Stufen der frisch gebohnerten Stockwerkstreppe heruntertapsen. Da beugte sich langsam ihr Oberkörper nach vorne und mit instinktiv hochgezogenen Ellenbogen, die wie das Fahrwerk eines Kleinfliegers abstanden, sauste ihr massiger Körper im Landeanflug nach unten. Auf der gusseisernen Abortgrubenabdeckung – so etwas hatte man damals noch im Hausgang, entleert wurde mit Schöpfkelle am langen Stiel, einmal im Jahr – ja, da lag sie nun und rappelte sich mühsam wieder auf und strich ihre Schürze zurecht. Ich, ihr Enkel Gerdi, stand mit offenem Mund wie angewurzelt in der Ecke und hatte nur einige Selbstlaute parat, wahrscheinlich: »Aua! Oma!« Sie hatte wieder einmal Glück gehabt. Damals war die liebe Frau aber erst um die Sechzig. So früh also fängt die Fliegerei an, denke ich jetzt beim Schreiben, ahnungsvoll und mit Bestürzung. Mit zunehmendem Alter meiner Großmutter verging kaum eine Woche, wo sie nicht irgendwo hingefallen war. Wenn sie zu uns ins Ledergeschäft kam, erzählte sie regelmäßig solche Neuigkeiten und ich entsinne mich noch gut, als sie gleich von zwei Stürzen zu berichten wusste. Nämlich, wie sie neulich vor der Kommunionbank stolperte und dabei Hochwürden samt Hostienkelch umarmt und fast umgerissen hatte. Und jetzt, vor nicht einmal zehn Minuten – wieder mal in der Rosenstraße – am gefährlich hohem Gehsteig, wo sie schon oft hängen blieb und aufs Pflaster kam. Diesmal war der Strumpf kaputt und die Kniescheibe hatte ihre rote Anfangsfärbung. Will man da von Unsportlichkeit reden? Oder liegt der Hund in der Familie begraben, wenn das Gehwerk einen solchermaßen im Stich lässt? Anschließend also noch ein letztes Fallbeispiel, im wahrsten Sinn des Wortes:

Anfang der sechziger Jahre unternahmen wir einen Sonntagsausflug nach München. Oma hatte ihre Schürze verbannt, sich für diesen Tag von Kopf bis Fuß in Schale geworfen, obendrauf der *Deckel*, wie Papa ungalant ihren Hut nannte, sogar mit einer feschen Feder. Vater parkte das Auto unmittelbar vor dem *Platzl*, also dem Hofbräuhaus. Tatsächlich!, das war damals noch möglich. Ein trüber, stürmischer Tag war das – kaum Autoverkehr in dieser Ecke – niemand unterwegs, bis auf einen zaundürren Menschen, der soeben ungewöhnlich schnell aus dem Hofbräuhaus schwappte und sich dann leicht torkelnd wieder abfing. Oma setzte den Fuß auf weißblauen Boden und hob gerade mühsam ihr Hinterteil aus dem Fahrzeug. In ihrer Hand die große Ledertasche, deren Bügel sich wegen des überquellenden Inhalts nicht mehr schließen ließ. Alles war ordentlich mit Papier abgedeckt und blieb so meinen neugierigen Blicken verborgen. Unsere *Fallerina* wähnte sich auf dem Gehsteig, stand aber leider noch auf der Straße und stolperte augenblicklich über den Randstein. Während sich ihr Rumpf sehr langsam nach unten bewegte, fuhr ihr Arm mit der Tasche durch die Hebelwirkung des Körpers umso heftiger durch die Luft. Schon schlug das Handgepäck mächtig auf und explosionsartig sprang der Inhalt in weitem Bogen davon. Was rollte denn da? Küchle!, – übers Knie gezogene und im schwimmenden Fett gebackene, mit Puderzucker bestreute Küchle. Viele Küchle sausten wie ferngesteuert über den Gehsteig und heftige Windböen trieben sie an und jagten auch den schwarzen Festtagshut durch die Beine des heranschwankenden Helfers. Nur der war aktiv und bemühte sich jetzt, die gefallene Dame aufzuheben, während wir uns, unfähig zu jeder Hilfe, halb totlachten über den urkomi-

schen Anblick, der sich darbot.
»Na so wos ... so wos ...«, stammelte die schwächliche Figur bei ihren hektischen, doch vergeblichen Bergungsversuchen.
»So helft mir doch auf die Füß'!«, rief verzweifelt meine Oma.
»So helft doch endlich!«, schrie sie jetzt aber verärgert. Hätte uns aber jemand beobachtet, ihm wäre wahrscheinlich das Lachen darüber vergangen, wie wir untätigen Stoffel die Szene einrahmten und uns dabei vor Vergnügen krümmten.

*

Gründe gibt's genug, um zu verzweifeln –
Verzweifelte genug, mal nach dem Glück zu greifen.

Professor Schnürbein

Professor *Schnürbein* hatte seinen Spitznamen davon, weil er mit Hosenspannern zum Unterricht erschien. So leicht er sich mit dieser praktischen Erfindung beim Radfahren tat, so schwer hatte er es in seinen Klassen.
Einmal – er hatte seine Sherlock-Holmes-Pfeife stets auf dem Katheder liegen – drückte ein Lauser dieses Prachtstück unbeobachtet bis zum Pfeifenkopf in einen Blumentopf am Fenster. Als Schnürbein ihr Verschwinden bemerkte, sagte er in kindlicher Naivität:
»Meine Pfeife ist ja weg – wer hat sie denn?«
Augenblicklich erkannten einige Schelme die Chance, den nicht ernst genommenen Professor zum Narren zu halten.
»Dort – da –!«, riefen sie nach vorne. Unbeholfen guckte Schnürbein in die Runde, tappte dann unschlüssig auf die Schulbänke los, neigte seinen Oberkörper und spähte nach rechts, nach links und richtete dann einen hilfesuchenden Blick in die Klasse. »Kalt – eiskalt!«, gellte ihm entgegen. Da huschte ein flüchtiges Lächeln über sein Gesicht. Er hatte verstanden und indem er sich neugierig zu drehen begann, ging er auf unser Spiel ein. Kaum hatte er sich der Fensterseite zugewandt, wurde ihm lauthals klar gemacht, dass es schon warm, sehr warm sei. Also schritt der Suchende entschlossen auf das offene Fenster zu.
»Heiß, heiß, heiß!«, krakeelte ihm die Meute nach. Jetzt stand er dicht vor dem Blumenstock am Fenstersims, schenkte dem aber keine Beachtung. Stattdessen

beugte er sich ahnungsvoll aus dem Fenster und guckte zum Kiesweg hinunter. Mit zornigem Gesicht wirbelte er dann herum und japste:

»Ihr habt sie hier hinuntergeworfen, wenn ich den ...«, weiter kam er nicht, da Zwischenrufe ihn unterbrachen:

»Nein, Herr Professor, die Pfeife befindet sich im Raum!« Und wieder johlte der ganze Verein:

»Heiß – heiß – heiß!« Schnürbein war überrascht. Ihm war rätselhaft, wo die Pfeife sein konnte, und unwillkürlich trat er einige Schritte zurück.

»Warm!« Für Sekunden hielt er grübelnd inne, guckte nach oben zur Decke. Dieser Ort gibt doch kein Versteck ab, mochte er gedacht haben. Aber nein! Plötzlich stierte er auf den Blumenstock und mit beinahe tragischer Komik stelle er fest:

»Ich sehe ein Periskop – ha, ha!« Seine Hand hielt er dazu abschirmend vor die Augen wie ein Seemann, der die Weite des Ozeans erforscht. Unter Beifallsgetöse zog er seine Pfeife aus dem Erdreich und wollte soeben das Mundstück mit Papier säubern, das er aus dem Papierkorb gefischt hatte.

Ihm blieb wirklich nichts erspart. Als er das Papier etwas geglättet hatte, starrte er auf eine boshafte Karikatur, unter die der Künstler gekritzelt hatte:

»Der Schnürbein ist blöd!« Sein Maß war jetzt voll. Wütend rannte er wie ein bösartiges Kind auf das nächste Schülerpult zu, packte einen Füller und schleuderte ihn mit aller Wucht über die Köpfe hinweg an die Wand. Seine Tat bestrafte die Klasse mit Buhrufen und der lautstarken Aufforderung:

»Zahlen, zahlen, zahlen!« Vielleicht half der mahnende Tintenfleck auf der weißen Wand dem Schnürbein, zukünftig eiserne Beherrschung zu bewahren?

*

Wird gehobelt – fallen Späne
wird gerissen – purzeln Zähne
wird gefällt – so stürzt der Baum
wird nichts getan, geschieht das kaum.

Der Chemiker

Vom Schnürbein zum Schnürl war kein weiter Schritt, auch er war ein Unikum für sich. Seinen wirklichen Namen habe ich längst vergessen, aber wohl kaum einer der Ehemaligen wird vergessen haben, wie es zum Schnürl kam. Doch schauen wir erst mal auf die Äußerlichkeiten dieses Professors: Er war schlank, sehr groß geraten und seine nasale Aussprache hätte viel besser zu einem Clown gepasst. Sein unverwechselbarer Mundartakzent war das Schönste! Versucht man, sich einen Sprachmix aus sächsisch und oberbayerisch vorzustellen, sollte man wohl richtig liegen. Uns bereitete damals die geometrische Konstruktion einer Ellipse große Probleme und deshalb suchten wir bei diesem Professor Rat.

»Ach geh, das ist doch ganz einfach«, gab er uns bereitwillig zu verstehen, »da nehmt's zwei Bleistift und ein Schnürl. In das Schnürl macht's an die Enden zwei Schleifche und da hinein steckt's ihr die Bleistift'n. Einen Bleistift drückt's ihr dann fest aufs Papier, mit dem anderen zieht's ihr den Bogen herum – und schon habt's die Ellips'n fertig!«, nickte bekräftigend mit dem Kopf und watschelte in seinem eigentümlichen Entenschritt lässig davon. Erstaunt versuchten wir, dem simplen Ellipsentrick zu folgen, doch stellten wir ruckzuck fest, dass dieses Experiment einen Kreis, aber niemals eine Ellipse bescheren würde. War halt nicht sein Fachgebiet. Zu jenem Zeitpunkt kannten wir Schnürl nur oberflächlich, doch das sollte sich schnell ändern. Der neue Lehrkraftplan im folgenden Jahr bescherte uns Schnürl für den Chemieunterricht. Wie wir aus zuverlässiger Quelle wussten, war unser neuer Chemiker äußerst experimentierfreudig und insgeheim freuten wir uns schon auf diese lebendige Form des Unterrichts. Als Erstes wollte er uns die Reaktion von einigen Chemikalien verdeutlichen, die er unter Hitzeeinwirkung mit anderen vermählte. Stets trug er zu solchen Unternehmungen einen elend langen Kittel, welcher wohl früher einmal weiß gewesen war, jetzt aber in allen Farbschattierungen von den chemischen Vorgängen an dieser Schule Zeugnis ablegte. Über dem flammenden Bunsenbrenner befand sich eine Glasblase, in der es, nachdem viele Reagenzgläser darin entleert waren, gefährlich brodelte.

»Jetzt passt alle gut auf, kommt noch dieses hübsche Pülverchen dazu«, dabei wandte er sich der Tafel zu und ergänzte die angeschriebene Formel. Als er dann mit weit ausgestrecktem Arm zur Tat schritt, machte er ein spitzbübisches Gesicht und meinte, dass Chemie keine Hexerei sei. Im selben Augenblick quoll aus dem Glasgefäß ein unerhört übelriechender, beißender Qualm, der uns in Sekunden den Schnürl vor den Augen entzog. Der Chemiesaal verwandelte sich in einen Hexenkessel, wo es unbeschreiblich nach faulen Eiern stank. Fluchtartig tappten und tasteten wir uns durch dichte Rauchschwaden und kämpften an der Saaltüre um den schnellstmöglichen Austritt. Schnürl hatte uns drangekriegt, doch seine Jünger hatten ihn verlassen, ganz allein blieb er im Gestank zurück. Nach geraumer Zeit ließ sich der Schnürl in der Saaltüre vernehmen:

»Ihr Spielverderber, das Gas ist doch völlig unschädlich! Habt wohl Angst gehabt, ich könnt' euch vergiften, ha?« Mit gemischten Gefühlen nahmen wir wieder Platz, zwar war der Saal jetzt gelüftet, doch die faulen Eier glaubten wir noch massenweise zu riechen.

Auch der *Netwanet*, der uns in der folgenden Stunde Physik einpaukte, rümpfte sogar noch argwöhnisch seine Nase und verdächtigte uns groben Unfugs. Ich hatte mir einmal die Mühe gemacht, die eigentümliche Angewohnheit dieses werten Herrn Professors in Zahlen zu fassen, also statistisch auszuwerten. Ich kam zu einem verblüffenden Ergebnis:

Einhunderteinundsechzig Striche zählten wir zum Ende der Schulstunde aus. Einhunderteinundsechzig Mal hatte dieser Mensch *»net-wa-net«* gesagt! Wer möchte jetzt noch behaupten, Schüler entwickeln im Unterricht zu wenig Aktivitäten und suchen keine eigene kreative Lösung – und sei es auch nur ein statistischer Ansatz. Trübsinn und Langeweile in den Bänken hatte bei uns nur theoretische Bedeutung – wir waren fast immer aktiv, wenn wir nicht gerade schliefen!

*

Den Faulen gehört die Zeit.

O
ihr
verflixten
Lehrer-Exoten –
behüt euch Gott –
schön war's gewesen!
Fliehet endlich unserem Spott!
Zur Tür hinaus kehr' euch der Besen!
Treppab geht's leichter, es naht der Boden …
Doch wer den Aufstieg höher schätzt
und liest den Text jetzt weiter,
ist ins Spiegelbild versetzt,
hält sich für gescheiter:
glaubt noch an Sieg
und Gipfelsturm,
doch abwärts
geht der
arme
?[1]

[1] Lösungsvorschlag für gründliche Rätselfreunde: »Wurm!«

Der Physiker

Zum Glück wurden wir vom Netwanet bald erlöst, denn der *Seezn-Franz* übernahm den Physikunterricht. Darüber freuten wir uns. Seezn war ein gemütlicher Münchner, der sogar hielt, was wir uns von ihm versprachen. Er löste Pennälerprobleme auf seine Weise, mit bewundernswerter Ruhe. Damit hatte er mehr Erfolg als manch herumbrüllender Kollege. Den Spitznamen Seezn erhielt er deswegen, weil er uns gewöhnlich auf bayerische Art zum Platznehmen animierte, nämlich mit der breitgesprochenen Aufforderung: »seetz'n«.

Zu unserem Kumpel *Waldi*, mit dem Wolfe und ich Freundschaft geschlossen hatten, sagte er einmal sinnierend:

»Schaut nur!, der Walter hat aber wieder gelbe Finger bei'nander! Als hätt' er die ganze Nacht mit Gelbpapier g'arbeitet – rauchst recht viel, ha?« Das kam so fabelhaft trocken und völlig unerwartet, dass der Waldi vor Scham einen Ballon aufsetzte; übersetzt: Er bekam einen hochroten Kopf. Seezn hatte da eigentlich ein Tabu gebrochen, denn üblicherweise musste nach solch schwerer Beschuldigung eine deftige Strafe folgen, dies aber lag Seezn fern. Und weil auch die übrigen Lehrkräfte dazu kaum Lust verspürten, sich unbeliebt zu machen, übersah man einfach die Raucherindizien.

Unseren damaligen Klassensprecher, dem *Karre*, spielte Seezn eines Tages einen besonderen Streich. Im Physiksaal hatte er ein Experiment vorbereitet, dass die Verhaltensweise von Flüssigkeit in den so genannten *kommunizierenden Röhren* veranschaulichen sollte. Miteinander verbundene Glasröhren, in unterschiedlicher Stärke senkrecht nebeneinander angeordnet, lassen erkennen, dass eine eingefüllte Flüssigkeit in allen Röhren immer den gleichen waagrechten Flüssigkeitsstand erreicht, auch wenn man die Röhrengruppe an einer Seite anhebt. Dieses Experiment nahm Seezn zum Anlass, uns ein noch begreiflicheres Modell vorzustellen, wie er sagte. Vor dem Labortisch hatte er dazu eine große Malerleiter aufgestellt und Karre durfte sich am Versuch beteiligen, indem er sich auf den Gipfel der Leiter setzen sollte. Der Professor reichte ihm mit ernster Schulmeistermiene einen Holzstab nach oben, an dessen einem Ende zwei durchsichtige Schläuche befestigt waren, und gebot dem Schüler, den Stab mit weit ausgestreckten Händen schön senkrecht von sich zu halten. Unten füllte Seezn nun gemächlich eine Plexiglaswanne mit Wasser und hängte ein Schlauchende hinein. Zwischendurch stellte er Fragen an einzelne Schüler und erboste sich über ihre unrichtigen Antworten. Mittlerweile saß Karre verkrampft auf der hohen Leiterspitze und sein anfänglich stolzer Gesichtsausdruck, hervorgerufen durch diese herausragende Experimentatorrolle, hatte sich sehr bald in ein angestrengtes, verkniffenes Dreinschauen verwandelt. Ließ er nämlich ein wenig seine Arme sinken, fuhr ihn Seezn gehörig an, er möchte gefälligst seine Pratzen ausstrecken, so viel könne man doch noch verlangen.

Erst als die Arme arg zu zittern begannen und sein Lächeln verzerrter geworden war, befahl Seezn gnä-

digst, den Stab wenigstens an die Brust zu nehmen, wenn der Herr schon zu müd sei, das Hölzerl zu halten. Karre war sichtlich erleichtert und drückte zur Entspannung den Stab an seinen Körper. Überhaupt war unser Physiker heute sehr gereizt und schlechter Laune.
»So jetzt zum Versuch: Ihr sollt sehen, wie das Wasser steigen wird«, sagte er streng. Gespannt guckten wir auf die Wasserwanne, den Schlauch, und hinauf zu Karre, der seinerseits aufmerksam und interessiert nach unten spähte. Genau im rechten Augenblick, als uns nämlich die Geschichte spanisch vorkam und wir begannen, das Vorhaben zu durchschauen, drehte Seezn blitzschnell den Wasserhahn auf und der kalte Wasserstrahl platschte dem aufgeschreckten, hilflosen Klassensprecher knatternd ans Kinn. Natürlich war das ganze Drumherum nur Tarnung; den zweiten Schlauch hatte Seezn während seiner Show unbemerkt an den Wasserhahn angeschlossen. Karre saß völlig verstört auf der Leiter und Seezn stampfte unterdessen vor Vergnügen hinter dem Labortisch herum, haute sich närrisch auf die Schenkel und freute sich wie ein Schneekönig.
Völlig zerstört aber kroch Karre wie ein frustrierter Wetterfrosch die Sprossen herab und schlich sich verstohlen hinauf in den zweiten Stock zu seinem Schrank, um sich dort umzuziehen. Er revanchierte sich bei Seezn Jahre später für die Wasserkur, eines schönen Tages beim Klassenausflug, doch darauf kommen wir später zurück.

Bildung

Naturwissenschaftliche Fächer sind das eine, gute Umgangsformen und Allgemeinbildung etwas ganz anderes. Die Schulleitung musste den Eindruck gewonnen haben, dass wir hierbei allergrößten Nachholbedarf hatten. Folglich braute sie den nötigen Stoff für den Prototyp eines neuen Schulfaches mit dem vielversprechenden Namen *Bildung* zusammen.
Die autorisierte Lehrkraft dafür war schnell gefunden: *Eulensepp* sprach etwas französisch und war deshalb genau der Richtige. Weil aber das ausgedörrte Feld, das bildungstechnisch bestellt werden sollte, den Oberen nicht unproblematisch schien, entschloss man sich, mit der Bewässerung versuchsweise im kleinen, auserwählten Kreise zu beginnen. Lag es nun bei mir, oft genug dem Schicksal sehr nahe zu stehen, oder war es meine Klasse im Besonderen, die den größten Bedarf erweckte? Jedenfalls war ich dabei.
So recht wusste niemand, was das für ein Fach sein sollte – Bildung! Und der Eulensepp? Bildung? Komisch fand man das Lehrfach bereits, ehe der ein einziges Wörtchen an unsere Ohren gerichtet hatte. Der Lehrplan verriet ja schon den geringen Stellenwert, welchen die Schulgötter dem neuen Fach einräumten, nämlich die allerletzte Wochenstunde; wer ist da noch bei der Sache? Heute war es dann soweit. Eulensepp – ihr erinnert euch sicher an den gemeinen Knödelwurf im Speisesaal – ja, er war das Opfer und jetzt wird er sich gewissermaßen wiederum als solches gefühlt

haben, wie seine hochrote Gesichtsfarbe signalisierte. Wahrscheinlich wusste auch er nicht so recht, was er uns nun an Urbanität auf die Schnelle einflößen sollte. Baff waren wir dann doch, als er eröffnete, uns ganz nebenbei Französisch beibringen zu wollen – die Sprache der galanten, eleganten Welt, sie wäre schließlich ein Muss für eine gebildete Person.

Als da aufgeschreckte Faulpelze ihr englisches Vokabelpensum unerwartet aufgestockt sahen und deswegen energisch dagegenhielten, erfuhren sie augenblicklich Trost. Um Französisch zu sprechen, müsste man doch nicht unbedingt die Worte verstehen, es genüge hier durchaus zu wissen, wie man sie als Gebildeter ausspricht und zu lesen versteht. Nur die Aussprache! – also den Sinn und Inhalt brauchte man gar nicht zu verstehen – kapiert? Ja, wenn das so ist – kein Problem für uns! Jetzt hatten wir ordentlich Spaß an der Sache, alles lief sehr unverbindlich und beschränkte sich eigentlich darauf, dem Pater wie ein Papagei die Worte nachzusprechen.

La – le – la fenetre – regarder par la fenetre – le courage – travailleur – travailleuse – le pay d'ou je vieus – la ville eu je suis – la cuisine ... Dann: le persil – allgemeine Zustimmung, gegenseitiges vielsagendes Köpfenicken. Unser erstes Erfolgserlebnis wurde sogleich zerschmettert: »Non, non – kein Waschpulver, wie ihr wohl meint, es ist die Petersilie!«, reparierte der Pater unseren Irrglauben.

Damit im Französischen die feine nasale Aussprache auch aus unseren barbarischen Kehlköpfen etwas hervortrat, hielten wir zweckmäßig die Nase mit beiden Fingern zu und erwarteten insgeheim eine Lektion für diesen Unfug. Aber die Lehrkraft meinte verständnisvoll, dass schließlich der Ton die Musik mache, und hätten wir erst einmal den besonderen Klang dieser wunderschönen Sprache verinnerlicht, dann würden mit der Zeit die Hände von ganz alleine wieder von den Nasen sinken. So sei es!

Le perroquet a un plumage de toutes les couleurs (der Papagei hat ein buntes Gefieder).

Wer beim Grüßen Böses denkt, ist ein böser Mensch. Vielen war das noch gar nicht bewusst, sie grüßten nämlich überhaupt nicht. Eulensepp hatte sich aber in den Kopf gesetzt uns nicht nur eine fremde Stimme einzupflanzen, auch die zwischenmenschlichen Umgangsformen sollten rundum erneuert werden. Bevor es zum Grüßen kommt, dozierte er, muss die innere Einstellung, das Bewusstsein zum Gegenüber aktiviert sein. Ob wir das eigentlich verständen, was er damit meine, wollte er wissen.

»Klar, doch – erst muss man den anderen gesehen haben, bevor man ihn grüßen kann ...«, meldete sich ein Schlauer. »Na ja, schon – aber das ist doch zu simpel«, meinte der Pater leicht verwirrt. Ihm ginge es eigentlich um die religiöse Einstellung, gewissermaßen im Nächsten den Bruder, die Schwester zu sehen und sich aus dieser Sichtweise aufrichtig über diese Begegnung zu freuen, dann wäre alles Weitere ein Klacks, wie er sinngemäß äußerte. Das Handwerkliche würde er uns schon beibringen.

Sprach's, – und schon stand ich als sein Versuchskaninchen vor ihm. Da er zur Fensterseite schritt, wies er mich an, gegenüber zur Türe zu gehen.
»Wir kommen jetzt aufeinander zu und begrüßen uns in der Mitte, indem wir unsere Hüte ziehen.«
Großes Gelächter über meinen verlegenen Versuch, die nicht vorhandene Kappe zurechtzurücken. Wir sollten nicht so albern sein und los schritten wir mit starrem Blick wie Lanzenstecher beim Turnierritt. Mir zog es die Mundwinkel nach hinten, als ich meinen unsichtbaren Hut abhob.
»Grüß Gott, Herr ...«, weiter kam ich nicht, denn seine kräftige Hand hatte meinen Grußarm geschnappt. Hoppla, will der an die Mütze?
»Seht ihr«, wandte Eulensepp sich triumphierend der Klasse zu und reckte den grinsenden Gaffern meinen Arm entgegen, »er hat noch viel zu lernen!« Mir aber verriet er mit väterlichem Tonfall, die Kopfbedeckung sei immer in die der Person abgewandten Richtung zu ziehen, sonst könnte es ja passieren, dass sich zwei Arme einmal ineinander verfingen. Darüber musste er recht albern kichern; uns aber verging das Lachen sehr bald, denn jetzt wurde gegrüßt auf Teufel komm raus. Und weil ihm das immer noch nicht reichte, wurde gegrüßt und vorgestellt, einzeln und in Gruppen. Mein lieber Herr von Bärendreck!
Da kam jeder in den Genuss einer Darbietung; Rollenspiel nennt man so etwas und das war für uns ganz was Neues. Aber wie redet der Volksmund? An denen ist doch Hopfen und Malz verloren – recht hat er!

Bildungshungrig hat gefressen
ungehobelt derber Mann –
Mengen Stoff mit viel Finessen,
mehr als er verdauen kann.

*

Ein Ton hier – ein Tönchen dort:
Schließ schnell die Tür –
gleich bist du fort!

*

Der eine ist ein Klimperer,
der andere ein Pimperer.
Der eine kann's – ein anderer nicht.
Der Klimperer braucht Licht –
der Pimperer braucht's nicht!

*

Ein Schüler träumt mit offenem Mund –
in dieser oder jener Stund –
von großem Lob und gutem Zeugnis.
Der Lehrer weckt ihn aus der Fäulnis.

Zeichnen und zeichnen lassen

Aus der niederen Sicht eines Pennälers hatte der Professor für Zeichnen und Kunsterziehung den schlauesten Job im gesamten Lehrkörper. Denn während sich andere Kollegen ihr Mundwerk fransig redeten, saß der meist hinter dem Katheder und starrte mit unbeweglicher Miene über seine Kleckser hinweg ins Unendliche. Oder wenn er Bewegungsdrang verspürte, schlenderte er durch die Reihen, dachte an schöne Dinge und überließ uns gnadenlos dem Schicksal unserer Wasserfarben. Die nämlich flossen hin, wo sie wollten und anfangs schämte ich mich für die erbärmlichen Erzeugnisse, die ich lieber einem Kindergartenkleckser zugestanden hätte. Umso erstaunter war ich, als meine Arbeit im Auge des studierten Künstlers Wohlgefallen fand; er war eben ein Vertreter der Moderne. Geahnt hatte ich es ja schon, weil sein Erscheinungsbild dies nachdrücklich nahe legte. Zu seiner gepflegten schlohweißen Künstlermähne trug er schwarzes Hemd, schwarze Hose und eine weiße, manchmal auch eine kanarienvogelgelbe Krawatte. Das war kleidungstechnisch damals mindestens so mutig, wie meine misslungene Schmiererei der Klasse als vorbildliche Arbeit zu demonstrieren.

Da frage ich mich ernsthaft: Welche avantgardistischen Modesignale wären wohl heutzutage erforderlich, um da mithalten zu können? Totales Guruweiß, weit offener Auslegkragen mit schwarzer Brusthaarfüllung, Holzsandalen oder doch besser schwarzes Krokoschuhwerk? Spezial geknitterter Leinenrupfen in Bleu, Sombrero aus Flechtstroh? Wir merken es, die eigentliche Kunst beginnt beim aktiven Künstler bereits bei seiner eigenen Verpackung. Schafft er es nämlich, sich so weit wie möglich aus dem Fenster zu lehnen, ohne hinauszufallen, hat er halb gewonnen. Sprich, schafft er es, sein Erscheinungsbild inklusive Gestik und sprachlichem Schnickschnack so exotisch wie möglich zu gestalten, ohne sich vor seiner meist überforderten Kundschaft lächerlich zu machen, dann kann dieser »Künstler« es sich leisten, egal welches Erzeugnis, und sei es noch so misslungen, als teueres Kunstwerk zu versilbern. Auffallend dabei, wie viele Worte heutzutage gemacht werden: Wahre Kunst ist selbstredend, bedarf keiner Erklärung!

Damit jetzt kein Missverständnis entsteht, unser Professor als Lehramtsinhaber hatte zu seiner Vermarktung in diesem Sinne keine Veranlassung. Er sah eben nur exotischer aus als seine Kollegen im tristen Salz- und Pfefferanzug, aber er genoss dennoch den Respekt seiner Schüler, sodass auch niemand zu lachen wagte, als er mein Werk der Klasse als vorbildlich anpries. So lernte ich doch daraus, dass nicht alles was respektabel etikettiert wird, wert ist, getrost mit nach Hause genommen zu werden. Und die zweite Erfahrung, die ich machte, lautet: Nichts ist zuverlässig, wenn du es selbst nicht bist. Weil ich nämlich jedes Mal, wenn ich glaubte, eine gelungene Arbeit abgeliefert zu haben, eine miserable Benotung erhielt. Mir war das unerklärlich, doch wahrscheinlich bin ich eben künstlerisch

nicht zuverlässig genug gewesen.
Aus der Kunsterziehung sind mir noch die dorischen und ionischen Säulenkapitelle im Gedächtnis, die wir mit Bleistift ins Kunstheft abzeichneten, ebenso die typische Profillinie einer griechischen Kopfskulptur, wobei Stirn und Nasenlinie eine Gerade bilden mussten. – Oder die bemerkenswerte Ausarbeitung eines gotischen Kreuzgewölbes mit seinen spitzbogigen Fenstern, deren Wülste zinnoberrot auf ockerfarbenem Grund auszuführen waren.
Was hat es uns gebracht, frage ich mich. Verhält es sich nicht so wie mit der Werbebotschaft beim Beton? Es kommt eben darauf an, was man daraus macht! Der eine schlittert in die Situation hinein, sodass er überhaupt etwas damit anfangen kann, arbeitet zeusgefällig mit seinen antiken Vorbildern, ein anderer macht daraus ein garstiges Werk. Mir aber bröckeln diese kunstgeschichtlichen Erinnerungen in die Vergessenheit ab, schade eigentlich – doch wer auf Ziegelstein gesetzt hat, der baut eben nicht mit Beton, um im Vergleich zu bleiben. Das Abzeichnen des ältesten Gebäudes der Stadt aber, eines urigen Fachwerkhauses an der idyllischen Wörnitz, nahe der Stadtmauer gelegen, das frischte unsere handwerklichen Talente auf und wie ich meine, sind diese Fertigkeiten immer wieder einmal von Nöten. Willst du beispielsweise deinem Schlosser klarmachen, wie das Vordach auszusehen hat, das er für dich zusammenschweißen soll, dann fertigst du eben eine Skizze an, so du kannst.
Später, in den oberen Klassen musste die Kunst der

Technik weichen. Unser Professor hatte jetzt etwas mehr Arbeit, da er uns *technisches Zeichnen* beizubringen versuchte. Neben seinem kaufmännischen Zweig vermittelte die Schule auch einen technischen Hauch Wissen. Also begannen wir einen Würfel im Aufriss, Grundriss und Seitenriss mit Ziehfeder und Tusche auszuführen unter Beachtung aller Regeln versteht sich und mit exakter Genauigkeit und in sauberer, gleichmäßiger Strichstärke. Dem Würfel schloss sich ein Rohrstück mit Bohrung an, dem später ein Kegel mit schrägem Anschnitt folgte und so steigerte sich allmählich der Schwierigkeitsgrad und ebenso der damit verbundene Zeitaufwand, welcher durchaus ein Wochenende einforderte. Da saßen wir dann an unseren Pulten hinter den großen Zeichenblöcken und hielten jedes Mal vor Anspannung die Luft an, wenn wir die Tusche hauchdünn übers Papier zogen. Besonders kritisch waren aber sehr dicke Linien, da hierbei die Tusche allzu gerne der breit eingestellten Feder entfloh und sich als Klecks breitmachte. Immer wenn ein zorniger, unflätiger Ausdruck durch den Äther ging, war häufig auch dieses Malheur geschehen. Mit einem Fleck auf freiem Feld, da hatte man noch Glück im Unglück, er ließ sich gut mit einer Rasierklinge abschaben, doch wehe, die Tusche suchte sich ein Linienzentrum aus oder füllte feine Abstände zahlreicher Linien! Ja, dann konnte auch das Reißen von starkem Papier zu hören sein. Gar dramatische Szenen spielten sich ab, wenn säumige Zeichner während der allgemeinen Freizeit arbeiten mussten, umtollt von hitzigen Kindsköpfen, die zwischen den Pultreihen Fangen spielten. Hatte mal einen die Fliehkraft gezwungen nach dem Stuhl oder der Schulter eines Tuscheziehers zu grapschen, war das Unglück passiert. Nur eine handfeste Erklärung in Form einer Prügelei war dann meist die einzige praktikable Lösung. Angesichts dieser geschilderten Problematik war unsere erste Freude über dieses neue Arbeitsgebiet schnell verflogen. Nur der Walter, Waldi genannt, war nach wie vor mit Begeisterung bei der Sache. Er wohnte zu dieser Zeit bereits in seiner Bude als Externer in der Stadt, hatte also den seltenen Schritt vom internen zum externen Schüler hinter sich. Warum? Na freiwillig war es ja nicht, Schwamm drüber. Waldi hatte also solchen Spaß am Zeichnen, dass er mir gelegentlich schon mal eine Arbeit fertigstellte, wenn ich keine Lust mehr hatte. Sogleich aber tauchten neue Auftraggeber auf und verdarben den Markt; sie boten fünf Märker für die Erstellung einer Zeichnung. Das war schon ein Haufen Geld und Waldi, der stets unter akutem Geldmangel litt, nahm jeden Auftrag an. Uns schien es beinahe unmöglich, wie er das zeitlich bewältigen wollte, aber er lieferte fristgerecht die Bögen ab und kassierte sein Honorar. Die mit Spannung erwarteten Noten stellten die Kundschaft zufrieden, sodass neue Aufträge vergeben werden konnten. Für manchen begann eine rigorose Umverteilung der Finanzmittel. Anstatt in den Konsum flossen nun die Mittel in Waldis tiefe Taschen, denn neben der Bequemlichkeit war man gewissermaßen abhängig von ihm geworden, konnte selbst nämlich mangels Übung

die steigenden Anforderungen nicht mehr erfüllen. Und wie es im Leben in solchen Situationen immer ist, steigen dann auch die Preise für die Dienstleistung. Dennoch war der Zulauf enorm und Waldi stellte rechtzeitig auf Fließbandfertigung um, wie es der selige Henry Ford es bereits vorgemacht hatte; anders wäre er mit dieser Menge Arbeit nicht mehr zurechtgekommen. In seiner Bude lagen alle Aufträge um ihn herum ausgebreitet und ein Tuschepart wurde nacheinander auf jeder einzelnen Zeichnung vorgenommen, so blieb auch immer genügend Zeit zum Trocknen.
Eines schönen Tages, zum Glück war es die letzte Notenvergabe für eine technische Zeichnung, machten aber alle Anwesenden dumme Gesichter, einschließlich des Professors, der so etwas wohl noch nicht erlebt hatte: Über die Hälfte aller Arbeiten wiesen den gleichen eigentümlichen, aber gravierenden Fehler auf. Jetzt stand Feuer unterm Dach! Eine plausible Erklärung musste her! Eifrig kam sie von Lothar:
»Wir, im Studiersaal, haben voneinander abgeguckt, Herr Professor ...«.
»Ach ja, und was ist mit Walter? Er hat nämlich den gleichen Fehler in seiner Arbeit. Du wohnst doch extern, Walter?, nicht wahr?«, zweifelte der Professor mit kriminalistischer Stirnfalte.
»Ja, schon –, der Walter hatte die Zeichnung als Erster fertig und sie an einen Internen ausgeliehen – zum Anschauen und Studieren ...«, kam dem Angesprochenen ein schlagfertiger Kamerad zuvor.
»Na dann –, jetzt sehe ich klar!«, ging dem Professor

ein Licht auf:
»Walter hat den Fehler eingeführt und diese miserable, schlampige Arbeit als Vorlage fabriziert, er bekommt die Sechs! Und der Rest hat den Fehler zwar nachgemacht in einer nicht minder nachlässigen Ausführung; der Rest bekommt die Vier, weil ... ach, so vielen wollen wir doch nicht Fünfer und Sechser geben – nicht?« Da stieg es heiß in uns auf, aber im Waldi hatte es ganz sicher gebrodelt.

*

Was in den Köpfen steckt, weiß eigentlich jeder von Ihnen: der Lehrer, der Arzt, der Philosoph und der Metzger.

Freizeitliches

Wenn im Frühjahr Schnee und Eis schmolzen, trat die Wörnitz über die Ufer und überschwemmte den unteren Teil des großen Gartens. Das sonst kleine, sanfte Flüsschen zog sich jenseits des Gartenzaunes dahin und mündete schließlich noch im Stadtbereich in die Donau. Führte die Wörnitz aber Hochwasser, überflutete sie weithin das Land und die Torgerüste auf unseren Fußballplätzen verschwanden in den braunen Fluten. Die Fußballer besannen sich verdrießlich auf neue Spiele.

Es begann die Zeit der Messer-, Stock- und Pfennigspieler. Um Baumstümpfe scharten sich die Freunde des Messerwurfs, wo nach festgelegtem Zeremoniell die Taschenmesser zum Einsatz kamen. Nacheinander purzelten die Messer von Stirne – Nase – Mund – Kinn – linker Daumen – rechter Daumen – linkes Knie – rechtes Knie im einfachen Salto auf den Baumstumpf, und selbstverständlich sollte das Messer auch jedes Mal im Holz stecken.

Was dem einen das Messer, bedeutete dem anderen ein angespitzter Holzstock. Bevorzugt wurde von den *Picklern*, wie die Stockwerfer hießen, ein weicher, lehmiger Boden. Wir schleuderten die Pflöcke möglichst kräftig in den Erdboden. Es wurde gekeilt, gepflockt, gewonnen und verloren. Es galt beim Spiel, wie auch häufig in der Erwachsenenwelt üblich, ein ausgiebiges, kompliziertes Regelwerk zu beachten, welches den Teilnehmern half, ihrem doch recht stupi-

den Tun einen intelligenten Anschein zu geben.
Weniger kraftvoll gebärdeten sich die Pfennigfuchser. Ihr Spiel bestand darin, aus drei Meter Distanz Pfennige möglichst dicht an die Hausmauer zu werfen. Der beste Werfer stapelte sich die Pfennige aller Mitspieler vorsichtig auf Daumen und Zeigefinger, warf den Stapel in die Luft und schnappte mit derselben Hand blitzschnell nach den fallenden Münzen. Was er dabei erwischte, hatte er gewonnen. Es gab da Spezialisten, die mit geschlossenen Augen lässig einen Turm mit zwanzig Münzen schnappten. Aber was geschah mit den Moneten, die sich nicht fangen ließen? Ach, denkt euch doch selbst was aus, ich habe keine Ahnung – ist ja schon so lange her!

Bisher war nur die Rede von Aktivitäten, die sich innerhalb des Internatskomplexes abspielten. Es gab glücklicherweise von Zeit zu Zeit Anlässe, unsere Zwingburg zu verlassen, und Freiheit zu genießen, eine Freiheit, die nach unserem Verständnis jenseits dicker Mauern und Zäune lag. So eine Chance bot nun der Wandertag, auf den wir uns immer sehr freuten, erwartete uns doch ein Tag in freier Natur mit reichlich Gelegenheit zum Herumtollen und Austoben. Weil die Internatsleitung nicht die ganze Bande auf einmal der Bevölkerung zumuten konnte, wurde nur ein Klassenjahrgang zu einer Wandergruppe unter Führung eines Paters zusammengefasst, das waren zirka fünfundvierzig Schüler. Jeweils zwei solcher Jahrgangsgruppen beteiligten sich am Wandertag, gingen aber getrennte

Wege. Der Rest war für die folgenden Wochen eingeteilt.
Anfangs, als wir die Patres noch nicht näher kannten, machten wir lange Gesichter und nörgelten herum, sobald wir erfahren hatten, welcher Pater uns anführen sollte. Neidisch blicken wir den Glücksrittern nach, die mit ihrem zweibeinigen Häuptling ausgelassen in die Freiheit stürmten. Wir aber standen noch im Foyer herum und warteten missmutig auf *Huck*, benannt nach Kapitän Huck, dem einbeinigen Seeräuber mit Holzfuß. Einen solchen hatte auch jener zugeteilte Pater und das erklärt auch unsere schlechte Laune. Was sollten wir mit ihm anfangen – ihn herumtragen?
»So einer soll doch daheimbleiben!«, maulte einer und unterstrich seine Meinung, indem er grotesk ein Hinkebein zum Spott vor der Gruppe vorführte und boshaftes Gelächter dafür einkassierte. Er wurde dabei von der Pförtnerschwester beobachtet, die sogleich aus ihrer Nische flitzte und ihm unerwartet barsch an die Ehre ging. Diese unscheinbare Nonne machte sonst immer einen so liebenswürdigen, sanften Eindruck auf uns und wenn sie in ihrem Reich die Päckchen ausgab, was zu ihren Pflichten gehörte, lächelte sie wie die gute Fee in Person. Jetzt war sie fuchsteufelswild und ihre Augen flammten aus einem hochroten Gesicht. Mit hoher, kippender Stimme und aller Kraft schrie Sie:
»Du ungezogener Flegel – wie kannst du das nur tun! Solltest dich schämen! – Das ist doch – unerhört! Pfui, schäm dich!« Dabei bewegte sie sich ruckartig in kleinen Schritten auf den Verworfenen zu, der quasi mora-

lisch vor ihr im Boden versank. Dann schaute sie mit unsäglicher Enttäuschung auf uns.
»Wie könnt ihr da noch lachen!?« Ihre milde Stimme war zurückgekehrt, aber es klang so viel Traurigkeit hindurch, dass wir unwillkürlich die Köpfe senkten; wir alle mochten die Schwester und schweigend standen wir herum, buchstäblich wie bestellt und nicht abgeholt. In eine unbarmherzige peinliche Stille fiel ein dumpfes Klack – Klack – Klack. Hucks Holzbein kam die schmale Privattreppe herunter und die ausgetretenen Bohlen taten es kund.
Wie verwandelt – die Schwester. Als wäre nichts geschehen, grüßte sie den Angekommenen und uns wünschte sie in gewohnter Herzlichkeit einen schönen, erlebnisreichen Tag mit dem guten Rat, wir sollten es nur nicht zu bunt treiben. Nachdenklich geworden, drückten wir uns durchs Portal ins Freie und allen voran der Huck, dessen Prothese bei jedem Schritt schnalzte, machten wir uns auf den Weg zum Schellenberg. Unsere Mienen hellten sich unterdessen auf und der Ausdruck von Missmut war dem Erstaunen gewichen, das allerseits jetzt deutlich auf den Gesichtern stand. Wie er uns mit weit ausladenden kraftvollen Schritten das Tempo vorlegte, welches unserem Schritt wohl um einige Stundenkilometer überlegen war, wären wir alleine gegangen, das setzte uns schon mächtig in Verwunderung. Damit nicht genug. Wie er uns erzählte, hatte er sein Bein im Krieg an der Front verloren. Er war lange Zeit mangels Prothese nur mit dem Krückstock durchs Leben gegangen, hatte als gebürti-

ger Tiroler seine über alles geliebte Bergwelt nicht abschreiben wollen, sondern sei eben dann nur auf einem Bein in die Berge gestiegen. Mit seiner Prothese merke er gar nicht, dass da was fehle. Nur manchmal, wenn das Wetter umschlägt, dann spüre er starke Schmerzen im Stumpf und sogar die Zehen und der Fuß täten ihm arg weh, obwohl sie gar nicht mehr da sind, meinte er herzhaft lachend. Er war außerdem ein Spätberufener; das ist jemand, der den Ruf Gottes zum Priesteramt erst vernimmt, wenn andere womöglich schon bereuen, es innezuhaben. Doch im Ernst, dieser Pater war aus urwüchsigem, hartem Holz geschnitzt und uns weit an Ausdauer beim Wandern überlegen.
So gelangten wir schließlich, um eine Erfahrung reicher geworden, durch die Straßen der Kleinstadt, hinaus aufs freie Feld. Trabten die dünn bewachsenen Hügel hinauf, dem Schellenberg zu, der östlich der Stadt liegt und von dessen Höhe aus man einen schönen Ausblick über Stadt und Land hatte. Unübersehbar die beiden Kirchtürme von Heilig-Kreuz und der Stadtpfarrkirche und weithin sichtbar, das silbern schimmernde Band der Donau und ihre einmündende Wörnitz.
Hier oben war Wildnis, Natur wie wir sie mochten. Kleine Wäldchen mit prächtigen Kletterbäumen, von Hecken und Büschen umringte Buckel, ideal zum Versteckspiel. An einem strahlend blauen Sonnentag – einfach wunderbar! Nach ausgiebigem Getobe verspeisten wir im Kreise kleiner Gelage unsere mitgebrachte Brotzeit, tranken kühlen Tee dazu und waren zufrieden mit Gott und der Welt. Im zweiten Teil des Tages stand

Räuber und Gendarm auf dem Spielplan, Baumklettern und Hahnenkampf, ein gegenseitiges Hüpfen und Anrempeln auf einem Bein mit verschränkten Armen vor der Brust, mit der Absicht, seinen Gegner zum Zweibeiner zu machen. Was hat Huck sich dabei gedacht? Der hatte sich im Gras ausgestreckt und schaute uns nachdenklich zu. Schließlich zog er die Trillerpfeife und pfiff seine Bande zusammen und vergnügt, wenn auch ziemlich geschwächt vom kräftezehrenden Spiel, traten wir den Heimweg an.
Wer allerdings heute, nach einem reichlichen halben Jahrhundert, diesen bezaubernden Flecken Erde sucht, muss mich bestimmt für einen Lügner halten, denn leider nichts, rein gar nichts wird ihn an meine kleine Schilderung erinnern und nirgends wird er Ähnlichkeiten finden können. Eine Schnellstraßentrasse schneidet sich brutal über den gesamten Schellenberg ein, und eine ganze Stadt ist hochgeklettert und hat die urwüchsige einstige Idylle gefressen. Dort, wo wir uns umtrieben, verwehrt jetzt Stacheldraht jeden Zutritt. Ein riesiges Kasernengebiet hat sich sogar an den schönsten Lagen eingenistet, daneben ein großes, lärmträchtiges Freibad. Alles ist verbaut. Das schöne Land, wo ist's geblieben?

*

Ein guter Vorsatz sollte sein wie ein kraftvoller Anlauf vor dem Sprung.

Die Kicker

Wer über unsere Freizeit berichtet und dabei den Fußball vergisst, der wäre für drei Viertel aller Ehemaligen unten durch, denn das allgegenwärtige Leder nahm einen hohen Stellenwert ein.
Webs, wie wir Lothar nannten, hatte zwei Begriffe im Repertoire, die er uns jahrein jahraus bei jeder Gelegenheit in den Gehörgang schickte – seinen Klub, den 1. FC Nürnberg und den Morlock Maxl. Wenn du mit ihm ein paar Minuten spazieren gingst, begann er mit ziemlicher Sicherheit zu trippeln. Er lief vor dir her und zeigte durch zischendes Ansaugen von Luft durch die zusammengebissenen Zähne seinen Eifer bei der Sache und dann folgte todsicher die Erklärung:
»So trippelt der Morlock – der Morlock Max – vom 1. FC Nürnberg – der Maxl – vom Klub!«
Doch weil dies auch ohne Fußball geschah, sah man anfangs verwundert dem Webs Lothar nach, der sich dabei überhaupt nicht stören ließ. Mit der Zeit war man seine Reflexe gewohnt und hätte Webs gar einmal das Thema gewechselt, da wäre uns das aber sehr verdächtig vorgekommen.
Natürlich blieb es nicht aus, dass auch notorische Nichtfußballer, wie ich einer war, einmal über das Spielfeld laufen mussten. Da war es bei der Mannschaftsaufstellung schon peinlich genug, wenn die beiden Kapitäne ihre Auswahl trafen, und du standest da wie Sauerbier, das keiner wollte – bis zum bitteren Ende, wenn der letzte Mann noch gerufen werden

musste. So geschehen vor einem Prestigespiel zweier Klassen. Mich glaubte der Mannschaftskapitän im Tor am besten versteckt zu haben, welch unverzeihlicher Fehler! Wenn du Fußball im Fernsehen guckst, hast du keine Vorstellung, wie groß so ein Torkasten wirklich ist. Die schießen dort die Bälle doch fast immer in die Hände des Torwarts und du unterliegst der Illusion, es müsste schon schwierig sein, einmal am Ballfänger vorbei ins Tor zu treffen.

Bei mir war es genau umgekehrt. Da war so viel Platz im Kasten und sie trafen mich selten aber fast immer ins Tor! Mensch, war das ein Geschrei – ich soll doch fangen und nicht nur blöd gucken!

»Wirf dich entgegen!«, kam gefährlicher Rat von hinten durch die grünen Maschen.

Bei nächster Gelegenheit hatte ich ihn befolgt, sprang aus dem Kasten, dem Ball entgegen – peng! Schon prostete ich mit dem Kopf eines Stürmers an, meine Oberzähne prallten auf harten Schädelknochen und ein gehöriger Schmerz fuhr in den Schneidezahn, indessen rollte der Ball ins Tor. Der Stürmer wankte und fasste sich an die Stirn, zwischen seinen Fingern hindurch sickerte der rote Lebenssaft und färbte gruselig sein Angesicht. So grausam, liebe Leser, kann Fußball sein! Ich habe das bis heute nicht vergessen, denn wenn ich in den Spiegel schaute, erinnerte mich zuverlässig mein angeschlagener und abgestorbener Schneidezahn an diesen kämpferischen Einsatz, er war im Laufe der Zeit immer dunkler geworden. Erst jetzt, mit einer weißen Überkronung, werde ich die Chance erhalten, das blamable Spiel zu vergessen, das den Eintrag von einem halben Dutzend Toren auf dem Kerbholz meiner Niederlagen hinterließ. Nie wieder wurde ich ins Tor berufen und wenn mein Mitspiel unumgänglich war, machte ich den Verteidiger, auch Wolfe übrigens, die Sportskanone, er war auch gebürtiger Verteidiger. Spielten wir zusammen, war es im Ergebnis so, als wäre ich wieder Torwart gewesen.

Viel besser im Tor machte sich der *Freise* Manfred, der verstand sein Handwerk. Wie ein Profi, mit schwarzen Handschuhen, stand er im Kasten und feuerte die Gegner sogar übermütig an, es doch zu probieren:
»Schieß doch – hopp, hopp – schieß!«
Bekanntlich kann sich ein Torhüter nur gegen einen Ball werfen, so ein solcher auf ihn geschossen wird, und geworfen hat sich der Freise halt zu gerne. Er war einer der armen Hunde, die finanziell am Ende von Anfang an waren. Seine ärmliche Mutter war nicht in der Lage ihm etwas übers monatliche Schulgeld hinaus zuzustecken und so war er auch in seiner Garderobe sehr eingeschränkt, trug meist immer dieselben Klamotten und niemand nahm davon Notiz. Nun stellt euch vor, der Freise taucht am helllichten Werktag plötzlich mit einem neuen Anzug auf, modisches Fischgrätmuster. Das war so ungewöhnlich, als führe der Bauer mit dem Rolls-Royce auf den Acker. Uns Pulloverträgern verschlug es die Sprache.
Aber was jetzt kommt, könnt ihr vielleicht schon ahnen. Ja, Freise stellte sich mit nagelneuem Anzug ins

Tor, schwarze Handschuhe – hopp, hopp – alles klar? Es hatte geregnet. Der Boden war schlammig, aber der Freise Manfred warf sich gerne und das tat er auch in seinem neuen Anzug. Wie ein Wildschwein wand er sich im Dreck und so sah er dann auch aus. Es war nicht zu fassen, aber was soll's, jeder ist eben seines eigenen Glückes Schmied.

*

Mit rundem Leder ist's nicht schwer,
zu flanken in das Fußballheer.
Doch wär' das Schussteil schwer und eckig,
da ging's den Spielern wirklich dreckig!

Die Flusspiraten

Ein Buchtitel aus unserer kleinen Internatsbibliothek, »Die Flusspiraten des Mississippi«, hatte mich dazu inspiriert, das geheimnisvolle und bislang unzugängliche Ufergebiet der Wörnitz zu erforschen.
Gleich hinter dem Gartenzaun, gewissermaßen im Niemandsland, begann ein undurchdringliches Dickicht von Gebüschen, überwuchert von reißfesten Schlinggewächsen. Dahinter verwehrte eine steinwurfbreite Zone von dicht wachsenden, schulterhohen Brennnesseln und mannshohem Schilf jeden Zugang zum Ufer. Schnell fanden sich ein paar Abenteurer, die das Vorhaben reizte, und so spähten wir eine uneinsichtige Stelle des etwa einen Kilometer langen Gartenzauns aus, die für den unbemerkten Ausbruch geeignet erschien. Dieser Zaun begleitete zum überwiegenden Teil auch die *Klapsmühle*, so nannten wir den Spazierweg des Internats, auf dem selbstverständlich auch die Patres ihre frommen Runden drehten, indem sie meist ihr tägliches Brevier lasen. Dieser Weg war gesäumt von mächtigen Kastanienbäumen und Buchen. Weil wir schon dabei sind: Das waren unsere Kletterbäume, denen wir nicht widerstehen konnten und die unseren ganzen Mut herausforderten. Angst und Knieschlottern war angesagt, wenn wir uns an ihren Ästen in ansehnliche Höhe emporzogen. Aber umhüllt vom grünen Blättermantel, ließ sich die anfängliche Höhenangst einigermaßen bändigen. Schließlich saßen wir kurz darauf mit zittrigen Gliedmaßen in den höchsten Wip-

feln und versuchten entlang des Stammes den Durchblick in die Tiefe, um den Erdboden anzupeilen. Dabei erfasste uns ein unbeschreibliches Gefühl von Triumph oder was dies sonst sein mochte – vielleicht war es der Sieg über den inneren Schweinehund? – und mit einer zwiespältigen Empfindung von Sieg und der Angst vorm Abstieg, also in der Schwebe des Gemüts jauchzten wir wie Bergsteiger beim Gipfelsieg. Dieses Gefühl forderten wir hartnäckig immer aufs Neue heraus. Wir bestiegen die Bäume über Wochen tagtäglich mit einer solchen Routine und Leichtfertigkeit, die man getrost als Leichtsinn bezeichnen kann. Nur wenige Stämme verwehrten uns den Aufstieg, wenn sie nämlich sehr hohe, astlose Regionen aufwiesen. Eigentümlicherweise hatte uns niemals eine Aufsicht an solcher Kletterei gehindert, wir wurden offenbar nie dabei entdeckt. So empfanden wir unsere Baumwipfel als denkbar sichersten Ort – und was tut man dort oben? Rauchen! In kleinen Mannschaften, meist zu dritt, maximal zu viert hockten wir dann abgehoben in den Astgabeln fernab von Gut und Böse und pafften den blauen Dunst ins Blätterdach. Und wenn zu unseren Füßen ein Schwarzer vorbeischritt, ließen wir uns nicht stören und fühlten uns vor ihm sicher und geborgen wie in Abrahams Schoß. Dann kam aber irgendwann auch bei uns der Zeitpunkt, wo bei nachlassendem Nervenkitzel der Reiz einer solchen Herausforderung die Mühe und den Schweiß nicht mehr aufwog und schwuppdiwupp war Baumklettern etwas für Gestrige. Jetzt, mit zunehmendem Alter, schüttelt immer stärker und unverstän-

dig der Kopf bei ähnlich tollkühner Beobachtung.
So ist der Lauf der Welt, aber wir wollen doch den Faden wieder aufnehmen und sogleich verstohlen durch den Zaun schlüpfen und Deckung im Unterholz der wilden Flusslandschaft suchen. Zusammengekauert zückten wir unsere Taschenmesser und jeder schnitzte sich eine Machete zurecht – sein Buschmesser – und dann begann der mühevolle Kampf gegen den Dschungel. Abwechselnd stand einer von uns Schmiere und warnte die Übrigen bei herannahender Gefahr, denn noch zu nahe war der Zaun und jedes Geräusch hätte uns verraten. Meter um Meter drangen wir ins unbekannte Gebiet vor und unsere Fantasie, gespeist aus den gierig verschlungenen Abenteuerbüchern, verwandelte selbst morsche Äste zu gefährlichen Schlangen und vermochte uns so manchen Schrecken einzujagen. Die Zeit wurde knapp und wir mussten wir zurück in die Realität, quasi zurück durch die präparierten beiden Zaunlatten, die wir mit ihren Nägeln in die ausgeweiteten Nagellöcher gesteckt hatten. Diese Stelle im Zaun lag aber bereits in einem Sperrgebiet, dessen Zugang uns untersagt war – also Achtung! Tag für Tag, wenn das Wetter dies zuließ, machten wir uns daran, den Gang im Brennnesselfeld voranzutreiben, in der Hocke, teils auf den Knien hauten unsere Macheten die Stauden nieder und dann wurde solange getrampelt, bis ein bequemer Durchgang entstand. Warum Brennnessel so heißen, ist uns dabei nachdrücklich klar geworden. Die zahlreichen Quaddeln auf unserer Haut verstanden wir aber als Symbol der Tapferkeit, also je

mehr, desto besser! Der Gartenzaun war nun so weit zurückgelassen, dass der Späher seinen Posten verlassen konnte und uns im hohen Schilf, welches die letzte Barriere bildete, bei der Arbeit zur Verfügung stand. Wir fanden ein Sumpfgebiet vor und konnten dies nur überwinden, indem aneinandergelegte Äste einen Damm bildeten. Das Taschenmesser war jetzt ständig im Einsatz, schnitt Astwerk zurecht und einer transportierte das Gestänge zum Einsatzort, wo es ein anderer gegen Schlick und Lehm verbaute. Geschafft! Endlich öffnete sich das Schilf und vor uns zog ruhig und gemächlich das braune Wasser der Wörnitz vorbei. Nach harter Arbeit am Ziel angelangt zu sein, erfüllte uns mit Stolz, aber nun, was jetzt – ? Ein bisschen mit den Händen ins schlammige Wasser gefasst, herumgeguckt, aufgenommen, was zu sehen war: weit hinten am Horizont das Wörnitzflussbad – dann Marsch, Marsch, zurück! Hier gab es nichts mehr zu tun.

Das unappetitliche Wörnitzwasser fand seinen Weg auch in das kleine Betonbecken des Internatsbades; eine Pumpstation holte es über Rohrleitung dorthin. Umgeben von einer Bretterwand waren die Badenden unter sich und das Becken mit schätzungsweise 6 x 12 Metern hatte an der Rückseite, im Tiefen also, ein Sprungbrettchen, daneben je einen Startsockel und außen die beiden Betontreppen, die ins Wasser führten. Im Seichten reichte es bis zum Nabel, aber nicht einmal da konnte man den Boden sehen, so schlammbraun war die Brühe. Das hielt aber keinen davon ab, die Badefreuden nicht trotzdem zu genießen.

Wenn der Pater das Türschloss zum Bad aufsperrte, drängte sich die Meute scharenweise hinein und alles stürzte sich auf die langen schmalen Bänke entlang der Bretterwände, um den begehrten Platz für Kleidung und Handtuch zu beschlagnahmen. Dann aber rein! Da half keine Trillerpfeife und rein gar nichts mehr. Jeder machte, was er wollte und es ging zu wie in einem Hexenkessel bei allerwildestem Geschrei. Man sprang mit oder ohne Anlauf in die Fluten, egal wo man gerade stand und meistens auch ohne zu schauen wohin, Hauptsache ins Wasser. Was für ein Chaos! Schwimmen war nicht, eher ging es um Deckung, Verteidigung, um das sprichwörtliche nackte Überleben. Ist dir schon mal jemand ins Kreuz gesprungen? Das tut ja richtig weh! Und unablässiges gewalttätiges Untertauchen lässt einem die Luft knapp werden, gell? Da war es kein Wunder, wenn die beiden Betontreppen begehrte Zufluchtsstätten waren, denn ihr Freiraum unter Wasser war ständig besetzt. In ihm harrten die Abgetauchten aus wie Frösche, die Schutz suchen vor ihren Feinden. Manchmal waren dann so viel Leiber im Wasser, dass es im Seichten nur noch Stehplätze gab und kam einer auf die Idee sich in die Waagrechte zu begeben, wurde er augenblicklich getaucht, bis er gerne wieder aufstand. Ergebnis? Wenn später, beim Kaffee die Kannen weniger kreisten wie gewöhnlich und die Nachfrage in der Kaffeeausgabe gleich null war, lag das am feinen Wörnitzwasser, dass jeder so reichlich und mehr als ihm lieb war, gesoffen hatte.

Wer dieses chaotische Treiben im Bad zur Kenntnis genommen hat, kann jetzt besser unsere Maßnahme verstehen, die wir an einem warmen Sommertag beim Schopfe packten. Ich besann mich auf unseren gerodeten Zugang zum Flussufer und klammheimlich, nur mit Badehose und Handtuch, verdrückten wir uns aus dem nervigen Badegetümmel und den Augen der vielbeschäftigten Aufsicht. Rasch hinter die Bretterwand! Die bot gute Deckung – dann ein kurzer Spurt zur besagten Zaunlücke – und im Gänsemarsch schlichen wir geduckt im Schutz der Pflanzen ins Schilf, dem Wasser zu. Neben Karre, Wolfe und mir war der *Wast* mit dabei, unser Showman, ein Schwerenöter der übelsten Sorte, wenn man ihn reden hörte, aber im Grunde ein so harmloser Geselle wie ich, denke ich mir. Seine Haare verließen, wie die meinen, schon vorzeitig ihr Terrain – so ein Wort übrigens spricht der Gebildete, wie wir von Eulensepp wissen, nasal und der braucht dazu keine Finger an der Nase. Also, die Haare fielen uns aus und der Ansatz von Geheimratsecken ließ auf beiden Köpfen die künftige Platte ahnen. Dabei war auch Catcher, der unbesiegte Klassenstärkste. Ein kräftiger Brocken ist er geblieben; er wurde Bankdirektor. Ob er seine Kunden auch so in die Mangel nahm, wie uns einst?

Bevor wir ins Wasser glitten, kam das Handtuch als Turban auf den Kopf und die Raucher trugen zusätzlich Badekappen, unter denen vorsorglich Zigaretten und Streichhölzer verstaut waren. So gerüstet, schwamm das Quintett in Entenformation, einer schwachen Strömung entgegen, inmitten des Flusses, in einer stillen, sommerlichen Natur, im gleißenden Licht des Wasserspiegels, nur vom Vogelgezwitscher begleitet, dem Stadtbad zu. Erst als die Kräfte nachließen, schwammen wir ans andere Ufer und legten die eineinhalb Kilometer im Dauerlauf durch angrenzende Wiesen zurück. Eintritt? Ach woher! – schon schwammen wir gratis in der Badeanstalt herum. Aber Schwimmen und Dauerlauf hatte uns etwas zugesetzt und deshalb suchten wir schleunigst ein sonniges Plätzchen auf und schielten den aktuellen Themen nach. Ein Zigarettchen, etwas die Beine vertreten und rasch zurück ins Wasser, viel Zeit hatten wir ja nicht. Aus dem Blickfeld des Bademeisters entschwommen, wateten wir an Land und liefen, was die Beine hergaben, entlang des Flussufers in Richtung Heimat, überquerten mit letzter Kraft die Wörnitz, sausten ohne Rücksicht auf Verluste durch Schilf und Brennnessel. Karre riss sich den Fuß auf und humpelte mit umgebundenem Handtuch hinterher – dann waren wir wieder mitten im Getobe und mussten, damit wir nicht auffielen, wieder ins Wasser springen. Gemächliches Sonnenbaden gab es bei uns nicht, alle waren im Wasser. Endlich der Schlusspfiff! Für die Masse ärgerlich, für uns diesmal die Erlösung. Wie geschlagene Krieger zogen wir unsere Klamotten an und hatschten hinauf in den Studiersaal. Für heute hatten wir endgültig die Nase voll vom Baden.

Weil dieser Ausflug nicht nur sehr strapaziös, sondern auch gefährlich war, man denke nur an das Strafmaß bei Entdeckung der Missetat, mieden wir künftig die

Wörnitz in ihrem natürlichen Bett und tranken Sie fortan in kräftigen Schlucken, wie sonst aus dem Betonbecken, das ja extra für uns Schüler einmal gebaut worden war.

*

Auch verunreinigter Geist scheint, wie schmutziges Wasser, im Seichten noch einigermaßen sauber zu sein.

Alles, was das Herz begehrt

Neulich bekamen unsere Gaumenfreuden wieder einen gehörigen Dämpfer verpasst: Es war die jährliche Kartoffellieferung eingetroffen. Ein riesiger LKW mit Anhänger hatte sich vors Internatsgebäude postiert und ließ seine köstliche Fracht per Kipper über Rutschen in die dunklen Kellerschächte ab. Unglaublich, welche Menge Kartoffeln das waren!
Mir war glasklar, einen gerechten Anteil davon essen zu müssen. Auch dieses Lebensmittel hatte wie die bereits früher erwähnte Salzbutter, ein zähes, langes Leben, denn die Reste aus den weißen viereckigen Schüsseln gelangten wieder in die großen Alupötte und die wurden zur nächsten Mahlzeit mit Nachschub versehen. So kam es, dass verschmähte, alte, schwärzlich gewordene Kartoffeln, wiederum verschmäht wurden und noch älter, noch schwärzlicher wurden – und so weiter. Und weil kein Küchengeist sich mit pingeligen Kleinigkeiten abgab, so etwas auszusortieren, provozierte solch ein Prachtexemplar gar den Aufschrei eines überraschten Gourmets. An der Gabel zum Pranger gestellt, konnte jeder interessierte Tischgenosse seinen Riecher dranhalten und das unbeschreiblich herzhafte Aroma einziehen. Auch das sehr unappetitliche weiße, kaugummiartige Beiwerk – was war das eigentlich? – diese Gabe rollte man kurzerhand zwischen den Fingern oder Handflächen und dadurch flugtauglich geworden, schoss man es wahllos in die Luft, in fremdes Gebiet, auf fremde Gefahr.

Ich kann mich beim allerbesten Willen nicht entsinnen, jemals einen Internatstag während der sechs Jahre erlebt zu haben, an dem die Schüssel Salzkartoffel nicht auf dem Tisch stand. Übrigens hält sich meine Abneigung gegen die Salzkartoffel bis heute; aber ich genieße dafür umso lieber alle übrigen Zubereitungsarten unserer guten Kartoffel und wundere mich rückblickend doch sehr über die Fantasielosigkeit der Küchenoberin. Wenn beim Essen unser Blick immer wieder das Klavier streifte, so zog ihn der Briefstapel auf sich, der darauf lag und der kleine gelbe eingesteckte Zettel, der die Namen der Paketempfänger auflistete. Gespannt lauschten wir nach dem Essen, wenn der Pater den großen Packen Post aufnahm und die Adressaten in den Saal rief; schon rannten die Schüler beflissen herbei, holten sich ihren Brief. Aber wie schon das Bibelwort verkündet:

»Viele sind gerufen, doch wenige sind auserwählt«, – genauso verhielt es sich auch hier: Viele Briefe wurden verteilt, na schön und gut. Aber die Auserwählten, die bekamen ein Paket! Oft genug waren wir noch hungrig, nach der Mahlzeit, wenn wir Gottes Gaben wieder einmal nicht angerührt hatten und uns lieber die Bäuche mit Semmeln und Brot beim Nachmittagskaffee zu füllen gedachten. An solchen Tagen hingen wir besonders an den Lippen des Paters, sobald er den gelben Zettel in die Finger nahm. Gleich hörte man die staubigen Brüder juchzen, als sie die frohe Paketbotschaft vernahmen. Juchhe, heute hat es bei mir gefunkt! Neidisch gucken die Kameraden auf mich, es ist deutlich zu spüren. Ich haste mit anderen Glücksrittern zur Pforte. Die Schwester steht wie der Weihnachtsmann hinter dem aufgeschlichtetem Postgut. Kommt endlich der Karton auf dich zu, lässt sein verheißungsvolles Gewicht dich strahlen und die Schwester, sie lächelt dir diesmal nicht wie sonst ins Gesicht, eher säuerlich schaut sie aus der Haube – ist was? Trotzdem, für mich ist die Welt heute in Ordnung. Bäh, meine Finger fühlten eine pappige, schleimige Unterseite, was war mit dem Paket geschehen? Kommt wohl von einem anderen, denkst du zuerst. Erst mal an den Schrank gehen, auspacken, nachsehen – sicher nicht tragisch, denkst du abermals falsch. Oh! – es offenbarte sich eine Katastrophe! Das ganze Inventar, die schönen, guten Sachen waren versaut von oben bis unten. Dazwischen überall Glasscherben des zerbrochenen Marmeladeglases, es muss recht groß gewesen sein. Das dünne, sehr wanderfreudige Apfelgelee war davongelaufen!

»Sappradi! Sacklzement«, machte ich mir Luft. Das war aber nur die harmlose Variation eines unfrommen Fluches, die auch gar nicht beichtpflichtig ist, weil nämlich keine heiligen Namen verunehrt werden; trotzdem ließ sich auch damit die aufgebrachte Psyche glätten. Dann isst du eben Marmorkuchen in Apfelgelee und das mit doppeltem Genuss, sagte ich mir. Die Salami und der grüne Fünfmarkschein waren ruckzuck abgeleckt und sogleich schlich wieder Strahlemann ins Gesicht und ins leere Proviantfach kam neuer Nachschub. Jetzt war ich King, leider nur von kurzer Dauer, denn die Vorräte schmolzen wie Schnee in der Sonne rasch dahin aufs übliche Level, einer leeren Schublade. »Kjack – Kjack« – was war das? Unmittelbar neben mir. Ich fuhr erschreckt um meine Achse. Niemand, nichts fand sich als Erklärung für das unheimliche Geräusch. Alles Lauschen half nicht, es blieb stille, so ging ich nachdenklich wieder nach oben zu den anderen. Ich war ja nun ein reicher Mensch und so beschloss ich, mein Kapital anzulegen. Gleich morgen wollte ich das tun, am wöchentlichen Stadtausgangstag, wie man diesen Freigang förmlich nannte. Es war der Tag, nach dem sich alle Internierten sehnten: Raus, hinaus, in die Stadt, in die Freiheit! Ich stand zurzeit nicht in Kreide bei den Vorgesetzten, was keineswegs selbstverständlich war, weil alle bösen Buben, die sich auf schwarzen Listen fanden, beinahe automatisch Ausgangssperre erhielten. Kaum dem Internat entfleucht, gönnte ich mir zur Stärkung beim Verlagspförtner, dem Stehausschank für eilige *Heilig-Kreuzler,* eine Africola für fünfundzwanzig Pfennige. Den Daumen auf die Öffnung, kräftig schütteln, an den Mund gesetzt, Daumen weg: Zsschtt! Der köstliche Schaum schoss wie aus allen Rohren, manchmal auch zur Nase heraus, aber fein war das. Dann ging es im Schnellschritt zu meiner häufig aufgesuchten Finanzadresse, dem Postamt, gut zwei Kilometer entfernt, gegenüber dem Bahnhof gelegen. Dort hatte ich anno 1954 mein blaues Postsparbuch mit einer Einlage von zwei Mark eröffnet. Dieses Büchlein liegt eben vor mir und ich schmunzele darüber, wie sehr ich seinerzeit die Schalterbeamten genervt haben musste: nächste Abhebung eine Mark. Bis 1957, also

drei Jahre danach wurde der Kontohöchststand von zwanzig Mark erreicht, fiel jedoch drei Tage später auf drei Mark zurück. Aber mit fünfzig Pfennigen hatte ich mich niemals abgegeben, ich denke, das ging auch gar nicht. Diesmal sollten es also beachtliche drei Märker werden, die ich der Post anvertrauen wollte, den Rest gedachte ich in Schweinefett und Leberwurst zu machen. Meine Strategie dabei – obwohl sich noch Vorrat im Schrankschuber befand: Rechtzeitig vorsorgen, solange es möglich ist, denn alles geht einmal zur Neige, in meinem Fall eine Frage von ein paar Tagen, dann ist alles weg!
Auf dem Rückmarsch also rein zu *Gubi* – gut & billig – in der Reichsstraße und Augen auf: Im Einkauf liegt der Gewinn! Du warst zur Ausgangszeit dort nie alleine, immer standen unentschlossene geizhalsige Internatler vor dem überdimensionalen Schweinefettregal und taxierten die Preisschilder, als könnten sie dadurch die Preise zu Fall bringen. Dann der fragende Blick in die karge Geldhand – da hielt jetzt mancher Einkäufer hilfesuchend Ausschau nach geeigneteren Waren. Für eine Rolle schwarzen Bärendreck reicht es bei kleiner Kasse zu guter Letzt allemal. Gegen solche Gesellen kam ich mir heute vor wie ein Großaufkäufer:

Was kostet heut' das Schweinefett?
»Die kleine Packung Pergament?«
Ach was –, du liebe Güte –
wenn schon, dann die große Tüte!
Und was kost' die Schweineleber?

»Kleine Dose?« –
Sackzement! Große Büchse Dosenleber!
Hängt mir's an den Hosenträger!

So blödelte es im Zwiegespräch in meinem übermütigen Kopf herum, und sogar am Thunfisch vergriff ich mich – aus blankem Leichtsinn, wie sich zeigte. Ich bin ein fischscheuer Esser. Mein ganzes Leben lang habe ich so gut wie niemals Fisch gegessen, vielleicht bis auf das bisschen Grätentier, dass mir als Kleinkind verabreicht worden war. An dessen lebensbedrohlichen Grätenschock glaube ich, mich schwach zu erinnern, oder bilde ich mir das nur ein, als Erklärung für meine Abneigung gegen Fisch? Deswegen werde ich aber nicht zum Psychiater gehen; heute schaffe ich schon kleine Happen Fisch vom Teller zu bekommen, sofern er gewissenhaft entgrätet ist und sich Mühe gibt nicht deftig zu stinken. Warum, um Himmels willen, habe ich mir diesen Thunfisch gekauft, was hat mich geritten? Thunfisch sah auf den Broten meiner Tischnachbarn so harmlos wie Kalbfleisch aus und schmecke auch so ähnlich, wie alle bestätigten. Das fand ich jetzt überhaupt nicht, ich hielt seinen penetranten Geschmack für ungenießbar und schacherte die neuwertige Dose sofort gegen ein Glas hausgemachte Zwetschgenmarmelade ein, die so köstlich schmeckte, dass ich diesen Fehlkauf nicht mehr bereute.
Behutsam stellte ich meinen Neuerwerb in den großen Einbauschrank des Speisesaals und hoffte inständig, dass die gute Marmelade nicht allzu schnell verdamp-

fen würde; so umschrieben wir den Verlust durch einen unbekannten stillen Mitesser. In diesem Schrank roch es überaus interessant in allen Geschmacksrichtungen. Ob zuckrig, wurstig oder fischig, für jeden Geschmack war da etwas dabei. Und auch das Auge kam nicht zu kurz, weil bei fortgeschrittener Schimmelbildung ein prächtiges Farbenspiel in einigen Gläsern und Dosen zu beobachten war, das umso intensiver wurde, je länger ein Eigentümer schon seinen Besitz vernachlässigt hatte. Und glaubt ja nicht, jemand hätte sich solcher Raritäten erbarmt und sie ausgesondert und weggeworfen! So bleibt nur noch zu bemerken, dass auch der Tastsinn in dieser Schatzkiste voll auf seine Kosten kam, bereits beim Öffnen der Schranktüre holte man sich klebrige Finger, und von den Regalböden wollen wir erst gar nicht reden.

Dass ich es nicht vergesse: Als ich meine Einkäufe im Spind verstaut hatte, diesen gerade abschloss, vernahm ich wieder jenes Kjack – Kjack.

Das Schloss konnte es doch nicht verursacht haben? Also nochmals auf- und abgesperrt, nein, das war es nicht! Unfasslich! Erst einige Tage später sollte dieses unerklärliche Phänomen eine Erklärung finden.

Als ich damals den Seitengang zu meinem Schrank einbog, stand die Türe eines benachbarten Schrankes offen und dahinter verbarg sich Schüler von Waldenstein, ein sehr zurückhaltender Einzelgänger aus einer höheren Klasse. Sofort ging die Türe zu, als er mich kommen sah und umständlich machte er sich daran, abzuschließen. Und ganz deutlich: Das Kjack – Kjack kam aus seinem Schrank! Also musste der Schüler eben Flagge zeigen und so öffnete er vorsichtig die Türe. Ich konnte mir das Lachen nicht verkneifen, saß doch auf der Kleiderstange ein munterer schwarzer Geselle und wetzte sich geschäftig seinen Schnabel; auf der ausgebreiteten Zeitung darunter krümmte sich ein dicker Wurm im weißen Vogelkot. Der wurde jetzt an die Dohle verfüttert und ihre Freude konnte man an ihrem Gekrächze leicht abschätzen.

Weil wohl vieles, was einem unmittelbar ins Bewusstsein gelangt, künftig stärker selektiert wird und mehr Beachtung findet, sah ich von jetzt an fast täglich von Waldenstein im Garten beim Würmersammeln. Zuvor hatte ich den zurückhaltenden Schüler kaum wahrgenommen, geschweige Kontakt mit ihm. Er war ein sehr naturverbundener Mensch und somit kam er bestimmt aus selbiger Begründung zu dieser Dohle, da er Tieren große Aufmerksamkeit schenkte. Er fand das Tier flugunfähig im Garten und holte es zur Pflege in seinen Schrank, besorgte regelmäßig Futter, gab ihm die Zeit zur Genesung und schenkte dem Vogel eines Tages wieder die Freiheit, ohne dass dies sonst jemand bemerkt hätte. Eine eigentümliche aber wie ich denke, erwähnenswerte Episode.

Briefkontakt

So dringend uns Schülern regelmäßiges Beten zu Gott für das seelische Wohlergehen ans Herz gelegt war, ebenso wichtig war die schriftliche Verbindung zum Elternhaus für unser leibliches Wohl.
Da sich in dieser Kontaktpflege leicht der Schlendrian einstellte, war *Eulensepp* von oberster Instanz, via Schulleitung angewiesen worden, in seinem Universalfach Bildung diesbezügliche Hilfestellung zu leisten. Ungelegen kam jenem das überhaupt nicht, weil er bestimmt froh war, wieder Munition für sein vages Lehrgebiet zu erhalten. Also fing er damit eifrig dort an, wo bildlich gesprochen alles anfängt, bei »Adam & Eva« – vielleicht ein paar Takte später. Er weihte uns ein in die Frühgeschichte des Briefschreibens, in dessen historische Werkzeuge Papyrus, Pergament und Federkiel und obendrein in die Grundsätze von Schuld und Dank, womit sich der Kreis zu seinem ursprünglichen Auftrag schloss.
Solchermaßen mit Füllstoff gewappnet war der Gelegenheitslehrkraft über weitere Monate nicht bange im Bildungsgeschäft. Kurz gefasst: Die Eltern, unsere Zahlmeister, hätten es verdient, von uns wenigstens alle acht Tage einen Brief zu erhalten, und damit das nicht von uns übersehen wird, wollte Eulensepp persönlich den Postausgang erfassen und uns nötigenfalls an die Ehrenpflicht erinnern.
»Alle acht Tage? Was soll man da denn alles schreiben?«, meldet sich ein Verzagter zu Wort und erhält

prompt bis Stundenende umfangreiche Informationen und Anregungen. Eigentlich könnt ihr doch euren Eltern alles schreiben, was ihr wollt, meinte Eulensepp abschließend, er werde die Post ja nicht öffnen und kontrollieren, doch ein richtiger Abschluss des Briefes sei schon wichtig und darauf müsste er nachdrücklichen Wert legen. Gespannt verfolgten wir die quietschende Kreide, die sich in schnörkeliger Manier der Tafel offenbarte. Da stand die geheimnisvolle Zauberformel:
»Es grüßt euch euer dankbarer Sohn!«
Weil aber nie so heiß gegessen wie gekocht wird, hatte sich der Achttagezyklus schnell auf zwei bis drei Wochen verschoben. Und das war sicher auch den Eltern viel lieber, denn sie standen in der Ehrenpflicht einer Antwort – und was sollten sie denn alles schreiben, alle acht Tage?
Vielleicht Ähnliches wie dies zum Beispiel:
»Heut' war der Holzsäger wieder da, der beinamputierte Göttler. Er saß vor dem Haus auf seiner alten Maschine, vor dem großen Sägeblatt und Papa hat ihm die Stämme gereicht. Das hat dir doch immer so gefallen, Gerd! Und der Wastl war ganz aus dem Häuschen, er hatte den armen Mann genauso garstig angebellt wie früher – weiß noch, wie wir immer darüber lachen mussten? –«
Für den Fall, dass die Eltern keine Lust zum Schreiben hatten, gab es ein probates Mittel: Schickten einfach ein Paket, das genügte völlig, da konnten sie sich jede Zeile sparen! Trotzdem stand meistens noch auf einem Zettel:

»Lass es dir gut schmecken, herzliche Grüße – deine Eltern!«; das tat ich dann auch. Ein tüchtiger Schmied hat mehrere Eisen im Feuer und deswegen pflegte ich auch die Brieffreundschaft zur Bonbonoma, deren Namengebung von ihrem früheren Lebensmittelgeschäft herrührte.
Bei Lederoma verhielt es sich mit dem Lederhandel ähnlich. Doch diese Großmutter väterlicher Seite war schon lange tot und Bonbons zog ich seit jeher dem Leder vor, das ich gelegentlich striemenartig per Riemen aufs Hinterteil bekommen hatte.
Also, wenn Bonbonoma mir im Postkartenformat ein Schriftstück widmete, kam ich mir vor wie ein Archäologe, der vor seinem Schriftfund hockt und mehr fantasiert als er eigentlich lesen kann. Ihre alte deutsche Handschrift stand eng und zittrig und flimmerte mir schier vor den Augen, wenn ich sie zu lange anstarrte.
»Grüß Gott, Gerhard und auf wiedersehen!« Diese Schlusszeile war mir aber sehr geläufig und vertraut. Da ihr das Schreiben aber offensichtlich mehr Mühe bereitete als die Künste am Herd, fand ich zum Glück viel häufiger – anstatt vieler Schriftzeichen – feinen Kuchen, Rohrnudeln, Faschingskrapfen oder das berühmte Apfelgelee in ihrem leckeren Paket.
»Es grüßt dich dein dankbarer Gerhard!«, meine Grußformel war ihr jetzt sicher!

Zahniges

Üble Erinnerungen an Zahnärzte beschränkten sich damals auf eine einzige unvergessliche Erfahrung, die ich im zarten Alter bei einem Weißkittel in der elterlichen Nachbarschaft gemacht hatte.

Dieser Mensch verabreichte mir Lachgas und ich lachte mich halb tot, als er mir einen Zahn aus dem Kiefer riss. Seither war mein Verhältnis zu dieser Berufsgruppe gestört und gottlob hatte ich auch keine Veranlassung, ihre Dienste zu beanspruchen; meine Zähne waren einwandfrei. Das wäre wahrscheinlich auch so geblieben, ja wenn ...

Wenn nicht furchtlose Gesellen mich dazu überredet hätten, mit ihnen doch zum Zahnarzt zu gehen. Man glaubt es nicht! Dieses Angebot war so verlockend, dass ich mein Ansinnen dem Pater vortrug. Es war nämlich so ziemlich die einzige Möglichkeit, um außerhalb der üblichen Ausgangszeit in die Stadt zu gelangen. Argwöhnisch kam mir der Erzieher schon vor, als er kurz und knapp die Anweisung gab:

»Du bringst mir aber die Bestätigung des Zahnarztes!«

Hurra! Mit einigen Scheinpatienten eilten wir schleunigst ins Pauli, unsere Stammkneipe im ersten Stock eines Geschäftshauses in der Reichsstraße und tranken am helllichten Nachmittag fidel ein Helles, qualmten dabei die kleine Schenke voll. Karten lagen im Pauli immer griffbereit vor, also spielten wir noch einige Runden Schafkopf – ach, wie taten uns die Schüler leid, die daheim *im Bau* um diese Zeit büffeln mussten! Wir

aber rumpelten die Treppe zur Straße hinunter; ab ging's zum Dentisten. Gleich hinter der Wörnitzbrücke hatte der seine Praxis. Scheinheilig fragte mich der Heini, welcher mich überredet hatte mitzukommen, was ich denn für ein Problem mit meinen Beißern hätte.
»Gar keines, du Säckel – aber nachschauen kann ich doch mal lassen.«
»Au weia! Der Dottore bohrt aber gern – wirst es schon merken!«, und die schadenfrohe Bande lachte sich im Hausflur des Zahnarztes einen Ast und mit lautem Knall flog die Haustür ins Schloss. Prompt, und wie am Schnürchen gezogen, steckte eine zornige Arztschwester den Kopf durch den Türspalt und rief uns zu, was sie von uns hielt – Flegel wären wir alle!
Ins Wartezimmer trat zu einem eingesunken dasitzenden Elend das pralle Leben; leicht beschwipst und haltlos ließen wir uns auf die Holzstühle fallen, ein unflätiger Rülpser heizte erneut die Stimmung an. Wenn du nicht sollst, musst du es dringend! Beispielsweise herzhaft lachen. Jetzt wurde das Elend gerufen, es verstand die Welt nicht mehr und schüttelte nur noch den Kopf über uns und gleich die Arzthilfe dazu.
»Wartet nur, euch wird das Lachen noch vergehen!« Ihre blanke Drohung fuhr uns gehörig ins Mark; und die Stimmung bröckelte und sank gar auf den Nullpunkt, als sich ins durchdringende Geräusch des Bohrers auch noch grausige Schmerzlaute des Elends mischten. Mit unüberhörbarer Befriedigung in ihrer blechernen Stimme kam nun der Aufruf meiner Wenigkeit. Was kann er schon anderes tun, als reinschauen ins

gute Zahnwerk? Flößten mir die grauen Zellen ein.
»Oho – «, schlug es mir entgegen.
»Ein neues Gesicht – auch nur zur Kontrolle da, was?«
Schnell nickend bestätigte ich das. Der Zahnarzt, formatfüllend vor dem hellen Erdgeschossfenster – in der Not beachtet man jeden Fluchtweg – vermittelte mir durch seine hünenhafte Gestalt und dem kräftigen Bass instinktiv eine Vorstellung von mangelnder Feinfühligkeit. Sein Gesicht im Gegenlicht blieb unkenntlich, während er mir verriet, wie das traurige Spiel bei ihm so abläuft:
»Zuerst wollen sie doch nur raus aus ihrer Kaserne! Fürchten sich nicht vor Tod und Teufel, laufen sogar zum Zahnarzt! Und ich soll dann auf Parodontitis machen, nur schön einpinseln und Persilscheine ausstellen. Nächster Termin in vierzehn Tagen gefällig? Ha? – kannst du haben, aber nicht mit einpinseln!«
Ach du lieber Himmel, das ist ja ein Militärstiefel, von dem ist nichts Gutes zu erwarten und als mich seine schwere Hand in den Behandlungsstuhl drückte, hatte ich mich schon ergeben.
»Auf die Klappe – bäh, du säufst und rauchst ja schon! Wie alt bis du eigentlich? Wenn das deine Patres wüssten!« Ich kam nicht zur Antwort, eine massive Sprühung desinfizierte meine Mundhöhle. Mit Spiegel und Stab stieß er eine Zeit lang in meinem Kopf herum und seine Stimme war verdächtig fachmännisch, also unverständlich geworden und die Arztschwester notierte zufrieden jede Schadensmeldung.
»Soo – da haben wir die Bescherung! Wir werden viel

Bohrarbeit haben, bis die knöcheltiefen faulen Löcher ausgehoben sind!«, sprach's und bohrte, was das Zeug hielt.
Entlastend für den Weißkittel sei gesagt, dass der technische Standard natürlich noch nicht so weit war wie heute; Ultrahochgeschwindigkeitsbohrer gab es nicht einmal in der Fantasie. Beim Zahnarzt hatte es wehzutun, basta! Seinerzeit bewegte der sichtbare Riemenantrieb den Bohrkopf wie einen Presslufthammer und der sprengte, so kam es mir jedenfalls vor, den Zahn in großen Brocken heraus. Nun konnte ich auch gut das offenporige Gesicht studieren. So nahe vor meinen Augen und fett glänzend im Schein der grellen Lampe, wirkte es verzerrt wie eine Grimasse; aus seiner Nase ragten Büschel schwarzer Haare und düstere, buschige Augenbrauen nahmen mir jeden Zweifel: Das ist ein ganz brutaler Kerl!
»Spülen! Das Gröbste haben wir schon geschafft ...« – Gott sei Dank, dachte ich. Aber er meinte die gröbsten Brocken, doch der grobe Schmerz stand mir noch bevor. Unglaublich flink wechselten seine klobigen Finger den großen Bohrer gegen einen schlanken aus; tief Luft geholt, und schon erlebte ich ein völlig neues Bohrgefühl. Rasender Schmerz schlug Alarm in meinem Hirn. Routiniert drückte der Dentist den fliehenden Oberkörper kräftig ins Polster zurück, übertönte mit seiner Bassstimme sogar die schrille Bohrmaschine:
»Wehleidig ist der Herr auch noch! Schön still gehalten, sonst tut es richtig weh!« Meine Finger krall-

ten sich in die Oberschenkel und das Körpermaß schrumpfte sichtlich zusammen. Unbarmherzig, ohne abzusetzen, bohrte der Wüstling, bis uns beiden der Schweiß auf der Stirne stand. Ihm vor Anstrengung, mir aus Angst – kalter Schweiß auf kreidebleichem Gesicht. Mir war so richtig schlecht geworden. Dieses Luder hatte nur darauf gewartet:

»Hab' ich's mir doch gedacht – erst die Lümmel spielen, aber hier werden sie ganz klein!« Allergütigst fuhr sie mir dabei derb mit einem nassen, kalten Lappen über die Stirne. Alte Schlange!

Wenn heute von Amalgam die Rede ist, ahnt der aufgeklärte Mensch die Zeitbombe in seinem Munde; seinerzeit wurde mir der Zünder gelegt. Aber wer hätte sich damals für seine Zahnfüllung interessiert? Kein Mensch! Doch das ist bedauerlich, weil Quecksilber ein arg giftiges Metall ist und die Hersteller und Verarbeiter früher auch nicht so dumm waren, als hätten sie das noch nicht gewusst.

Zumindest die Intelligenz eines Abc-Schützen sollte ausreichen, um die Brauchbarkeit von Amalgam als Mundhöhleninventar zu bezweifeln, man müsste nur die richtigen Fragen stellen. Giftlutscher sind doch auch nicht im Handel, dabei wären Sie längst nicht so schädlich, weil niemand einen Lutscher so lange im Munde hat wie das Quecksilber in den Füllungen.

Nach solcher Einlassung ist es wohltuend, dem Zahnarzt den Rücken zu kehren, zwar mit malträtierter Backe, blass und wie dem Tod von der Schippe gesprungen, aber mit dem begehrten Zettel Papier in der Hand, gleichsam triumphal emporgereckt: die Bestätigung des Arztes für den nächsten Bohrtermin. Du meine Güte, wie blöd wir doch waren!

*

Auf die Zähne beißen, bis die Brücke kracht –
das ist's, was Dentisten Freude macht,
weil dann des Arztes Kasse lacht.

Klavier & Orgel

Die Vorgabe mehr zu tun als gefordert, kommt in schulischer Hinsicht doch zu einhundert Prozent von den gutmeinenden Eltern. Seltsamerweise trifft das auch auf die musikalische Sparte zu. Klavierquäler, wie ich einer war, werden das sicher bestätigen können. Ob du willst oder nicht: Klimperst du einmal auf dem elterlichen Klavier herum, schon hast du einen Klavierlehrer am Hals und du bekommst ihn auch nicht wieder los.

Ein Albtraum von Zuchtmeister war mir im letzten Jahr der Volksschule beschert worden. Es war der vogelwilde, gefürchtete und unablässig Eukalyptusbonbon lutschende Klassenlehrer. Ein weitläufiger Bekannter von Papa, der immer dienstags ins Haus kam und vorab im hinterhältigen Vieraugengespräch diesem verriet, was er doch für ein faules, dummes Bürschchen in die Welt gesetzt hätte. Von Vater gewissermaßen mit einer Generalabsolution versehen – alles war erlaubt, was hilft, dies zu ändern – quoll der widerwärtige Klavierlehrer sichtlich zu einem Ungeheuer auf. Er brüllte und schrie herum, haute mich mit einem Lineal, das er eigens dafür mitbrachte, auf die Finger, wenn diese nicht die Reihenfolge beim Anschlag einhielten oder wenn die Haltung der Hand nicht genügte. Haare wurden erst ausgerissen, wenn der Sadist falsche Töne hörte. Unwillkürlich, während ich dies niederschreibe, kommt mir Bachs Schlusschor aus der Matthäuspassion in den Sinn:

»Wir setzen uns mit Tränen nieder ...«
Was für eine eigentümliche Art, einen Zehnjährigen für die Musik erobern zu wollen?
Überhaupt empfand ich für diesen allerseits hochgeachteten, elendigen Volksschullehrer alles andere als Hochachtung. Er hatte ganz offensichtlich seine Freude daran, mich immer wieder vor der Klasse bloßzustellen, zu blamieren und lächerlich zu machen – ein gefundenes Fressen für die Meute! Schulkinder können grausam sein, das wissen alle ihre Opfer. Ja, ich gebe zu, dass ich innerlich verwundet war und mein Kopfkissen manche Nacht Krokodilstränen aufnehmen musste. Das sei nur ein kleines, unbedeutendes Beispiel über einen Lehrer, der von mir ein sattes *mangelhaft* ins Lebenszeugnis bekommen hat.
Wir sind noch beim *Eukalyptusfresser* ...
Dank solcher Lehrmethoden hoffte ich inständig, nach dem Schulwechsel nie wieder einen Klavierpauker an meiner Seite zu sehen. Die Eltern waren da anderer Ansicht:
»Aller Anfang ist schwer – Übung macht den Meister – du wirst uns einmal dafür dankbar sein!« Diese abgeleierten, alten Sprüche hörte ich dann zu meinem Überdruss und flugs, ehe ich mich versah, war die künftige Klavierlehre festgemacht, noch bevor ich einen Fuß ins neue Obdach gesetzt hatte. Selbstverständlich – jawohl! ja –, doch! Meine Eltern hatten recht behalten. Heute bin ich ihnen sehr dankbar dafür. Um nichts Geringes in der Welt möchte ich meine Fertigkeit Klavier zu spielen aufgeben. Auch wenn es wahrhaftig kein meis-

terliches Spielvermögen ist, dazu waren meine Lehrmeister zu miserabel, doch bereitet es mir viel Freude und auf das kommt es doch schließlich an.
Damals, nun ich sagte es vorhin, empfand ich die Äußerungen der Eltern wie alte Hüte, die nicht auf meinen Kopf passen wollten. Jetzt, da ich eingeschrieben war, hatte ich doch Kummer, ob das tränenreiche Spiel seine Fortsetzung finden würde?
Professor Zeh, unser Haus- und Hofkapellmeister, hatte mich unter seine Fittiche genommen. Damit alles schneller und rentabler für ihn lief, fasste er die Schüler zu zweien in einer Lehrstunde zusammen. Mir kam das sehr gelegen, denn so brauchte ich nur hälftigen Mut für die erste halbierte Klavierstunde aufzubringen: Geteiltes Leid ist halbes Leid! Der *Wast* wurde mein Partner, denn wir hatten etwa den gleichen Fortschritt aufzuweisen; auch er war gewissermaßen ein gebranntes Kind und verspürte wenig Lust auf die Klimperei. Wie so eine Stunde ablief? Professor Zeh spielte einen Abschnitt vor. Dann übte die rechte Hand ihren Part, den der Klavierlehrer resolut bei falschem Fingersatz korrigierte und die Passage wiederholen ließ, dasselbe geschah mit der Linken. Anschließend versuchten zaghaft beide Hände, gemeinsame Sache zu machen, was für den jeweiligen Beisitzer eine recht schadenfrohe Angelegenheit war, denn Professor Zeh, der *Kadenzensepp*, hielt so allerhand deftige Sprüche vorrätig. Ein fürstlicher Genuss für den passiven Beisitzer. Leider mit ungutem Beigeschmack des bevorstehenden Spielerwechsels. Glücklicherweise fügte es mein Schicksal,

dass ich im Laufe der Jahre mehr vom Genuss als Beisitzer profitierte als Wast. Den hatte sein Interesse schließlich völlig verlassen und er quälte sich mühselig dahin. Zeh hatte alle Mühe ihn im Zügel zu halten, ehe Wast in der letzten Klasse das Handtuch warf und dem Klavier entsagte.

Acht Klaviere gab es im Hause. Das Schwarzlackierte im Speisesaal wurde schon erwähnt, den alten, aber guten Flügel im Chemiesaal, das neuere Lehrinstrument in der Klavierunterrichtsklasse, die restlichen Klaviere waren alte bis uralte, verstimmte Kisten. Einige waren sperrmüllreife Klangmonster, die stellenweise stumm blieben, weil etliche Seiten gerissen waren, außerdem so verstimmt dröhnten, dass eine Tonleiter nicht als solche zu erkennen war. Von ihren Tasten holte man sich wunde Finger, weil die Elfenbeinbeläge reihenweise fehlten, sodass blankes Holz und Leimreste die Spieler abhärteten. Natürlich wurden alle Anfänger zum Üben auf die Schrottkommoden angesetzt, da half kein meckern. Mit dem Fortschritt stieg auch die Qualität der Übungsinstrumente im Belegungsplan der Klavierspieler. Als solche genossen wir ein wahres Privileg: Während der Studierzeit packtest du deine Notenhefte, schrittest hocherhobenen Hauptes auf die Saalaufsicht zu und nanntest das Zauberwort, indem du intensiv auf deine Armbanduhr gucktest:

»Klavier üben ...!« Darauf folgte immer ein verständnisvolles Kopfnicken und sehnsüchtige Blicke der Schüler begleiteten den Austritt. Draußen auf dem Flur befandest du dich in einem Freiraum der besonderen

Art. Es fiel nicht auf, wenn du keine Lust hattest, Tasten zu schinden, Tastenschinder gab es immer genügend. Durch alle Ritzen tönte zur Studierzeit ein ständiges Klimpern, überall im Gebäude, weil die Instrumente gut verstreut standen. Durch die offenen Fenster der Innenhöfe gelangte diese eigentümliche Klangmischung in alle Etagen. Wenn du also keine Lust hattest zu üben, dann eben nicht: Doch du musstest ständig auf der Hut sein!
Die leeren Gänge täuschten nur Sicherheit vor. Du fühltest dich wie scheues Wild im schönen Wald, aber auch dort gibt es Jäger. Du solltest keinen Pater begegnen; sogar der Chef persönlich war gelegentlich im Revier unterwegs. Unweigerlich birgt ein solches Zusammentreffen einen Konflikt: Er fragt dich mit tödlicher Sicherheit, was du hier zu suchen hast, seine grauen Zellen erstellen eine Plausibilitätsprüfung, er guckt auf seine Uhr, wenn du dich rechtfertigen willst – schon bist du erschossen! Also, immer schön vorsichtig sein! Scheues Wild gab es zuhauf in den langen Korridoren. Bettlägerige, die des Liegens überdrüssig waren und sich davon machten. Dienstbotengänger, die ihren Auftrag aus den Augen verloren hatten und zuvor alles mögliche anstellten. Klobesucher, die länger ausblieben, als sie eigentlich mussten. Nachhilfler, die den Weg in die Studiersäle nicht mehr auf sich nehmen wollten. Oder heimkehrende Zahnarztkunden, denen für diesen Tag bereits alles gelaufen war. So fand man in den gottverlassenen Winkeln des Komplexes, auch in leeren, abgelegenen Klassenzimmern mit allergrößter

Wahrscheinlichkeit lichtscheue Drückeberger, mit denen gut zu spaßen war.

An den Wochenenden, wenn die Klaviere nicht im Belegungsplan zum Üben reserviert waren, hatte jeder die Chance, im Speisesaal zu spielen oder gar den Flügel zu traktieren. Dann wagte man auch schon mal, musikalisch fremd zu gehen, etwas anderes anzuschlagen als Clementi, Czerny, Haydn, Beethoven, Mozart oder Bach. Übrigens, an dieser Heftreihenfolge erkannten wir den Fortschritt des Spielers: Mit Clementi fing es an, mit Bach fand es ein Ende, weiter kam keiner.
Mein erstes Schlagerheftchen ließ mich kaum mehr richtig schlafen, so verwegen fühlte ich mich in seinem Besitz. »Im Sommer scheint d' Sonne, im Winter, da schneit's, in der Schweiz, in der Schweiz, in der Schweiz.« Oder: »Komm doch rüber übers Brückerl! Nur ein Stückerl, a klein's Stückerl!«
Das knallrote Heft »Die Goldene 11« besitze ich heute noch. So verdammenswert schlecht waren die Stücke ja auch nicht, wie uns die Musikgurus weismachen wollten. Simple Schlager wurden zum Sündenfall für den, der sie spielte und dabei ertappt wurde.
Aber wie harmlos war solch verbotenes Spiel seichter Schlager gegen ein epochales Ereignis, das den Patres wohl als ein Werk des Leibhaftigen erschienen sein mag. Sachte, aber unaufhaltsam hatte sich ein neues Lebensgefühl in die Köpfe eingenistet. Es fand auch Ausdruck in verändertem Benehmen, man war auf einmal lässig geworden. In die biedere Gangart der Zög-

linge hatten sich tänzerische, zuckende Bewegungsabläufe eingeschlichen, was sich sogar auf den Spazierrunden im Garten beobachten ließ. Das rhythmische vor und zurück der Schultern, dazwischen ein ruckeliger, eingezogener Kopf – alles betont durch pendelnde, ausgestellte Ellenbogen. Wohlgemerkt, dies ohne Kopfhörer, die gab es da noch nicht! Im Bereich des Beckens und der davon abhängenden Motorik der Beine sah man im Anfangsstadium dieser Erscheinungen noch eine eigentümliche Disharmonie, welche an Gehbehinderung erinnerte. Es war eben zu viel Neues in Bewegung geraten und noch nicht alles war unter Kontrolle. Vor allem taten sich jene schwer, die auch Probleme beispielsweise mit taktgerechtem Händeklatschen hatten. Ihnen sah man förmlich die Mühe an, rhythmisch richtig zu liegen. Das werden auch schlechte Tänzer, sagt man. Aber was macht das schon, niemand ist perfekt. Und falls später einmal die Erwählte nur deswegen einem gewissen Herrn Rhythmus den Vorzug geben möchte, soll sie doch nach New Orleans gehen! Da sind bei Beerdigungszügen durch die Straßen hervorragende Rhythmiker unter den Blasmusikern zu finden, Schwarze meistens, die so richtig auch den Sound rauslassen! Nicht traurig sein! Lass die Holde laufen! Denke dir, es war noch rechtzeitiges Glück für dich.

Wohin habe ich mich denn jetzt verirrt?

Wir müssen doch das geheimnisvolle epochale Ereignis enträtseln: Die Rock'n Roll Ära hatte begonnen. Das war eine fiebrige Zeit für die halbwüchsigen Lämmchen und grandios für die halbstarken Hammel, draußen in der Freiheit. Es schlug die Stunde der Nietenhose, der langen Koteletten und Henker, einem Rundhaarschnitt ohne Übergang, kantig abrasiert; je dicker der Pelz, umso besser. Das waren aber auch die mageren Jahre der Herrenfriseure, weil viele Selbermacher ans Werk gingen und die Sitze im Salon kalt blieben. Übrigens bin ich dem Henker treu geblieben; das Messer setzt mir meine liebe Frau an den Hals.

Natürlich hatten wir im behüteten Internat nichts gemein mit Rockern, Halbstarken und Schlägertypen, die seinerzeit zuhauf herumpatrouillierten. Nichtsdestotrotz standen wir auf der Verdachtsliste und wurden entsprechend behandelt, sobald die Patres ungewohnte Veränderungen an uns feststellten, und waren das auch nur lächerliche Kindereien, wie das schwarze Samtschleifchen auf weißem Hemd. Auf solche Äußerlichkeiten konnte man ja noch verzichten, aber sich keinesfalls der neuen Musik entziehen, die uns wie ein Vorschlaghammer getroffen und unsere Sinne betäubt hatte. Völlig aus dem Häuschen ... nein, *»Außer Rand und Band«* hieß so ein Titel. Oder – *»Rock around the clock«* – *»The jailhouse rock«* und dutzende andere Supertitel brachen über uns herein.

Dazu drehten sich in den grellen Musicboxen Kostbarkeiten, wie Glen Millers *»In the mood«* oder der verrockte Gospelsong *»Oh when the saints ...«*.

Einen Elvis Presley kenne ich noch als Geheimtipp, bevor er seinen kometenhaften Aufstieg hatte. Damals, ganz am Anfang seiner Karriere, gab es etliche, die

Elvis gar nicht mochten, »diesen *Schmalzsänger* mit seiner *Ölfrisur* und den buschigen *Koteletten bis zum Ar... – dieser Ar...!*« So etwa beurteilten sie die angehende Legende und hielten sogar lieber den *Brüllkreischer* Little Richard die Stange. Das änderte sich aber rasch und inzwischen scheint Elvis rehabilitiert zu sein – über den Tod hinaus, gewissermaßen.

Mein erstes Rock'n Roll Heft hatte ich für teures Geld in der Stadt aufgetrieben und klammheimlich ins Internat geschmuggelt. Unter massiven Sicherheitsvorkehrungen, also mit Schmierestehern an der Flurmündung und bei vorsichtig sachtem Anschlag, übte ich die ersten Stücke ein. Die Kumpels waren wie besessen darauf, immer wieder diese Titel zu hören, sodass ich bald schon einiges auswendig auf Lager hatte. Zu meinem großen Glück, denn wie ich einmal selbstvergessen einen neuen Hit ohne Sicherheitsmaßnahme einstudierte, ging blitzartig die Türe auf und Stinker griff brutal nach meinen heiß geliebten Noten. Für ihn muss es ein Sakrileg gewesen sein, was ich mir leistete, eine Entweihung des Instruments, der Räumlichkeit und des gesamten Gebäudes. Er war so zornig, dass er mir nur die kurze Bemerkung zischte:

»So ein dreckiger Schund!«, und das Heft verschwand auf Nimmerwiedersehen in seiner geheimnisvollen Kuttentasche. Da war auch er verschwunden, als sei's ein böser Spuk gewesen. Umso verruchter fanden es daraufhin meine Zuhörer, wenn sie zukünftig diese Stücke von mir hörten, die ich inzwischen ohne Noten spielen konnte. Auch mein Outfit passte ausgezeichnet zur Musik: Mittelgraue Hose, dunkelrotes Sakko,

schwarze Schuhe mit weißen Oberteilen – ein richtiger Stenz, also! Was glaubt Ihr, wer mir mit Rat und Tat beim Einkauf der Klamotten behilflich war? Meine liebe Oma! Sie durchstreifte mit mir geduldig etliche Bekleidungshäuser und Schuhgeschäfte in Nürnberg und fand selbst das rote Sakko sehr schön, so auch seine Qualität, reine Schurwolle, alles ok! Beim doch ziemlich gewagten Schuhwerk zerstreute sie sogar meinen gut versteckten Zweifel: »Hauptsache die Schuhe passen und gefallen dir. Und außerdem: Die anderen müssen sie doch nicht tragen – nimm sie halt!« Dieses tolle Einkaufserlebnis hatte mich doch stark beeindruckt, nie hätte ich Oma solche Toleranz zugetraut. Meine Eltern indes staunten Bauklötze, waren sprachlos, als ich ihnen über den Laufsteg kam.

»War Oma denn nicht dabei?«, kam es schließlich aus ihnen hervor.

»Doch, Oma findet es gut!« Da schüttelten sie ungläu-

big die Köpfe und Vater ließ in schneller Folge seine Zunge hinter den Zähnen schnalzen, sein typisches Signal, wofür andere vielleicht sagen würden:
»Eieieieiei«
Unsere beiden musikalischen Kapazitäten waren Professor Zeh, der auch den großen Schülerchor leitete und Stinker, welcher die Orgel unter sich hatte und ein ausgezeichneter Organist war. Ginge es um einen Wettstreit der beiden im Orgelspiel, Zeh hätte kaum eine Chance gehabt.
Frühe Versuche, mich im Schülerchor zu installieren, scheiterten kläglich. Zeh hatte zu gute Ohren, hörte falsches Gebrummel sofort und aus war es. Es tat mir schon leid, nicht dabei gewesen zu sein. Der Chor war weithin bekannt, und Hochamtsmessen, die er souverän gestaltete, gehörten zum Eindrucksvollsten, was die Schüler des Internats zu bieten hatten. Nichtsänger bekamen trotzdem reichlich Gelegenheit, das Liedgut aus dem Gesangbuch im allgemeinen Singsang in den Himmel zu schicken. Zu gelegentlichen Abendmessen erlaubte Stinker einigen Klassen den Zutritt auf die Orgelempore, vielleicht um uns dieses besondere Erlebnis zu gönnen. Sicher aber, damit eine gesanglich effektvolle Unterstützung von oben nach unten ins gemeine singende Fußvolk erfolgte. So umringten wir das erhöhte Spielpult der Orgel, dessen schwaches Notenlicht die hinteren Gesichter nur mit Mühe erkennbar machte. Auch das weiträumige Licht von unten verlor sich in der Höhe, sodass uns eine kuschelige, angenehme Dämmerung umfing. War einmal das anfäng-

liche Staunen über das neue Umfeld gewichen, begann zügig allerlei Geschwätz und Blödelei einzukehren. Stinker war wachsam, seine Augen verließen das Notenpapier und suchten im 180-Grad-Blickfeld nach Störenfrieden. Er rief ihnen zu und bat sich mehr Andacht aus und führte dabei mit Händen und Füßen die Orgel. Als dies nur kurzfristig half, konnte man sehen, wie Stinkers linke Hand von den Tasten abhob, in die Kuttentasche fuhr – er stützte sich dabei kurz auf den Fußbässen ab – holte sein Blechhirn, also das Notizkästchen hervor, spielte seine Orgel, öffnete den Füllhalter zwischen den Lippen, spielte mit einer Hand und beiden Füßen, schrieb Namen auf und spielte dabei, spähte herum, schrieb, spielte. Und man glaubt es nicht: Du merktest an keinem Ton, dass der Organist zeitweise auf Tauchstation gegangen war. Hinterher, nach der Messe, waren nicht wenige erstaunt, als ihre Namen aus Stinkers Dose sprangen. Die meisten bekamen bei ihrem Geschwätz gar nicht mit, dass der Orgelspieler sie notiert hatte. Die Strafe folgte augenblicklich.

Was die folgende Episode betrifft, habe ich doch Zweifel, ob es richtig ist, so etwas zu Papier zu bringen, doch da der Vorfall den Tatsachen entspricht und auch Schämenswertes nicht verschwiegen werden soll, berichte ich es.

Anlässlich einer Abendandacht durften wir wieder einmal auf die Orgelempore und hatten nach einer gewissen Zeit – unter Stinkers Instrumentalbegleitung

waren schon einige Lieder gesungen – einen sehr verdächtigen Geruch in die Nasen bekommen. Da hat doch einer ...! So ein Schwein! Gegenseitig starkes Misstrauen allerseits, aufgemischt mit Gekicher, wie das halt so ist. Stinker nahm die Unruhe wahr, wies uns zurecht, aber da er sich zudem auf sein Spiel konzentrieren musste, war offenbar sein Geruchsinn überfordert, er roch es nicht. Doch weil sich der üble Duft nicht verzog, fielen auch schon empörte Worte:
»Jetzt reicht's aber – schon gut! Wer ist der Hosenscheißer? Geh doch aufs Klo, du Sau!« Hartnäckig aber hielt sich der Gestank und schenkte man seinen Riechhäuten Glauben, hatte der sogar um einiges zugelegt. Das darf es doch nicht geben! Man empfand es einfach wahnwitzig, erlebte eine beinahe surrealistische Situation. Wenn, wie bei Pinsler Dali, eine Uhr als Pfannkuchen über einem Ast hängt, – dann ist ja alles möglich! Habe ich Fans beleidigt? Wollte ich nicht, ich finde ihn auch nicht schlecht!
In diesem Zustand eines schockierten Erstaunens mögen wir uns gut zehn Minuten befunden haben, als plötzlich große Aufregung von hinten zum Orgelpult drang. Stinker fuhr hoch, erkannte aber ungewöhnliche Aspekte, die er ausnahmsweise nicht mit Blödeleien in Verbindung brachte, und verließ sogleich die Orgel, als das Lied beendet war. Eilig folgte er den eindeutigen Armbewegungen durch die gebildete Schülergasse in die dunkle Region der Empore und stand prompt vor dem übel riechenden Schandmal. Auf dem leicht schrägen, aber tiefen Fenstersims eines Kirchenfensters, das

in Kniehöhe von der Empore weg aufragte, hatte jemand eine gehörige Portion papierfreie Notdurft verrichtet. Der Pater schämte sich für und mit uns. Das Einzige, was er herausbrachte:
»Macht das rasch weg!« Wortlos setzte er sich wieder hinter die Manuale und führte seine Aufgabe fort; es kam auch später kein Wort in dieser Sache über seine Lippen. Tapfere Helfer holten die Fracht mit Kehrichtschaufel und Besen und entsorgten sie dort, wo sie hingehörte. Was geht da in einem Hirn vor, das in dieser Art Gottesdienst im Stillen leistet? Niemand weiß das und das ist sicher gut so. Vielleicht war es aber nur blanke Dummheit – hoffentlich!
Zu unangenehmen Gedanken gesellen sich zwangsläufig auch andere negative Erinnerungen, auf die man eigentlich gerne verzichtet hätte. So sei abschließend noch die bedrückende Stimmung erwähnt, die sich wie Blei über unsere sonst so lustige Gemeinschaft legte, als ein Schüler der Abschlussklasse versucht hatte, sich in der Toilettenkabine das Leben zu nehmen. Er hatte sich die Pulsader aufgeschnitten und war dann ohnmächtig gegen die Wandung gefallen. Als man den Lebensmüden herauszog, hinterließ er eine schockierende Blutspur auf den hellen Fließen. Und die Solnhofener Steinplatten im Flur verrieten durch die großen Blutstropfen, welche in regelmäßigem Abstand gefallen waren, die Hast der Träger, die den Bewusstlosen ins Krankenzimmer gebracht hatten. Von dort wurde das Krankenhaus verständigt, welches einen Notarzt mit Krankenwagen schickte und den Schüler abholte. Die

Spur endet dort, man hat nichts mehr von ihm gehört. Damals, als Frischling im Haus, hatte ich einen nachdrücklichen Schock erhalten und mir war bange um meine Zukunft, als ich sah, wie weit man hier, in unserem Gemäuer, gebracht werden konnte. Dieses Vorkommnis blieb gottlob ein Einzelfall und wie sich im Laufe der folgenden Monate herausstellte, ließ es sich ganz kommod leben, in diesen, unseren Mauern.

Durch das Elend der anderen wird die eigene Last erträglicher.

Gehst du nachts zur Orgel, vergiss die Taschenlampe nicht – nimm mit zwei Blasebalgtreter – dann lasse die Kistc brausen!
Dieser Plan war in mir seit langem herangereift. Seinen Ursprung fand er in eifriger Beobachtung des Organisten bei so mancher Abendandacht und einmal vorfühlend kundgetan, erregte das Vorhaben den Tatendrang einiger Musikfans. Einer von ihnen fand vielleicht keinen Schlaf in jener Nacht, suchte wohl das Abenteuer? Jedenfalls wurde ich unsanft wachgerüttelt und mit der nötigen Motivation versehen. Die Taschenlampe war schon parat, es war nach Mitternacht, eine günstige Zeit also und Balgentreter gab es wie Sand am Meer, man brauchte sie nur zu wecken. Zu viert schlichen wir schließlich durch die Bettreihen, zwischen denen es wohlig aus allen Kehlköpfen rasselte, behut-

sam zur Türe hinaus. Durch den unverschlossenen Seiteneingang zur Orgelempore führte uns der Lichtkegel der Taschenlampe an den Spieltisch der Orgel. Es war stockdunkel in der Kirche und die Holzbohlen knarrten kräftig unter unseren Füßen und sogar das Atmen war zu hören in der totalen Stille dieses Hallraumes. Wir setzten uns dichtgedrängt auf die Orgelbank und während einer die Taschenlampe hielt, ließ ich meine Finger in die Tasten gleiten, die hölzern den Anschlag bestätigten. Jeder fummelte an den Registerklappen und Zugreglern herum, auch die wuchtigen Fußbässe wurden ordentlich getreten. Obwohl die Orgel stumm blieb, da ja die Stromzufuhr abgeschaltet war, verursachte allein unser Herumwerkeln einen ziemlichen Krach.

»Mensch, spiel doch was«, kam die Aufforderung und als ich nickte, suchten die beiden Balgtreter tastend nach ihren Arbeitsplätzen. Jeweils seitlich, also links und rechts des umfangreichen Pfeifengehäuses ragten die Tretbretter heraus. Schließlich gab es zu ihrer barocken Bauzeit noch keine Elektrotechnik und erst in jüngerer Zeit war die Orgel elektrifiziert worden, wie es so schön heißt. Durch die Tretbretter füllten sich die riesigen Blasebälge mit Luft, welche wiederum, gesteuert und dosiert durch die Tasten und Fußschweller, den Orgelpfeifen ihren Pfiff spendierten. Diese Einrichtung war also jetzt für den Notbetrieb bei Stromausfall bestimmt, eingetreten ist der bisher nicht.

»Wuff – Wuff – Wuff« – die Luftsäcke füllten sich und als ich in die Tasten griff, erschraken wir bis in die

Knochen, so mächtig zerriss die Orgel die Stille.
»Mach schon – spiel doch weiter!«, und Wuff, Wuff, Wuff, tönte es von hinten. Weiter spielen? Ich hatte doch noch gar nicht begonnen! War ich jetzt von allen guten Geistern verlassen? Saß mitternachts im Dunkeln hinter der Kirchenorgel, total gestresst, in heller Aufregung, mit zittrigen Fingern und begann einen Rock'n Roll zu hämmern:
»See you later alligator« – volles Rohr! Mit Pedalbass C und G. Schon nach wenigen Takten blieben die Treter ihre Luft schuldig, die Bretter schlugen dröhnend nach oben, weil die beiden panikartig Hals über Kopf ins Dunkel flüchteten. Auch mein Lampenhalter war schon auf dem Sprung, ich hinterher. Als wir außer Atem in den Schlafsaal hetzten, saß da schon alles aufrecht in den Betten, fassungslos über das Geschehen. Den Schläfern war die Orgel ebenso durch Mark und Bein gefahren, da die Mauer des Schlafsaals unmittelbar an die Kirche anschloss. Mir war ganz übel, als ich zur Besinnung kam und daran dachte, was jetzt folgen würde. Die Häscher werden gleich kommen und dich herausholen, dachte ich und zog kräftig meine Bettdecke über den Kopf und harrte voller Angst auf das Bevorstehende. Niemand im Internat konnte mein nächtliches Orgelkonzert überhört haben, doch nichts geschah! Keiner kam, endlich schlief ich ein. Tags darauf schöpfte ich Hoffnung, noch einmal davongekommen zu sein, doch beim Frühstück erhielt ich von der Aufsicht diskret ans Ohr die Aufforderung, mich beim Pater Direktor einzufinden. Die Oberen

hatten also ihr Opfer am Repertoire erkannt, es lief ihnen ja nicht davon. Aha, deshalb hatten sie ihre warmen Betten nicht verlassen. Ein schwerer Gang zum Chef stand an; der konnte enorm lautstark brüllen, doch er blieb unerwartet ruhig, gefährlich ruhig. Er schritt auf und ab und das Parkett knarzte. Er wies auf meine Eltern hin, die doch alles für mich täten, und ich sollte mir gefälligst vorher überlegen, was ich ihnen hiermit antue. Was meint er? Gehirnwäsche! Ob ein Verweis ausreichend sei, möchte er noch abwägen – o Schreck!

»Bitte, Herr Pater Direktor, ich werde das nicht wieder tun«, schluchzte ich ihn an. Unablässig schritt er hin und her, unergründlich, nachdenklichst, immer auf und ab ging er – und ich sah mich schon mit einem Bein auf dem Bahnhof stehen.

Er wird dich doch nicht wegen so einer Lappalie entlassen, fuhr es mir durch den Sinn, das ist doch alles nur Theater, reines Schauspiel! Das war es tatsächlich. Schließlich wurde ich zu langen sechs Wochen Ausgangssperre verdonnert, das übliche Rezept also, nur um vierzehn Tage aufgepäppelt. Alles paletti! Draußen im Flur – tief Luft geholt – war ich leicht wie eine Feder großer Sorge entschwebt. Ich spürte sofort die zuversichtliche Hoffnung auf einen theoretischen Zahnschmerz, der sich in solchen Sperrzeiten unweigerlich einstellten könnte und somit ein Hintertürchen zum Stadtbummel öffnen würde:

Wie ist das Leben schön! Die Orgel allerdings, sie war fortan immer abgeschlossen.

Geweihräuchertes

Es heißt, man soll die Feste feiern, wie sie fallen. Auf das Internatsleben bezogen gab es in dieser Hinsicht für den Otto-Normal-Schüler nur geringe Ausbeute, vereinfacht gesagt: Er hatte nichts zu feiern, zumindest was wir Pennäler darunter verstanden.

Der Kreis eines Kirchenjahres erzeugte andererseits für klerikal gesinnte Zeitgenossen eine wahre Flut von kirchlichen Festtagen, die wiederum unsererseits nur einen Kniescheibenverschleiß in den Kirchenbänken eintrugen. So kam es, dass wir mehr in der Kirche weilten, als uns lieb war. Zu der Sonntagsmorgenmesse und der Sonntagsabendandacht kamen Frühmessen auf nüchternen Magen. Vor Groll darüber brüllten wir die Kirchenlieder aus Leibeskräften bis zum bedrohlichen Anschwellen der Halsschlagadern:

»Beim frühen Morgenlicht, wenn der Tag anbricht, gelobt sei Jesus Christus ...«. Die Patres aber deuteten unseren gewalttätigen Gesang vollkommen falsch und fanden unsere Kraftanstrengung erbaulich und sehr positiv. Weiterhin gab es Abendandachten mit viel Weihrauch, Rosenkränze und natürlich die reichlichen Zugaben aufgrund aller erdenklichen Kirchenfeste. Quasi vom Aschenkreuz, welches uns am Aschermittwoch auf die Stirn gezeichnet wurde, bis zur Zeremonie des Blasiussegens, war immer Interessantes dabei. Beim Empfang dieser Gabe knieten wir vor der Kommunionbank. Pater *Zwick*, im knielangen weißen Überrock, mit seinen fülligen Fledermausärmeln und

dem darunter hervorstehenden schwarzen Talar, blies der Reihe nach allen zweihundertfünfzig Schülern und etlichen Besuchern aus der Stadt zwischen zwei gekreuzten Kerzen seinem Atem ins Gesicht. Dabei vergaß er auch nicht, jedes Mal die lateinischen Formalitäten zu brabbeln. Als er mir mit vorgewölbten Lippen seine Puste spendierte, sah er so lieb aus, trotzdem sah ich ihn vor geistigem Auge hemdsärmelig mit Hosenträgern, also in schmerzlicher Erinnerung an seine faustdicken Boxschläge. Wer solch ausdauernden Atem hat, muss ja eine gute Kondition haben, gestand ich ihm insgeheim zu.

Aufwachsend in einem katholischen Internat, hatte man stets eine saubere Weste vor Gott zu tragen. Damit diese nicht unansehnliche Flecken bekam, sorgte eine regelmäßige Beichtpflicht, etwa alle vier bis sechs Wochen, für reines Weiß. So jedenfalls sahen es unsere Seelenführer. Also standen wir in langer Reihe vorm Beichtstuhl und besonders das sechste Gebot machte uns mürbe bei der Gewissenserforschung:

Ich habe Unkeusches gern gedacht?, gehört?, gesehen? Unkeusches alleine getan? Um Himmels willen – mit anderen getan? Und vor allem – wie oft? Eine unwahrhaftige Beichte ist eine ungültige Beichte, eine Todsünde! Im aufgewühlten Geiste war loderndes Feuer ringsumher! Ein scheuer Blick zum Beichtstuhl – was muss der Sepp für ein langes Sündenregister haben, wenn er solange braucht. Ging es aber hurtig mit der Beichte, dann wurde womöglich verheimlicht, nur die halbe Wahrheit herausgelassen? Und kam man selber an die Reihe, war es sehr beruhigend, eine unbekannte Stimme hinter dem Beichtgitter zu vernehmen. Einer fremden Aushilfe kann man doch leichter seinen Seelenmüll aufladen als den eigenen Erziehern. Deswegen stand die Beichte beim Fremden besonders hoch im Kurs; beim Chef höchstpersönlich beichteten nach unserer Meinung doch nur seine Zuträger, die Verräter und Seelenverkäufer. Fehlte ein fremder Beichtvater, bildete sich eine lange Sünderschlange beim hochbetagten, beinahe tauben Pater. Stand auch der nicht zur Verfügung, na dann musste es eben trotz allen Widerwillens ein alter Bekannter sein, der seine Kundschaft schon sehr gut kannte und das war kein angenehmes Gefühl.

Da warf nun das Heilig-Kreuz-Fest seinen gewichtigen Schatten voraus, dieser herausragende Festtag des Internates. Zuvor waren wir zur Beichte befohlen worden. Der Schülerchor hatte eine Meistermesse einstudiert, zusätzliche Musiker mit Geigen, Pauken und Trompeten zur Chor- und Orgelunterstützung, hatten ebenfalls eifrig trainiert. Der totale Putzwahn hatte das ganze Haus erfasst, alles war gewischt, gewachst, aufpoliert worden und sogar die Messdiener und Hilfsministranten probten für den Ernstfall, während zahlreiche Schwestern in heller Aufregung die Kirche mit Blumen und jungen, geschnittenen Birken schmückten. Der kirchenlange rote Kokosläufer wurde ausgerollt und zwei gelbweiß gestreifte Fahnenbahnen dienten zur dekorativen Gestaltung des Altarraumes, herabgelassen durch die Luke im vorderen Gewölbezentrum und mannshoch befestigt, seitlich an den beiden Säulen.

Ich war erstmals Hilfsministrant, hatte mich leichtfertig gemeldet, als es freundlich hieß:

»Freiwillige vor!« Das ist besonders gefährlich, wenn es anschließend an die Front geht; Hilfsministranten werden zwar nicht erschossen, aber leiden und sogar fallen können sie dennoch, wie wir noch sehen werden. Frühzeitig vor dem Hauptamt fanden wir uns in der Sakristei ein. Wer so etwas noch nicht mitgemacht hat, für den ist das ein Erlebnis. Ähnlich wird es auch hinter den Kulissen eines Theaters zugehen, wenn Scharen von Komparsen sich zu ihren Kostümen durchwühlen. Die zwei Dutzend Ministranten hatten kaum Platz in der Ankleide. War das ein Gedränge! Entlang der Wände hingen an langen Stangen die nach Größen und in den Ritusfarben Rot, Grün, Lila und Schwarz sortierte Messdienerkleidung. Davon abgesetzt, in Schränken verwahrt, die Messgewänder der Priester. Heute war Rot angesagt. Weil wir bereits schon reichlich geübt hatten, klappte die Einkleidung trotz des Gedränges auf Anhieb. Sichtlich aufgewertet durch das gewichtige Kirchenamt schwänzelten wir in unseren ansehnlichen Röcken umher und der gegenseitige Respekt nach solcher Verwandlung war beträchtlich. Nun, da jeder herausgeputzt war, machten wir Platz für das Priestergespann, das jetzt durch den Türspalt äugte, und nachdem etwas Bewegungsfreiheit gewonnen war, warf es sich ebenfalls in Schale.

Inzwischen stellten wir uns im Gang plangemäß in Zweierreihe auf, voran die Kleinen, gestaffelt bis zu

den langen Latten. Schwestern eilten herbei und überreichten uns brennende Kerzen, die wir je nach Formation zur Außenseite oder nach innen zu tragen hatten; auch dieses ständige Mitdenken stärkte unser Selbstbewusstsein. Noch dazu sollte das wilde Geschnatter eingestellt werden, zugleich die Kerze gerade gehalten werden, damit das heiße Wachs nach unten in die Auffangschale lief und nicht den Vordermann auf den Rücken tropfte. Soweit die Theorie, doch die ist grau, wie jeder weiß. Weiß aber war das Wachs, welches trotzdem schon manchen Buckel zierte und von den genervten Schwestern schnell wieder entfernt werden musste. Zwei Zehnerreihen warteten schließlich gespannt auf den Abmarsch. Endlich öffnete sich die Sakristeitüre. Sechs Hauptministranten, die es unter ihrer Würde hielten, bei uns Lakaien zu verweilen und lieber bei den Würdenträgern geblieben waren, schritten mit strenger Mine an uns vorbei und setzten sich an die Spitze des Zuges. Ihnen folgte die Troika, das Dreigespann, darunter unser Chef in schwerer Montur. Erst dann schlossen die Hilfsministranten auf.
So bewegte man sich über die Internatstreppen hinunter zum Kreuzgang in die Gruftkapelle, wo die Kreuzpartikel-Monstranz vom Chef aus dem Altartresor genommen wurde. Vier Ehrenträger nahmen das Himmelgestänge auf, welches seinen reich bestickten Brokathimmel wie ein Dach über die drei Priester schirmte. Vorneweg gingen vier Hauptministranten; die ersten zwei trugen die Kreuzstangen. Anschließend folgten nun die Träger mit dem *Himmel*, darunter die

Priester mit der Monstranz, gefolgt von den beiden restlichen Hauptministranten mit Weihrauchfass und Weihrauchschale und ganz zum Schluss kam unsere Wenigkeit daher, eine unübersehbare Schar von Hilfsministranten. Behutsam ging es die ausgetretenen Marmorstufen zur Kirche empor und da sich der Zugang in der hintersten Ecke der Heilig-Kreuz-Kirche befindet, stand der Einzug durchs ganze Kirchenschiff bevor. Das Läuten der Bimmel war das Signal für die Chorleitung und augenblicklich brauste die Orgel auf und steigerte sich mit den Instrumenten und dem Chor zum Furioso, während wir uns im Schneckentempo Schritt für Schritt über den roten Läufer bewegten. Die Kirche war zum Bersten gefüllt, die Besucher kommen an diesem Tag aus der ganzen Region in die Wallfahrtskirche. Es war schon ein Gefühl der Extraklasse, dieser majestätisch triumphale Einzug über den roten Teppich; eine ehrfürchtige Gänsehaut hatten sicher auch andere Leute bekommen. Im Altarraum angekommen verschwand der Himmel hinter massigen Säulen, das Priesterteam schritt die Stufen zum Hochaltar hinauf. Je ein Ministrantenpaar bezog seine Stellung links und rechts vor der untersten Altarstufe. Die beiden *Weihräucherer* hielten respektvollen Abstand zum Altar, blieben in der Mitte, quasi auf freiem Feld stehen. Sie pufften Rauchringe hervor, indem sie ihr Werkzeug schwangen und hinter ihrem Rücken bogen wir auseinander, wechselten die Kerzenhand und nahmen Aufstellung entlang der beiden Seiten des Chorgestühls. Nachdem sich die erste Aufregung gelegt hatte, knieten wir bereits auf den kalten Steinplatten. Zum Glück hatte man uns vorher von den Kerzen befreit, denn auch wenn sie nicht schwer waren, so ging die verkrampfte Haltung mit der Zeit doch in die Arme. Kniend, auf hartem, kaltem Juramarmor, schlich sich bei mir schnell die Erkenntnis ein, dass ich mich besser nicht als Dekorationsstatist gemeldet hätte. Doch jetzt war es zu spät. Wer eine übliche Sonntagsmesse schon für reichlich ausgedehnt empfindet, hat gar keine Vorstellung, wie mächtig sich dieses Hochamt hinstreckte. Beim heimlichen Blick auf die Armbanduhr schien tatsächlich ein Uhrwerkschaden vorzuliegen, das konnte doch nicht sein! Ist die kaputt? Oder, – was ist los, bleibt die Zeit stehen? Einsteins Relativitätsbeispiel drängte sich förmlich auf: Wenn du ein Mädchen in den Armen hieltest, verginge dir die Zeit schnell, setzt du dich aber auf eine heiße Herdplatte, oder leidet deine Muskulatur Qualen, deucht dir die Zeit relativ lange, netwanet? Neidvoll erkannte ich bald schon den Klassenunterschied im Messdienergewerbe, weil mir die Kniescheiben schmerzten und das Rückgrat spröde und zerbrechlich schien. Diese Herren aber hatten samtene, rote Kniepolster vor sich und waren dazu noch ständig in Bewegung. Schnell mal die Treppchen hoch, das Messbuch geschnappt und auf die andere Seite transportiert. Oder – rauf zu den Zelebranten, ihnen großzügig Messwein eingeschenkt, Wasser über die Finger gegossen, Handtuch gereicht – zwischendurch mal kräftig gebimmelt, das lockert, entspannt die Muskeln, das macht Spaß! Wir dagegen knieten bis zum

Abwinken und wenn es einmal zu einem kurzen Aufstehen kam, stützten sich schon einige wie Schwerbeschädigte mit den Händen vom Boden ab, um genügend Kraft fürs verkrampfe Muskelfleisch zu finden. Eine riesenlange Predigt folgte im Stehen; so lange war die, dass ich mich schon wieder zur Abwechslung aufs Hinknien freute.

Halbzeit! Mein Gott, warum hast du mich verlassen? Ich kann nicht mehr – aus ist's! Ich könnte laut schreien, mich hinfallen lassen, über den Boden wälzen. Jeder hat jetzt seine Halluzinationen, du erkennst dies an den eigentümlichen Grimassen: Das aber tröstet, stärkt dich. Wieder fünf Minuten geschafft! Selbst der wunderschöne Chor bringt dir keine Erbauung mehr, nein, er geht dir an den Nerv! Unter starkem Ziehen in allen Muskeln und Sehnen empfindest du jedes noch so schöne Gloria, Credo, Sanctus oder Agnus Dei strapaziös; es dauert zu lange! Die drei Priester stehen wie versteinert oben vorm Altar und warten jedes Mal solange, bis es jenem Schubert Franz genehm war, einen ewig gestreckten Titel zu stoppen.

In der Endphase des Dauerkniens gelangst du zu den Grenzerfahrungen. Scheintote berichten davon, wie sie ihren Körper verließen und sich sogar selbst sehen konnten. Wumm –, der Schorsch fiel wie ein Mehlsack auf seinen Vordermann. Unfähig, schnell aufzustehen, rutschten die Nachbarn auf den Knien hinzu, um ihn aufzurichten. Der aber war von allen Lebensgeistern verlassen und ließ schlapp die Arme und seinen Kopf hängen. Also rappelten sich einige selber Gepeinigte

mit aller Kraft auf und schleiften ihn unter die Schultern genommen in die Sakristei, wo er allmählich zu neuem Leben erwachte und sich schleunigst aus dem Staub machte.
Nach nunmehr eineinhalb Stunden kam der Schlusssegen über uns und dichter Weihrauch half mir, euphorische Bilder zu sehen: eine volle Glasschüssel giftgrüner Wackelpeter mit einer dünnen Schicht Vanillesoße darauf. Die ungekrönte Königin aller Nachspeisen, kam zum Greifen nahe vor das innere Auge. Schon sah ich den Löffel glatt durchs glasige Grün schneiden und eine riesige Portion wabbelte hops auf meinem Teller, hm, dieses Aroma! Waldmeisterduft durchströmte mich und übertrumpfte selbst den mächtigen Weihrauch. Bald entsprang ein roter, später ein gelber Zitterpudding der hoffnungsschöpfenden Fantasie und in der Tat, ich wurde nicht enttäuscht. Es gab ihn wie immer zu hohen Festtagen, den feinen Wackelpeter, der jedes Mal einen Ansturm auf die kleine Teeküche auslöste, weil es dort nachzufassen gab. Das waren die eigentlichen Höhepunkte des Festes für uns Schüler; bescheiden nahmen wir ihn in jeder Farbe freudig an: Dieses Mal zitterte er leuchtend grün auf unseren Tellern.

Freise, unser unverbesserlicher Ballfänger, war begeisterter Ministrant geworden und ihm habe ich es zu verdanken, dass ich mich wieder einmal breitklopfen ließ und es ihm gleichtat. Auch spielten natürlich die damit verbundenen Privilegien, das höhere Ansehen bei den

Kirchenmännern und der Erlebnishunger eine Rolle, um die Mühe überhaupt auf sich zu nehmen. Du machst vergleichsweise heute leichter den Führerschein, als unsereiner seinerzeit die Ministrantenweihe schaffte. Unser Lehrbuch war der tausendseitige Schott, den wir fortan immer griffbereit hatten, um die lateinischen Altargebete auswendig zu lernen. Kennt Ihr dies?

Ad Deum, qui lætificat juventútem meam.
Quia tu es, Deus, fortitúdo mea: quare tristis
incédo, dum affligit me inimicus?

Ach, du bist kein Lateiner? Macht nichts, wir auch nicht, verstanden kein Wort davon, was wir paukten. Es grenzt schon an verordneten Schwachsinn, wenn man das *Stufengebet* und alles Übrige ohne Verstand in Latein einpauken musste.

Heute ist das glücklicherweise anders, es gibt längst die Messe in deutscher Sprache. Damals aber stand das Brimborium noch in voller Blüte und deshalb war es gar nicht so leicht, in einer fremden Sprache zu quasseln, deren Worte man nicht verstand. Gefürchtet war beispielsweise das *Confiteor*, das Schuldbekenntnis. Da hatte der Ministrant zwangsläufig viel mehr Text abzuspulen als der Priester, der sich nur dahingehend äußerte, der liebe Gott möge sich deiner erbarmen, dir die Sünden nachlassen und zum ewigen Leben führen. Die Schuld war zu allen Zeiten immer auf der schwächeren Seite zu suchen.

Doch im Ernst – hattest du alles mühevoll im Gehirn-

kasten gesammelt, kam das zeremonielle Element ins Spiel. Jeder Schritt, die Rumpfbeuge, der exakte Kopfdreh mit Blick auf die Treter des Priesters beim Stufengebet, alles war geregelt. Oder der richtige Ablauf:
Wann erhebst du dich von deinen Knien?, wann kniest du wieder hin?, wann bringst du endlich den Messwein herbei?, das Wasser?, wohin stellst du dies und jenes?, und was sagst du dazu, natürlich auf Lateinisch? Vergiss nicht, dein Haupt zu senken, wenn du Spülwasser über die Finger des Priesters gießt!
Steh im richtigen Winkel, damit du nichts Wichtiges mit deinem Fremdkörper verdeckst! Das Klingeln zur Wandlung war beliebt; die griffigen Instrumente mit ihren vier Schellenästen machten einen Höllenlärm, wenn man sie nur energisch schüttelte.
»Aber bitte schön, nicht zu früh, nicht zu spät läuten, verstanden!« Derartig gedrillt, bis in alle Fugen meines Gehirns, stand eines Tages der erste Auftrag an. Mit Freise zusammen war ich zur Fünfuhr-Frühmesse in der Gruftkapelle eingeteilt. Obwohl dies doch ein Nebenschauplatz war, hatte ich rechtschaffenes Lampenfieber vor meinem ersten Auftritt und die Lateinfetzen schwirrten mir nur so durch den Kopf. Nicht einmal die Tatsache, dass Pater Langerock die Messe zelebrieren würde, vermochte meine Aufregung zu dämpfen. Dieser Priester war ein morbider, höchstbetagter Greis, der sein Gnadenbrot erhielt und der aufgrund mancher körperlichen Gebrechen nur in der Gruftkapelle Zulassung fand. Während wir den Pater in sein Messgewand halfen, zeigte Freise wenig Respekt, er behandelte ihn

wie ein kleines Kind und Hochwürden schien weit weg zu sein, nicht anwesend, sozusagen.
Mit dem eigentümlichen Gefühl von Todesnähe ergriff ich die Zugglocke und gleich folgten wir dem schlanken, hochgewachsenen, über neunzigjährigen Mann, der sehr langsam mit versteinertem Gesichtsausdruck über die Platten schlurfte und all mein frisches Ministrantentum war dahin. Urgewaltig kroch der lahme Schritt ins Gemüt und auch ich kam mir plötzlich steinalt vor. Im Hintergrund saßen drei alte, schwarzgekleidete Weiblein in den Kirchenbänken, geduckt und weit auseinander als wollten sie miteinander nichts zu tun haben. Keine Musik, kein lautes Gebet, Stillmesse. Dann das Stufengebet. Wir knieten dicht neben dem stehenden Pater und Freise grinste mich unverschämt an.
»Jetzt kannst zeigen, was du kannst«, sagte er laut und deutlich. Mir gab es einen Ruck, als träte mich das bekannte Pferd. Inzwischen hatte Langerock etwas vor sich hergebrummt: Latein? – Niemals! Nur Gebrabbel – und da nun Stille war, schien mein Einsatz gefordert:
»Ad deum, qui lætificat juventútem meam ...« Freise blieb stumm und grinste mich weiter an. Langerock brabbelte wieder und Freise fing unerwartet an ein undefinierbares Kauderwelsch auszustoßen, das weder mit Deutsch noch mit Latein etwas gemein hatte, aber ungeheuer versiert klang. Je länger wir fortschritten, desto mehr versagte mir die Stimme und umso lauter wurde Freises Nachgeäffe, wie er fantastisch auf die Betonungen des Paters so einfühlsam reagierte. In

dieser irren Situation konnte ich das Lachen nicht mehr unterdrücken, flüchtete mich prustend in einen schlimmen Hustenanfall.
Endlich stand Langerock vorm Altar und wir knieten zu Seiten der Stufe. Freise wurde jetzt geschäftig, fuhrwerkte mit den Händen in seiner Mähne herum, nahm mit mir Konversation auf.
»Der Langerock ist doch stocktaub, da brauchst dir gar nichts denken.« Nur ein Psst – von hinten erinnerte ihn, dass er nicht alleine war mit mir, es schien ihn aber nicht zu stören.
»Wenn du nachspülst, gib ihm viel Wasser, der hat richtig Durst«, riet er mir und wieder kam das ermahnende Psst aus den Kirchenbänken. Nur mit größter Mühe konnte ich mir das Lachen verkneifen. Tatsächlich! Bei der Händewaschung goss ich Wasser über die Finger des Paters in seinen Kelch und schon stieß er dumpf hervor:
»Mehr!« Freise zischte hoch: »Siehst, hab' ich dir doch gesagt, dass der einen Mordsdurst hat!« Ich goss nach, als der Priester mehr forderte und schwapp – lief der Kelch über und das Wasser zu Boden.
»So ist's recht!«, frotzelte Freise und ich wusste nicht, wohin ich mein grinsendes Haupt drehen sollte. Aber es kam noch schlimmer! Als Langerock den Kelch an die Lippen setzte und neben mir das Spülwasser mit unbeschreiblichem Geräusch einschlürfte, tropfte ihm die Nase hinein und ich konnte mich nicht mehr halten und auch Freise war nicht zu bremsen. Die Frauen fingen an, sich deutlicher auszudrücken:

»Unerhört – unglaublich – allerhand!«, so drang es fragmentarisch in unser schlechtes Gewissen. Indes – der Pater war wie abwesend, er schien davon keine Notiz zu nehmen. Als wären wir Luft, führte er sein Zeremoniell zu Ende. Er kam mir vor wie eine lebende Mumie. Ob er doch was gehört hat? Wer weiß?
So also verlief mein erster unehrenhafter Auftritt als Messdiener und weitere Termine, die sich anbahnten, standen unter ganz anderen Vorzeichen. Ich diente stressgeplagt sogar beim Chef, der wirklich sehr gute Ohren hatte und auf korrektes Latein achtete und großen Wert darauf legte.
Oder ich messdienerte beim alten Weißbart *Sterry*. Wenn der seine Abendandacht zelebrierte, und der zig Kilo schwere Rauchmantel war ihm umgehängt, durfte ich sogar auch mal das begehrte Rauchfass schwingen. Und weil wir wussten, dass Sterry es deftig liebte, lud mein Räucherhelfer an meiner Seite ordentlich viel Weihrauch auf die glühenden Kohlen. Sterry verschwand beinahe von der Bühne, so sehr vernebelten wir ihn.
Ein eisenharter kleiner Kern der Chorbesatzung führte dann zum zweiten Mal an diesem Tag, am Sonntagabend, mit dem Singsang des Paters ein ausgiebiges lateinisches Zwiegespräch, welches Stinker mit der Orgel aufbaute und instrumental stützte:

Sterry:	Dóminus vobiscum
Chor:	Et cum spiritu tuo
Sterry:	Gloria tibi, Dómine

Wir dachten: Deo gratias! Gott sei Dank! Halleluja! Die Andacht ging dem Ende zu.

Georg – *Schorsch* also, der als Hilfsministrant beim Heilig-Kreuz-Fest ohnmächtig geworden war, den traf ich zu späterer Zeit wieder mal in der Sakristei, auch er war inzwischen zum Ministranten mutiert, und zwar zu einem ziemlich wilden! Meist waren wir so frühzeitig in dieser beliebten Räumlichkeit, dass wir vor Eintreffen des Paters noch genüsslich Messwein süffeln und allerlei Unfug anstellen konnten. Selbst die Messgewänder waren vor uns nicht sicher und bei ihrer Anprobe guckten wir neugierig in den Spiegel, erstaunt darüber, was aus unscheinbaren Menschlein Beachtliches zu machen ist, haben sie nur die richtigen Klamotten an. Schorsch hatte die Marotte, dass er auf seinen Spitznamen gar nicht gut zu sprechen war. Ein oberbayerischer *Schoas* – im Gassenhauerjargon auch Furz genannt –, ähnlich klingend wie sein Vorname, doch eindeutig aus der Fäkalschublade, machte ihn zum wilden Mann. Er haute dir gleich ungestüm eins in die Fresse, wie man bei uns sagte, wenn man bei dieser Namensnennung leichtsinnig in seiner Reichweite stand.

Eben damit beschäftigt, die Glut ins Rauchfass zu geben, hatte ich meinen Partner unbedacht gerufen, der seinerseits das Weihrauchgefäß auffüllte:

»Schoas, komm doch mal ...«, weiter kam ich nicht, denn schon sauste mir das schwere, zeremonielle Behältnis ins Kreuz und die Weihrauchkörner nur so um die Ohren. Wütend rannte er auf mich zu und riss mich am Ministrantencape hin und her, von dem ruckzuck ein Knopf absprang und er sprudelte mich an, was für ein gemeiner Schuft ich sei. Eigentlich tat er mir leid, also so bot ich ihm mein sorry an und überließ ihm diesmal das Weihrauchfass, wenn er dafür den Weihrauch zusammenkehrte. Das ließ er sich nicht zweimal sagen. Er kehrte, ich brauchte mich nicht zu bücken, jeder war zufrieden: So schließt man Kompromisse!

*

Ministranten kreisen –
wie die Erdtrabanten –
emsig um den Zölibanten.
Senden Funksprüch' in Latein
und schenken Messwein ein,
den sich die erdverwandten
Zelebranten leisten.

Die Prozession mit Abschweifungen

Selbst nach einer so gewichtigen Kirchenfeier vom Kaliber eines Heilig-Kreuz-Festes gingen nur einige Wochen ins Land, schon folgte ein weiterer Höhepunkt, die Fronleichnamsprozession.
Die gab es gleich im Doppelpack: Als Prozession der Stadtpfarrkirche und ein paar Tage darauf kam die Konkurrenz mit ihrer Prozession zum Zuge, die Pfarrei Heilig-Kreuz.
Zur Abwechslung sei diesmal die Rede von den Brüdern und Schwestern der städtischen Fakultät. Aber ja! Selbstverständlich durften wir an beiden Umzügen teilnehmen und weil *dürfen* sich viel gnädiger liest als das Wörtlein *müssen*, wollen wir das so stehen lassen. Zwar war die Internatsabordnung eine beachtliche Größe für den Zug der Stadtpfarrei, sie blieb aber letztendlich doch nur ein unscheinbares Häuflein Aufrechter, wenn man die rege Gesamtbeteiligung aus der Bevölkerung vor Augen hat. Und wenn wir uns im Prozessionszug verteilt hatten, gingen die Heilig-Kreuzler darum vollends unter.
Unser Hauptaugenmerk war jetzt voll darauf gerichtet: Wo sind die Ursulanerinnen? Das waren die Gören aus dem Internat Sankt Ursula, die, obwohl sie das Schicksal mit uns teilten, doch total abgeschirmt – unerreichbar für uns, wie auf einem anderen Planeten lebten. In ihre Nähe zu kommen, einen Blick zu erhaschen, das war es! Und weil unser Grüppchen noch nicht fündig war, schritten wir als Passanten den scheinbar unend-

lich langen Zug entlang, um den richtigen Einstieg zu finden.
»Lobe den Herren, den mächtigen König der Ehren ...«, schmetterte eine Blaskapelle. Ihr Tubabläser hatte schon jetzt zu Beginn einen knallroten Kopf und schwitzte in der prallen Sonne unter seiner schweren Bürde.
»Der hätte lieber Klavier lernen sollen!«, spottete ich im Vorübergehen zu meinen Kameraden.
»Gepriesen sei das allerheiligste Sakrament des Altares ... Vater unser, der du bist im Himmel ...«, beteten hier die Gläubigen und die Gebete vermischten sich mit dem nachfolgenden Gesang, den Bläsern und dem Stimmengewirr, welches wir in Kürze beim »Gegrüßet seiest du Maria« eingeholt hatten. Und erneut nahte Gesang mit seinen schrittgerechten, langsamen Bläserstimmen, diesmal von einer anderen Kapelle, die feierlich weiter vorne schritt:
»... Kommet zuhauf, Psalter und Harfe wacht auf! Lasset den Lobgesang hören ...«, wehte es herüber. Gesang, Gebet, alles wogte ineinander und machte die Prozession zu einem nachdrücklichen Erlebnis. Im Umfeld eines Freialtars, das überreich mit Blumen geschmückt war und dessen kunstvoller Blumenteppich nun zertrampelt wurde, versammelte sich eine Menschenmenge zum Gebet und dort erspähten wir endlich die gesuchten Röcke. Dorthin drängten wir uns, dort fühlten wir uns wohl, dort hielten wir uns auf.
Das Allerheiligste setzte seinen Weg fort und wir folgten bereitwillig, waren aber zu keiner Zeit bei der

Sache, hatten unsere fünf Sinne den schönen Röcken verschrieben. Habt Ihr es gemerkt, liebe Leserin, lieber Leser? Gibt das nicht zu denken? Den wahren Werten folgt man zwar, doch wo bleibt dabei der Geist?

Als wir wieder daheim waren und soeben mit scharfem Auge den Wackelpeter auf die Teller luden, platzte die Bombe. Die Speisesaaltüre flog fast aus den Angeln, so heftig wurde sie aufgerissen. Herein stürmte der Chef, brüllend schon bei Eintritt. Sein Gesicht war gut durchblutet und aufgequollen – ein ungutes Zeichen für uns.

»Was ist eigentlich in euch gefahren? Eine unglaubliche Geschichte musste ich da hören – in Gottes Namen! Seid ihr von allen guten Geistern verlassen? – Derart Unverschämtes ist mir bis jetzt noch nicht begegnet – es ist unfasslich! Was sind das nur für Lümmel unter euch?!« Aus voller Leibeskraft schrie er nach hinten zu den Abschlussklassen. Entwarnung für uns, die *Mittleren*? Sicher! Bestimmt waren es die *Großen*, die wieder einmal was ausgefressen hatten. Musste ja kräftiger Tobak sein! Aber was war geschehen? Warum ist der Chef so zickig? Solche Fragen sprangen jetzt durch die Köpfe. Was wir hinterher erfuhren, war auch für unsere derbe Waage ein schwerer Brocken. Da hatten doch einige ältere Jahrgänge mit Maßkrügen an der Prozession teilgenommen und diese Glaubenskundgebung wohl mit einem Schützenfest verwechselt, sie hatten sich entsprechend aufgeführt.

»Die waren bestimmt beim Schafkopfen und sind mit dem Austrinken nicht fertig geworden«, kommentierte ein Sachverständiger den Fall. Bekannt wurde, dass die unanständigen Kerle am Ende des Prozessionszuges entdeckt und der Direktion von außerhalb gemeldet wurden. Das war für unseren Chef natürlich ein Schlag ins Kontor und es machte ihn ganz besonders wild, weil er nicht wusste, wer daran beteiligt war. So blieb auch sein Versuch, die Übeltäter dahin zu bewegen, sich freiwillig zu melden, in eisigem Schweigen stecken. Jeder ahnte, was kommen würde und es kam! Der Chef verhängte eine ausnahmslose Kollektivstrafe, ein Ausgehverbot, ab sofort, für alle Schüler des Internats auf die Dauer von drei Wochen. Sch...ade! Heute Nachmittag wäre einer der raren Kinogänge gewesen; der *Förster vom Silberwald* musste jetzt ohne uns seine Böcke schießen.

Der Saal geriet in Tumult, als der Häuptling geschieden war. Selbstverständlich war die erdrückende Mehrheit der Ansicht, die paar Verursacher hätten sich zu melden, doch die dachten gar nicht daran und so blieb es beim unbeschreiblichen Zorn gegen *Mister Unbekannt.* Die zu Unrecht verdächtigten Schüler der Abschlussklassen wehrten sich verständlicherweise. Aber auch die zu Recht Beschuldigten werden sich wahrscheinlich ganz besonders entrüstet haben, weil das seit jeher die clevere Strategie des Taktikers ist. Möglicherweise kam die unheilvolle Idee aus taktischer Erwägung sogar aus dem Kreis der Missetäter?

Ein Sechsklässler probte den Aufstand, rebellierte am lautesten, wiegelte das Fußvolk auf und versammelte eine große Schar Lamentierer um sich, die wiederum Neugierige anzogen. Dabei sickerte immer wieder die

Parole »STREIK« durchs Gedränge und ein jeder hatte seine Aufgabe durchs Massendiktat klar erkannt: Mitmachen!
Was nicht alles im Leben passieren kann! Ja, man hatte mitgemacht, war dabei – doch zum Rückblick genötigt, blieb man letztendlich innerlich unbeteiligt, war ja nur zufällig anwesend und überhaupt war man sich keinerlei Schuld bewusst. Dennoch, die Überzeugung von Unbeteiligtsein und das unstrittige Beteiligtsein verursacht in der Tat, gerade bei misslungenen Manövern, komplizierte, zwiespältige Gefühle in einem denkenden Organismus! Teilnehmer an Fehlschlägen aller Art – man denke an Führers Gefolgschaft – die in diesem Sinne tätig waren, könnten das sicher bestätigen.
Die inzwischen aufgebaute Emotion reichte aus, um den Anführer mitsamt seinen engsten Rädelsführern unmissverständlich zur Saaltüre hinauszudrängen und mit aller Gewalt dorthin zu schieben, wohin unsere Führer einen Schritt zu gehen bereit waren. Jeder Schritt zurück aber wurde blockiert, zu sehr baute die Masse auf die bevorstehende Machtprobe. Was werden sie unternehmen? Egal, sie hatten unsere Blankovollmacht, wir waren jedenfalls dabei!
»Es geht raus!« Aufgeregt drang die Nachricht bis ans letzte Ohr. Raus? Ungläubiges Staunen und erste Ernüchterung verbreiteten sich. Raus in die Stadt? So weit darf es doch nicht kommen! DIE wollen tatsächlich ...? Man wagte sich das gar nicht vorzustellen. Aber jeder Schritt, den die Anführer machten, zog das Schulvolk nach und als wir letztlich durch die Pforte

nach draußen traten, hatte ein jeder, der dabei war, symbolisch gesprochen, seine persönliche Kriegserklärung an die Schulleitung abgegeben. Das Gewissen befand sich plötzlich in einem miserablen Zustand: Was geschieht uns, wenn jetzt die Übrigen nicht mitmachen? Eine kollektive Solidarität hatten wir schließlich als eine Selbstverständlichkeit vorausgesetzt.

Keine Sorge, die Lage besserte sich zusehends, je mehr Protestler durch die Pforte ins Niemandsland traten. Wir waren bald so zahlreich, dass es der Obrigkeit nicht entgangen war. Sie fand sich ein, als bereits ein breiter, nicht mehr abreißender Pulk von zu allem Entschlossenen sich die Anfahrt hinaufbewegte. Stinker und Sterry, die beiden liefen wie Schäferhunde auf ihre Herde zu, wild gestikulierend, aber der Zug ließ sich nicht beirren und marschierte hartnäckig weiter. Anschließen an den Vordermann! Das ist wichtig, denkst du. Wenn's abreißt, dann können sie dich leicht kassieren. Fährt dich aber so ein *Bello* an und bist du ordentlich im Glied, was kann dir da schon passieren? Du machst auf eiskalt, senkst vielleicht etwas den Kopf, setzt ein trotziges Gesicht auf und hoffst, der Pater wird sein Glück bei Weicheiern versuchen. Nun, da es so viele Mutige gab, fiel es den Nachrückenden immer leichter, es auch zu riskieren.

Ganz bestimmt waren sich die beiden Patres ihrer Ohnmacht bewusst, nichts schien den Zug noch stoppen zu können; noch ahnten sie nicht, was gleich geschehen sollte. Die Führerschar hatte entweder Angst oder einen genialen Geistesblitz bekommen, denn sie zogen um

das Stifterdenkmal einen weiten Bogen und marschierten am Verlagspförtner vorbei und den parallel angelegten Weg zurück nach unten, der Heimat zu. Dabei begegneten wir unseren Anführern, samt Gefolgschaft, in gebührlicher Distanz und wie heimkehrende Soldaten aus dem Krieg, winkten sie uns zu, während wir noch in Richtung Front marschierten. Aber im Gegensatz zu richtigen Kämpfern, grinsten wir übers ganze Gesicht und winkten heftig zurück, froh darüber, dass dieses Spiel für uns gewonnen war.
Stinker und Sterry hatten sich durch die Wendung zum Guten wieder gefangen und was blieb den beiden anderes übrig, als in das allgemeine Gelächter mit einzustimmen?
Allerdings, am Strafmaß hatte sich nichts verändert, daran war nicht zu rütteln, es blieb eisern bei den drei Wochen Ausgangssperre. Nicht einmal einen Zahnarzttermin wollten wir produzieren, weil der Chef eine ausnahmslose Sperre verhängt hatte und vor ihm hatten wir doch ziemlich Respekt.

Religion und ein bisschen mehr

Sterry war mir zu jenem Zeitpunkt nur ein weitschichtiger Bekannter; ich kannte ihn eigentlich nur vom Vorübergehen, teilte aber höflich den Gruß mit ihm. Dieser Pater war mir sozusagen schnuppe. Sein Äußeres wirkte auf mich, als wäre sein Leben gelaufen; der weiße lange Bart, die gedrungene Bauart, der Körper leicht gekrümmt, als zöge Mutter Erde ihn schon am Halsband zu sich hinab. In seiner dumpfen Stimme verlief man sich, fand nicht heraus, wie sie einmal geklungen haben könnte. Sie dröhnte, als käme sie durch den Brustkorb, war dabei stockend und undeutlich. So wird plausibel, wie sehr dieser alte, unscheinbar wirkende Pater unterschätzt wurde.

»*Der Sterry in Reli*«, hieß es da auf einmal.

»Du lieber Gott!«, war die gängige Reaktion. Und niemand wusste so recht, ob darauf zu lachen oder zu weinen sei; man dachte eben als Schüler an zwei uninteressante Eigenschaften: harmlos aber langweilig! Folglich machten wir uns keine großen Hoffnungen für das Fach Religion und warteten gelangweilt auf den neuen Lehrherren. Der aber trat wieselflink ins Klassenzimmer, stieg sogleich aufs Podest und setzte sich hinters Pult in Positur. So blieb er mir in Erinnerung; er saß immer dort und deshalb gelingt es kaum, mir Sterry stehend, vor der Klasse vorzustellen. Von einem wenig bewegten Gesicht aber sprudelte es aus dem Weißbart nur so heraus. Stirnrunzelnd versuchten wir zu folgen und es dauerte Minuten bis bei den meisten die Tonaufzeichnung im Gehirnkasten funktionierte, wie man an gegenseitigen Ausdrucksmustern unschwer ablesen konnte. Es hörte sich an, als hätte er seine Zahnprothese vergessen. Aber rasch waren wir auf ihn geeicht und konnten ihn bald ganz gut verbal verstehen, allerdings ließ das fachliche Verständnis stark zu wünschen übrig, weil Sterry, anscheinend voll in seinem Element, energiegeladen in die Vollen ging. Religion war uns wie Singen oder Sport aus Volksschulzeiten als liebes, doch unbedeutendes Schulfach vertraut. Jetzt lagen wir gründlich daneben. Sterry hypnotisierte uns beinahe, als er uns Religion als das wichtigste Hauptfach dieser Schule hinter die Ohren schrieb. Er gab uns gleich in der ersten Stunde einen kurzen Überblick des Lehrstoffes, sprach von Begriffen, die wie böhmische Dörfer in unseren Köpfen klangen.

Zweck seiner Mission sei es, uns die Kirchengeschichte nahe zu bringen, ihre Päpste und deren Lebenswerke, ferner alle wichtigen Konzile mit ihren Neuerungen und Auswirkungen auf die Glaubenswelt sowie die Apostelgeschichte. Dazu zählten die Reisen der Apostel, ihre Ziele, Stationen, die Zusammenhänge und auch das Alte Testament in seiner Gliederung und beispielsweise die Bücher Mosis, einschließlich dem Buch Deuteronomium, der Abschiedsrede des Moses. Wichtig seien ihm vor allem die zeitlichen Abläufe und wir sollten uns dringend angewöhnen, die Zeitangaben gründlich einzuprägen. Es genüge nicht zu wissen, dass es Kirchenväter gibt, man müsse schon auch wissen, wie sie heißen, was sie lehrten und wann sie lebten,

doch das erführen wir, alles zu seiner Zeit, aus der Patristik. O weh, da flutschten nicht wenigen die Sicherungen heraus: Der lichte Traum vom leichten Fach verschwand in unheilvollem Dunkel.
»Und von Jesus – Maria ...?«, versuchte ein auf leichtes Futter bedachter Schüler in den Raum zu stellen. Sterry rückte heftig mit dem Stuhl, als müsse er Energie ablassen und begann mit erhobenem Haupt und unnatürlich hoher Stimme, die mit dem Senken des Kopfes immer tiefer und vorwurfsvoller wurde:
»Das gehört doch zum Allermindesten, was ihr schon gelernt haben solltet. Wir sind hier kein Kindergarten, junger Mann!« Oh Mann, das saß!
Schon zwei Unterrichtsstunden später legte Sterry ein beschriebenes Blatt Papier auf das Pult und strich sehr langsam mit seiner Handfläche von innen nach außen darüber, mehrmals nacheinander. Dieses war seine typische Handbewegung, die wir fürchten lernten, weil sie Signal für jede Probearbeit wurde. Er eröffnete die frohe Botschaft, frühzeitig unsere Leistungswilligkeit zu überprüfen. Aus einem schmalen, abgegriffenen Aktentäschen holte er die leeren Bögen hervor, ließ sie austeilen und diktierte uns die nummerierten Fragen zum Mitschreiben von seiner emsig gestreichelten Vorlage. Unbewegt saß er vorne und schaute regungslos in die Klasse. Das war unangenehm, weil bei solcher Blickbombardierung jeder zwischenmenschliche Kontakt zugrunde geht. Man glaubte, das Aufatmen der wissbegierigen Schüler zu hören, als Sterry eine Zeitung aus der Tasche holte und dahinter aus dem Blick-

feld verschwand. Auch der allgemeine Geräuschpegel in der Klasse war merklich angestiegen, entspannte Körperbewegungen nahmen zu und könnte man die Halswirbel hören, so hätte es tüchtig geknackt in der Meute.

Die alten Hasen und Häsinnen unter euch werden das längst durchschaut haben, was da lief. Solche Erfahrungen aber sammelt man immer zum ersten Mal, später ist uns das nicht mehr passiert.

Kurz und gut, der Sterry legte zum Ende der Stunde seine Zeitung zusammen und verstaute sie in seiner Mappe. Auf dem Pult lag neben dem großen Blatt Papier jetzt auch ein kleineres und dieses bekam jetzt seine Streicheleinheiten ab. Sterrys Kopf war zornig dunkelrot gefärbt, sein weißer Bart war auf die Brust gequetscht, weil der Pater direkten Blickkontakt mied und lieber vor sich niederstarrte.

»Die Ergebnisse stehen zum größten Teil jetzt schon fest«, quetschte er verärgert hervor. Dann:

»Diese Leute haben sich ihre Sechsen redlich verdient!« Er las eine ganze Litanei Namen vor, ich war dabei. Hatte uns doch der Spitzbube in aller Ruhe durch ein Loch in seiner Zeitung beobachtet; er kannte uns jetzt nach kürzester Zeit gründlicher, als uns lieb sein konnte. Sterry wurde immer gehörig unterschätzt; es war ein Vollprofi! Wie uns erst später bekannt wurde, war dieser unauffällige Mensch früher einmal der Boss im Hause und das will was heißen, wenn zwanzig Dutzend Lausbuben des Internats im Zaum zu halten sind. Dazu bedarf es Durchschlagskraft – oder Schlagkraft –

ganz wie man es ausdrücken möchte!
Eine völlig am fachlichen Thema vorbeigeschossene Ansicht dieses urgesteinigen Paters überraschte uns ganz unvorbereitet. Weiß der Himmel, wie er einmal auf Goethe gekommen war. Seine Einschätzung gegenüber dem Dichterfürsten:
»Goethe war zweifellos ein großer Dichter, aber er war auch ein ebenso großes Schwein!«
Da haben wir die Bescherung. Daran wird mancher Goethefan zu schlucken haben.
Eines war unserem Religionslehrer aber ganz eindeutig gelungen, er hatte – wie ein Zauberkünstler – sein Fach vor unseren Augen von der Maus in einen Elefanten verwandelt. Niemand blieb es fortan erspart, ausgiebig in diesem anscheinend bodenlosen Kernfach zu büffeln.

Selbstverständlich fragt man sich jetzt rückblickend – wozu? Die endlos eingepaukten und immer wieder begehrlich abgefragten Datumsreihen aller möglichen und unmöglichen Ereignisse, diese gedrechselten Namen, wie Deuteronomium, so das 5. Buch Mosis heißt, für welches ich mir die Eselsbrücke bedeutendes Unikum gebaut hatte.
Wo sind all die Stationen und Weggefährten der zwei Reisen eines Paulus geblieben, oder waren es drei? Sie haben sich von meinen grauen Zellen verabschiedet, sind einfach abgehauen, und in mir ist heute nicht viel mehr geblieben wie ein ahnungsvolles Raunen, in den langen Gängen meiner unbewussten Archive.
Ich denke, man hat hier eine große Chance vertan, den

jungen Menschen Hilfe zu bieten, anstatt ihnen Ballast und reichlich Gerümpel aufzuladen. In einem Fach wie Religion wurden uns brennende Fragen nur ungenügend beantwortet! Sie lodern noch immer zum Himmel:
Warum wurden wir geboren?
Warum müssen wir sterben?
Was ist konkret der Himmel, die Hölle, das Fegefeuer, und was bedeutet Schuld vor Gott – oder Erbsünde?
Woher kommt das Böse?
Wo existiert Ewigkeit?
Hat der Mensch eine Seele oder hat die Seele den Menschen am Schlafittchen?
Was besagen Seele, Geist, Gedanke – was ist Gott?[1]
Das wusste im tiefsten Sinne auch unser Sterry nicht. Auf diese Fragen gibt es keine absoluten Antworten! Dieses Eingeständnis könnte man also im Fach Religion in aller Bescheidenheit vermitteln. Es würde dazu führen, dass aus zugegebenem Nichtwissen Erkenntnis aus Modellen reifen könnte. Das Verständnis der Religionen würde klarer hervortreten, weil man sie als Konzepte erkennen könnte, die sie letztlich sind. Ein Solches aber sollte jederzeit verbesserungsfähig sein und mit dem Geist und der Aufnahmebereitschaft des Menschen Schritt halten, anstatt ihn zu umklammern und durch oberflächliches Ritual zu binden versuchen.
Sinn von Religion könnte als Werkzeug verstanden werden, ähnlich einer Formel in der Mathematik:

---

1 Übrigens, mit derartigen kniffligen Fragen befasst sich eingehend mein neuer, gut verständlicher Denkerband: »Am besten himmelwärts – Plan B zur Selbstbefreiung«

Es gibt viele Formeln, mehrere Wege zum Ergebnis und auch zahllose Religionen sind nur verschiedene Wege zum Resultat. Ihrer tiefen Weisheiten sollte man sich bedienen, wenn man daran geht, sein persönliches Modell zu zimmern. Dies zu tun, bleibt niemandem erspart, sobald man sich den unbeantwortbaren Fragen nähert. Doch sollte jeder, der sich auf diesen Weg macht, es dem Bergsteiger gleichtun und auf sorgfältige Absicherung achten, denn gefährlich wird es, Tradition loszulassen, ehe man Halt im Neuen gefunden hat. Das Ergebnis seiner Mühen trägt der Einzelne in seinem Herzen, es kann auf dieser Erde keine endgültige Bewertung darüber geben, sie kann nur dort getroffen werden, wo die Zeit gefangen ist, wo Geist und Energie eins sind.

Mensch, bedenke

Guter Mensch, bedenke stets
die beiden Seiten der Medaille:
Wäg' ab, ob deinem NEIN im Falle,
ein ODER nicht doch besser steht?
Guter Mensch, in dieser Zeit,
setze auf Unendlichkeit!
So siehst du dich auf langer Reise,
lebst bedachter und wirst weise.
Ist nicht wahrlich Perspektive
des suchenden Geistes Lokomotive?

Lebenssinn & Selbsterkenntnis

Schaue den Menschen gründlich aufs »Maul«.
Übe das Gute und werde nicht faul.

Lerne erkennen den Gottgewandten
im Unterschied zum Gottverdammten.

Bedenke, wie jener sein Ziel bemisst,
wie sehr er doch auf dem Holzwege ist.

Schätz' ab, wie viel Zeit wird erforderlich sein,
bis alle sind im EINEN vereint.

Ja, bleibt noch viel Raum für Wesenheiten:
zu leugnen, zu kämpfen, sich auszubreiten,

und auch Materie zu bewohnen.
Wer flieht daraus? Wer braucht Äonen?

Vergiss nicht, dass Geist ein endloses Ding
mit dem einstmals der Kosmos anfing.

Und alles was abläuft im Laufe der Zeit,
ist Spiel des Geistes in Unendlichkeit.

So kannst du dich selbst am besten erkennen
und brauchst vor dir nicht davonzurennen.

»Gaugumi & Dampfmaschin'«

Eines schönen Tages überraschte mich Wolfe mit seiner genialen Idee. Bisher waren wir immer durch Zaunlücken geschlüpft, wenn uns die Sehnsucht nach Freiheit überwältigt hatte. Das sei jetzt Schnee von gestern, es ginge viel bequemer und sicherer!
»Wir hau'n durch die Kirche ab!«, gesagt – getan!
Der Fluchtweg führte uns auf krachenden Holzstiegen über den Schuhputzbunker hinweg zum versteckten Nebeneingang, der auch dem Internat als Zugang zum Kirchenparterre diente. Die hohe Sicherheit dieser Route läge darin, meinte mein Freund, dass wir notfalls bei Gefahr so tun könnten, als wären wir nur zum Beten gekommen. Grandios!
Kaum hatte ich die Türe geöffnet, mussten wir schon ins Weihwasser greifen, machten andächtig Kreuzzeichen und Kniebeuge und stolperten zerstreut in eine Kirchenbank, in der wir mutterseelenallein niederknieten. Nur der Sterry war noch da, kam aus Richtung Altar herangewatschelt, hatte uns schon von weitem gesehen und sein weißer Vollbart zog sich auseinander und wir sahen eine breite Furche entstehen, er grinste, als er unsere Andacht sah. Wahrscheinlich wollte er in nichts dabei nachstehen, so ließ er sich ein paar Bänke vor uns auf die Knie fallen und versank in langes Gebet. Wir rutschten nicht schlecht auf unseren Knien herum, heiß war es uns geworden, peinlich fanden wir die Situation und es war absolut klar, dass jeder Mensch den Heiligenschein über unseren Köpfen hätte

sehen können. Endlich machte es vor uns einen Ruck. Der nach vorne gesunkene Kopf kam wieder zum Vorschein und der Oberkörper streckte sich, Sterry hatte genug, ging wohlwollend nickend an uns vorbei. Er hat gar nicht unseren Heiligenschein bemerkt, dachte ich, als ich in Sekundenschnelle sein Gesicht erforschte. Jetzt aber raus! Fluchtartig verließen wir die Kirche – aber durch den richtigen Ausgang, den in die Freiheit! Wir gelangten auf den kleinen Friedhof, der dem Kloster vorbehalten war und die letzte Ruhestätte unserer Quälgeister werden würde. Dann unterliefen wir das hoch aufgebäumte Zierwerk des eisernen Tores und fühlten uns frei! Aber zu keiner Sekunde in dieser Freiheit waren wir sicher. Jederzeit konnten wir einen alten Bekannten begegnen und was hättest du einem solchen schon zu sagen, außer einem artigen Gruß? Die Patres waren ja nicht einmal das Problem, bei ihnen war man sich mit lottoartiger Wahrscheinlichkeit sicher, dass man sie hier draußen nicht treffen würde. Aber da gab es noch frei umherlaufende Rudel von Lehrkräften und weltlichen Erziehern, solche konnten urplötzlich vor einem stehen und salopp gesagt, deinen Passport fassen wollen. Wenn Vorsicht bekanntlich die Mutter der Porzellankiste ist, dann galt unsere Wachsamkeit insbesondere der »optischen Kiste«. Unsere Köpfe scannten die Gehsteige auf und ab und die Augenmuskeln stellten unablässig von nah auf fern. Kam Alarm, verbargen wir uns wie Guerillakämpfer hinter Sichtschutz. Diese häufig trainierte Verschlagenheit muss uns auch letztendlich zu etwas gebracht haben, wofür ich mich heute noch schämen muss. Aber wäre das ein Grund, die Episode unter den Tisch zu kehren? Nein.

Also, da gab es eine kleine, alte Bäckerei mit etlichen Stufen vor dem Eingang und einer kräftigen Ladenbimmel, die anschlug, wenn man gegen den Widerstand des Türschließers die Tür aufdrückte. Stand man vor der Ladentheke, befand sich die darauf gestapelte Ware fast in Augenhöhe und es dauerte eine ganze Weile, ehe die alte Frau den Weg in ihren Laden bewältigt hatte. Langsam stapfte sie über Holzstufen herab, wie man deutlich hören konnte. Da wir also ausreichend Zeit hatten, das Warenangebot vor unseren Augen zu studieren, blieb uns natürlich die große Menge Kaugummi nicht verborgen, die schachtelweise, fein säuberlich zu ansehnlichen Mauern aufgeschlichtet war. Diese heiß begehrten amerikanischen Gum-Päckchen waren schließlich so magnetisch, dass sie beim Betasten an den Fingern haften blieben und als die Frau eintrat, waren sie längst in unsere Hosentaschen abgeschüttelt. Dann die Breze gekauft und raus! So fing das damals an und weil wir »einmal ist keinmal« reimten, wiederholte sich der Ladenbesuch immer wieder und wir griffen noch beherzter zu. Überrascht waren wir schon, wenn anfangs die fehlenden Lücken und später die tiefen Löcher immer wieder akkurat aufgefüllt waren, doch das hinterfragten wir nicht. Hauptsache, die Ware lag griffbereit vor und in unseren Schränken nahm der Vorrat an *»Gum«* stetig zu. Das kam dann sogar in verwegener Logik zur Aussprache:

»Die merkt das doch! Folglich – solange sie auffüllt, können wir klauen. Sie räumt schon ab, wenn es ihr zu viel wird!« Und frisch motiviert, stopften wir uns die Taschen voll. Im Überschwang unserer Gemeinheit erzählten wir anderen von dieser Goldader und ein ganz Verwegener brachte die Quelle abrupt zum versiegen. Er klaute so viel, wie er in seine Hosen- und Jackentaschen unterbrachte und verschwand, ehe die Bäckersfrau in den Laden kam.

Meinen letzten *Einkauf* dort werde ich allerdings nie vergessen. Nachdem ich eingetreten war, stand ich der alten Frau gegenüber, die Theke war wie leer gefegt und als ich eine Breze bestellte, sagte sie sehr traurig:

»Warum macht ihr so etwas? Ihr wisst doch, dass so was nicht recht ist!« Ihre Stimme begann zu zittern und in ihren Augen glänzte es feucht.

»Mein Junge war in eurem Alter, als er ging. Ihr seid doch meine Erinnerung an ihn – warum tut ihr so etwas?«, und sie fing an zu weinen, wendete sich mit einem Ruck ab und verließ den Laden.

Da stand ich nun und hätte am liebsten mitgeflennt, so elend war mir! Seit jenem Tag hatte ich meine Brezel woanders gekauft und mir dieses gemeine Diebeshandwerk abgeschworen.

Doch nehmen wir wieder den Faden auf, die Bekehrung stand zu dieser Zeit ja noch in den Sternen, wir waren noch bescheiden und klauten nur wenige Päckchen. Nach einer Halbe Bier, die immer dazugehörte, wenn wir schon dieses hohe Risiko eines Ausbruchs auf uns nahmen, machten wir uns heimwärts auf die Socken.

Spätestens vor dem Friedhofstor hatte uns der Sachzwang eingeholt:
»Zurück durch die Kirche?«
»Aber jetzt klappt die Betnummer nicht, wenn wir von draußen kommen«, wandte ich ein.
»Wir werden eben mal ein schmales Auge reinwerfen«, meinte Wolfe und lugte durch den Türspalt, konnte dadurch fast den ganzen Innenraum überblicken. Ein Fiasko, wären wir jetzt ertappt worden!
Die Luft war rein:
»Kein Mensch!« Selbstbewusst schob er die schwere Türe auf und wir schritten hinein. Beinahe hätte uns der Schlag getroffen! Verflucht noch mal – saß der Sterry doch in einem Chorstuhl im hintersten Winkel an der Kirchenwand. War er vor Gott so bescheiden, dass er solchen Abstand zum Tabernakel wählte oder war es die Raffinesse eines alten Taktikers? Jedenfalls mussten wir ihn passieren, dieses Mal nickten wir ihm zu, er tat es nicht. In Höhe des Tabernakels kamen wir punktgenau vor ihm zu Boden, machten eine perfekte Kniebeuge und gingen von dannen. Eine Gesichtsanalyse war mir nicht möglich gewesen, zu kurz die Zeit, zu schwach das Licht, zu wenig Bewegung in seinen Zügen: Fehlanzeige. Das wird Folgen haben – so machten wir uns große Sorgen über einige Tage. Doch das Unfassbare geschah: nichts.

Wer Lumpen durchschauen will, hat es leichter, wenn er selbst einer ist.

In jenen Tagen lief mir in den langen Fluren auffallend häufig ein Unsympath in die Quere. Düster dreinblickend, mit der Hand in der Hosentasche, schlenderte das kleine Männchen umher, als müsse es den gestrigen Tag suchen. Was war das für ein Kerl? Ging ich an ihm vorüber, guckte der Zwerg einfach zur Decke, machte mich zu Luft und wie sollte er mich dann bemerken, da ich ihn ehrfürchtig gegrüßt hatte? Das passierte ein paar Mal und so beschloss ich, meinerseits ebenfalls den Blick abzuwenden, sollte ich ihn wieder begegnen. Darauf brauchte ich nicht lange zu warten. Er kam lässig daherflaniert und ich blickte in eine freundlichere Richtung, hinüber zum sonnigen Gangfenster. Wie soll ich es beschreiben? Als wäre ich versehentlich auf eine Schlange getreten – genauso flink wand sich der Mensch herum und schnappte mich am Oberarm. Er kam mir dabei so nahe an die Kleider, dass ich meinte, seinen Herzschlag zu spüren und dabei versprühte er hochgiftig seine Meinung. Klein war er schon, wie er so an mir klebte: Ich sah leicht nach unten, er herauf aber großen Schrecken hatte er mir doch eingejagt, also folgte ich meiner Einsicht und grüßte ihn fortan erbarmungslos mit Verachtung, sobald ich ihn sah. Sein Verwendungszweck im Hause war auch bald klar, er war als ziviler Erzieher angeheuert worden, also ein Aufseher, wie wir das nannten.

Ehe er seinen Dienst antrat und sich hinter das Pult setzte, hatte er einige Tage damit verbracht, beim Herumschlendern Erfahrungen zu sammeln, wozu ja auch ich einen kleinen Beitrag leisten konnte und dabei sollte es weiß Gott nicht bleiben. Es ist schon gesagt worden, wie üppig unser Vorrat an Kaugummi angewachsen war, folglich hatten wir ordentlich zu kauen, der Wolfe und ich, und das taten wir auch heute während der Studierzeit unter der neuen Aufsicht. Der düstere Blick hatte sich um keinen Deut aufgehellt, eher noch verschlimmert. Grantig setzte sich der Mensch nach einer kurzen, muffigen Einführung auf seinem Ansitz und starrte auf die Tischplatte vor sich hin. Weil jemand bei seiner Vorstellung *Wildfang* verstanden hatte, blieb es für uns dabei und sein Spitzname war so treffend, wie er besser nicht hätte gewählt sein können. Neugierig beäugten wir das Geschöpf, das anfing sich zu bewegen; es streckte sich auf seinem Stuhl und die Füße kamen neben dem Katheder zum Vorschein, so konnten wir die neuen Ledersohlen bestaunen. Regungslos verharrte der Erstarrte in dieser Haltung, das Kinn ruhte auf der Brust, sein Blick visierte die Schuhspitzen und wir kauten behäbig unseren Kaugummi. Auf einmal schnellten die Knie hoch, der Oberkörper spannte sich und mit einem Satz sprang der Neue auf, sein Stuhl polterte dabei und alle Köpfe fuhren hoch, um zu schauen, was passiert war. Aber es war nichts geschehen, der Neue begann sich nur die Füße zu vertreten, wandelte mit verschränkten Armen hinter dem Rücken und mit pendelnden Schultern, zwischen den Pultreihen auf und ab. Dann stand er vorm Fenster, wippte auf den Fußsohlen und setzte seine Patrouille fort. Indes wurde emsig gearbeitet, man hörte nur das heimelige Geräusch der Federkratzer und vernahm das Rascheln von Papier, ein Hüsteln hier, eins dort. Aber mit allergrößter Aufmerksamkeit nahmen die Lernenden jede Bewegung des Neuen auf, folgten jeder Regung in seinem Gesicht. Es war ein erstes Abtasten, eine Prüfung, wie weit wohl die eingescannte Personenvorlage einer Bearbeitung durch uns standhalten würde. Sein ungestümes Aufstehen von eben deuteten wir als eigentümlichen Körperreflex, man würde sich eben daran gewöhnen müssen und so nahm der Pegel an Geräuschen zwar zaghaft, doch stetig zu. Erste Gespräche wurden geknüpft, Pultdeckel gingen hoch und boten Schutz gegen den bösen Blick, dahinter sah man allerlei Faxen und so gab es auch was zu lachen.

Der Neue hatte sich wieder hingesetzt und schaute wie unbeteiligt durch die Gegend, die allerdings immer Interessanteres bot. Da – ein kolossaler Reflex, der Wildfang sprangt auf seine Füße, die Worte der Schwätzer blieben ihnen im Halse stecken, Pultdeckel schlossen sich – Ruhe vor dem Sturm? Denkste! Wieder Patrouille, das Wippen auf den Sohlen, diesmal in einer Ecke und bisher kein einziges Wort aus seinem Mund während der ganzen Zeit. Damit sei Entwarnung gegeben, meinten viele und ließen ihn einen guten Mann sein. Aber ganz geheuer erschien uns die Sache doch nicht, dazu schaute der kleine, kernige Bursche einfach zu gefährlich aus der Wäsche. Schnell fand sich auch für diesen Aspekt eine Erklärung: Irren ist menschlich. Für sein Aussehen kann er doch nichts, der ist doch harmlos. Und tatsächlich, unsere mutigen

Bearbeitungsversuche blieben ohne Folgen – keine Rüge, kein Wörtchen dagegen. So war's recht!
Die Schüler wiegten sich schließlich so in Sicherheit, dass sie die Feindbeobachtung aufgegeben hatten und sich ganz ihren Pflichten und kleinen Freuden widmeten. Wie aus dem Boden geschossen stand plötzlich Wildfang neben mir und ich erschrak mächtig, da ich momentan überhaupt nichts angestellt hatte und eben noch in Gedanken versunken über den Schlachtfeldern der Hunnen schwebte, deren Untaten wir in Geschichte gerade behandelten.
»Steh auf!«, sagte er in einem Ton, der sich bis zum Zerreißen dehnte. Wieder kamen wir uns so unheimlich nahe. Beim Aufstehen streifte ich an seinem Anzug in die Höhe, so eng hatte er sich in Positur gestellt. Seine Linke lässig in der Hosentasche, sagte er hochblickend: »Nimm den *Gaugumi* aus dem Mund!« Das klang so lustig, dass ich ins Grinsen kam. Gaugumi! – Gau-gu-mi –, dieses Wort betonte er so unsäglich, dass ich unwillkürlich an einen Russki oder Polen dachte – ja, von dorther musste er kommen, stieg es in mir auf. Und wohin ich auch in diesem Augenblick blickte, sah ich nur breites Grinsen auf allen Gesichtern.
Ihr kennt doch alle den Tangoschritt? Einen solchen langen Schritt zog sich der Kleine elegant zurück und blitzartig haute er mir seine Handfläche auf die Backe, dass ich wie gefällt zurück auf meinen Stuhl flog. Seine linke Hand blieb dabei in der Tasche stecken und da alles so schnell ablief, grinste Wolfe noch immer vor Schadenfreude und das zu einer Zeit, wo Wildfang jetzt

neben ihm stand und sagte:
»Steh auf!«, – o ja, fantastisch!
»Nimm den Gau-gu-mi aus dem Mund!«, – ja, super!
Und peng! Ich grinste mit meiner betäubten Gesichtshälfte wie ein Invalide. Aber wer zuletzt lacht, lacht bekanntlich trotz allem am besten! Wieder einmal hat eine höhere Gerechtigkeit dafür gesorgt, dass wir Gum-Diebe eine Lektion erhalten haben, eine viel zu gnädige allerdings, für unser dreistes Vergehen. Uns hätte auch noch der Hintern verhaut werden müssen! Netwanet?
Es war noch nicht viel Zeit an mir verloren gegangen, schon traf mich seine erzieherische Hand erneut an empfindlicher Stelle. Es war der alte Karl May, der hier die Schuld trägt. Hätte dieser nicht so spannende Bücher geschrieben, von wilden Apachen, schnellen Pferden und Revolverhelden, so wäre es nicht nötig gewesen, meinen Pultnachbarn eine Szene daraus zu schildern, die er mir soeben abverlangte. Die überrumpelten Apachen waren gerade abgehauen und Old Wabble mit seiner alten Rifle nahm die Verfolgung auf. Dies dramatisch zu unterlegen, mischte ich den Ton hinzu, ritt mit dem Stuhl wie auf einem Pferd und die Dielen verkündeten den Hufschlag, für den sich auch der Wildfang interessierte. Ihn hatte ich ganz vergessen, aber wie er lässig und mit der Hand – richtig! – in der Hosentasche, ganz langsam heranschlenderte, hatte ich auf einmal hellseherische Fähigkeiten: Ich wusste, was kommen würde! Aber was er sagen würde, dazu reichte meine Fantasie halt doch nicht aus. Es kam eine Aufforderung im Stil des Rosenkranzgebetes. Ihr kennt

vielleicht diesen Stil?
»Der für uns das schwere Kreuz getragen hat« – heißt es zum Beispiel dort. Er aber sagte, ehe sich meine Vision erfüllte:
»Steh auf, der du mit dem Stuhl gewackelt hast!«

Mehr als Nichtstun kann man nicht tun, dachte sich der Faulpelz.

Es war bei uns nicht wie bei armen Leuten; wir hatten gleich mehrere Studiersäle!
Ein Schüler, der *Pfeif* – sein richtiger Name ist mir längst entfallen – war umgesetzt worden, richtete also jetzt bei uns sein Pult ein, in der Reihe vor dem Zwischengang, mitten im Studiersaal. Und wie er zu seinem Namen kam, davon soll nun die Rede sein.
Pfeif hatte einen gewaltigen Nachteil: Er kam aus einem erzieherisch günstigen Umfeld und kannte nicht die Tücken unseres Subjekts. So war er als Umzügler hinter seinem offenen Pultdeckel beschäftigt und den Blicken der Aufsicht entzogen; alle Übrigen hatten aber gefälligst ihre Pulte zu schließen. Hatte der Pfeif zwar längst eingeräumt, so dachte er nicht daran, sein Privileg vorzeitig aufzugeben, zu schön war es, im Schutz des Pultdeckels zu hantieren. Seine Nachbarn und die rückwärtigen Schüler sahen ihn mit geheimnisvollem Material beschäftigt und auf seinem Hosenboden unruhig umherrutschen. Sein Kopf tauchte immer wieder hinein ins Büchergrab, er schaute von links, bald von rechts nach einem Etwas und auch seine Arme

und Hände blieben nicht untätig. Was macht der bloß? In seine Wangen war eine kräftige Farbe gestiegen, die aus Freude und Aufregung aber auch aus der Hitze eines Feuers geboren wird. Jetzt erkannte man am angehobenen Arm ein Einfüllen – Umfüllen? – Auffüllen? Was treibt er da? Immer mehr Hälse streckten sich, aber ihnen blieb der Einblick über den hohen Pultrahmen verwehrt. Nur die beiden Nachbarn saßen quasi in der Loge und hatten ihre Köpfe bequem abgestützt und die staunenden Augen mit breiter Handfläche gegen den *Aufpasser* abgeschirmt. Dieser saß vorne, in gespreizter Seglerhaltung wie bei hoher Windstärke und las in einem Buch, das er kurz vor den Knien hielt. Uns hieß man Flegel, legten wir eine solche Körperhaltung an den Tag.

Dann ging es Schlag auf Schlag:

Spiritus! – es roch nach Spiritus! Und ein Zischen war zu hören – scht-scht-scht-scht, welches immer schneller wurde. Pfeif drehte sich halbseitig nach hinten um und zeigte ein unmissverständliches *Was-bin-ich-für-ein-toller-Kerl-Gesicht*. Seine Ohren waren rot vor Erregung. Wildfang hatte Lunte gerochen, war hochgefahren und wie immer, schlendernd, Hand in der Hosentasche, machte er sich auf den Weg zum offenen Pultdeckel. Dort lief die Sache bereits auf Hochtouren und mächtiger Druck stand an. Durch einen beherzten Zug am Ventil ließ der Wahnsinnsknabe Dampf in Form eines schrillen Pfiffs ab, dieser wiederum riss Wildfang die Hand aus der Tasche und machte ihm sozusagen Beine. Die letzten Meter legte er spurtend

zurück und reflexartig grapschte er nach der Ursache, verbrannte sich aber dabei ungemein die Finger, wie sein gefletschtes Gebiss eindrucksvoll bestätigte. Also wandte er sich handwarmen Sachen zu, packte den Pfeif am Kragen und zog ihn auf Arbeitshöhe. Dann haute er im weit ausladenden Kraulstil eines Wettschwimmers erst eine von rechts, dann eine von links an die Ohren, die nun mindestens solange dunkelrot glühten, wie die heiße Dampfmaschine sich Zeit ließ, wieder abzukühlen.
Pfeif hatte nicht nur heiße Ohren bekommen, er hatte auch unseren Wildfang kennen gelernt und er hatte sogar einen neuen Namen erhalten! Wer aber so reich beschenkt wird, muss ein glücklicher Mensch sein. Pfeifs Dampfmaschin' hat allerdings niemand mehr zu Gesicht bekommen.

*

Verwechslung

»Nein! Er war es nicht –
Franz Ferency aus Debrezin,
der schöne Worte drechselt.
Es war der »I-fahr-hier«,
ein greiser Muezzin aus Agadir!
Die zwei hab' ich verwechselt. –
Ja! Wahrheit sei mir Pflicht!«

Schrumpfkopf, Krippenspiel, Eskimo

Wenn im Kreislauf der Jahreszeiten die Tage kürzer wurden, die ersten Schneeflocken fielen, breitete sich im Internat fast unmerklich eine besondere Stimmung aus. Wir empfanden dies als eine Mischung aus Behaglichkeit, Wärme und Vorfreude auf ein noch fernes aber täglich näherrückendes Weihnachtsfest.

Auch wurde in diesen Wochen viel gelesen und gebastelt und abends, vor dem Schlafengehen, versammelte man sich in der Adventszeit gelegentlich unter einem Adventskranz im ersten Stockwerk bei der so genannten *Mariensäule*, einer in die Wand eingelassenen Marienstatue. Bei romantischem Kerzenlicht sangen wir inbrünstig einige Strophen eines Adventslieds, ehe wir danach in die Betten stiegen.

Groß war unsere Spannung, wenn vornehmlich in dieser Jahreszeit Patres aus den fernen Missionsstationen ihre Lichtbildervorträge angekündigt hatten. Dazu kamen nach dem Abendessen im großen Studiersaal die Leinwand und der Projektor zum Einsatz, und dichtgedrängt hatte sich das ganze Haus versammelt. Alle freuten sich auf die spannenden Geschichten aus einer anderen Welt, die uns gleich erwarteten. Es war Information aus erster Hand; die Missionare verbrachten nur einen kurzen Heimaturlaub und waren dann wieder in ihrer Mission tätig. Heute lässt sich unsere Spannung kaum mehr nachvollziehen, zu sehr hat sich die Welt seitdem verändert. Ein Farbdiavortrag war noch etwas Besonderes und die Aufnahmen von nackten, bemalten, mit Speeren bewaffneten Eingeborenen beim Kriegstanz waren sensationell! Noch war Afrika ein geheimnisvoller Kontinent und Tourismus im heutigen Sinne ein Fremdwort.

Wenn gar der Pater aus Neuguinea von seinen bekehrten Schützlingen sprach, welche er porträtierte und gleichzeitig die Schrumpfköpfe im Hintergrund ablichtete, so war das ein unglaubliches Dokument für uns. Diese Leute waren leibhaftige Kopfjäger und hatten ihren Opfern noch höchstpersönlich die Köpfe abgeschnitten. In einem Spezialverfahren, welches der Pater uns nicht verraten wollte – sicher ist sicher, dachte er sich wohl – wurde die Beute auf Faustgröße geschrumpft und die Trophäe sozusagen an die *Haustüre* gehängt, als Zeichen des Sieges, Wohlstands und als Talisman. Die Schrumpfköpfe zeigten das Antlitz des Opfers unverändert, auch die Wimpern, Augenbrauen und die Kopfhaare waren noch vorhanden; die Köpfe waren nur verkleinert worden. Auch von Kannibalismus war zu hören und von heimlichen Kriegszügen der Pfarrkinder, die noch immer nicht gelernt hatten, nach den für sie seltsamen Regeln des Christentums zu leben.

Ein Schrumpfkopf sollte auf einmal kein Statussymbol mehr sein? Erzähl das mal 'nen Mercedesfahrer! Würde der denn auf seinen Prestigestern verzichten? Nun, die Zeiten haben sich verändert, die Welt ist klein geworden, der Mensch kennt beinahe jeden Winkel wie seine Hosentasche und Mahlzeiten auf verschiedenen Kontinenten am selben Tag, das ist auch nichts

Besonderes mehr. Sogar mancher Normalbürger fliegt, taucht, reitet, oder klettert im Himalaja, segelt zu Wasser oder durch die Luft und macht noch tausend andere schöne Sachen. Aber ist er nicht unzufriedener geworden, als er es früher war, ehe er von all den Möglichkeiten noch gar keine Ahnung hatte?

Welche Antwort fördert da die Logik ans Licht?

Wenn mit der Zunahme von Annehmlichkeiten die Unzufriedenheit steigt, könnte sie mit der Reduzierung von solchen wieder sinken. Das sollte man unbedingt einmal ausprobieren! Schließlich strebt jeder nach Zufriedenheit und es könnte schon sein, dass mit mehr gewonnener Zeit für unsere grauen Zellen auch mehr Frohsinn einkehrt. Wer jährlich drei strapaziöse Flugreisen neben seiner Arbeit unternimmt, der weiß wohl, was ich damit sagen will. Freude entsteht nicht, wie viele irrtümlich glauben könnten, am Fahren – in ständiger Bewegung also – sondern viel einfacher: in beschaulicher Ruhe!

Wieder kam die Aufforderung: »Freiwillige melden!«

Weil ich auch einmal auf den Brettern stehen wollte, welche die Welt bedeuten, hatte ich zaghaft den Finger gehoben. Die Proben für das Krippenspiel sollten schon morgen beginnen und als eher zurückhaltender Zeitgenosse gärte in mir arg die Gewissensfrage, ob ich mir damit nicht doch zu viel zugemutet hatte. Auf der Bühne stehen und vor allen Leuten etwas spielen und sprechen – ein schauderhafter Gedanke – aber da musste ich jetzt durch, eine richtige Herausforderung

für mich! Also traf sich die bunte Zufallsmischung im Zeichensaal zur ersten Probe. Kapitän Huck, unser Regisseur, zeigte ein besorgtes Gesicht. Sichtlich grübelte er darüber, wie er die Rollen in solch seltene Figuren unterbringen sollte; seine Hand klebte förmlich an seinem Kinnladen. Während wir unschlüssig herumstanden, schritt Huck unaufhörlich, mit markantem Auftritt und dem Klickgeräusch im Holzbein, an uns vorüber. Er schaute uns prüfend von oben bis unten an und als wir schon das Gefühl bekamen, es sei nichts Geeignetes für ihn dabei, gab er sich einen Ruck und mit nahezu militärischer Freundlichkeit befahl er:
»Du bist der Josef – du die Maria – du der Engel – du der Wirt – du bist Hirte – du auch – und du!« Dabei schritt er auf seine Kandidaten zu und stupste sie mit festem Zeigefinger auf die Brust. Noch bevor ich auf der Bühne stand, hatte ich schon meinen ersten Lacher abbekommen – ich war die Maria! Mein Gott, eine weibliche Hauptrolle! Wenn ich das gewusst hätte – niemals, nie und nimmer, stünde ich jetzt hier! Die lachen dich doch nur aus, ärgerte ich mich. Für weitere trübe Gedanken blieb kein Raum, Huck hatte mir schon den Text in die Hand gedrückt. Zum Glück war da nicht viel; ich hatte wohl mehr mit Gesten zu arbeiten? Neben mir stand ein baumlanger Josef, der blonde Hermann. Ob ich mit dem kann? Na, wird schon nicht so schlimm werden! Schauspieler benötigen natürlich auch eine stilgerechte Bekleidung. Deswegen machten wir uns auf den Weg in eine geheimnisvolle, bislang unbetretene Sperrzone des Gebäudes, den Klausurbe-

reich der Nonnen, wo sich im Vordergang ein Nähraum befand. Erstaunt über die vielen anwesenden Schwestern dort, die uns neugierig empfingen, kamen zuerst die drei Hirten zu ihren Klamotten. Ein paar zusammengenähte Rupfenstücke, mit Durchschlupf für den Kopf – fertig das Gewand – und schon waren sie bedient und wieder draußen. Nicht viel anders verfuhren Sie mit Josef und dem Wirt. Die bekamen etwas edleren Zwirn ab: Ein kariertes Hemd und grünen Schurz der g'scherte Wirt, und für Josef hielten sie eine fesche Weste und ein weißes Pluderhemd bereit. Letztgenanntes wurde schnell mit Nadeln abgesteckt, da noch angestückelt werden musste, für den langen Kerl. Beim Abstecken kam es dann aber doch neugierig aus einer Schwester hervor:

»Und wer ist denn die Maria?« Säuerlich grinsend, und ein paar Mal schnell mit dem Kopf nickend, so hatte ich mich offenbart. Alle Schwestern schielten nach mir, freudig strahlend wie Kinder, die ihr Spielzeug gesehen haben. Dem Engel verpassten sie ruckzuck einen weißen, bodenlangen Überwurf und setzten dem Armen ein Goldkränzchen in die blonde Lockenperücke, was dem Schorsch aber gar nicht besonders gefallen hat, wie er uns später gestand. Jetzt war ich alleine bei den Klosterfrauen, die sich sofort auf ihr Opfer stürzten und mit verzücktem Lächeln hielt mir Schwester Eulalia blaue Seide an die Länge. Schwester Ottilie hing mir reines Weiß über den Schädel und drapierte den Stoff über der Schulter zum Kopftuch, sodass die beiden Zuschauerinnen erfreut die Arme hoben und gurrten

wie seltene Vögel. So wird's lustig! Ich schämte mich derweil still vor mich hin und war heilfroh, als die Prozedur endete und ich die Tür wieder von außen sah.
Als ich Tage später zur Anprobe gerufen wurde, machte ich mich, nichts Schlimmes ahnend, auf den Weg zum Klausurbereich. Ich trat durch den schmiedeeisernen Raumteiler, der symbolisch Kloster und Weltlichkeit trennt – und erschrak fürchterlich. Unvermittelt fand ich mich in einer Horrorszene. Vor mir eine kahlköpfige Nonne! Sie schrie mit abweisenden Händen, als hätte sie den leibhaftigen Teufel gesehen, machte kehrt und floh, anscheinend um ihr Leben zu retten, mit fliegendem Ordensrock den Gang zurück, in ihr Zimmer. Das war schon seltsam, denn wer einen männlichen Glatzkopf gesehen hat, weiß bekanntlich, dass dies bei einer Frau auch nichts Außerirdisches ist.
Die Anprobe verlief sehr sachlich, man hatte doch den Todesschrei gehört und mich als Ursache identifiziert und es gab auch keinen Kommentar, als *Maria* vor dem Spiegel stand und das Schneiderstück bestaunte, also war ich gefordert, etwas zu sagen:
»Schön, sehr schön ...«, stotterte ich und mein Grinsen war ihr Lohn.

Ach ja, beinahe hätte ich sie vergessen – die Vorführung selbst! Im Speisesaal war von fleißigen Helfern die Bühne aufgebaut worden, einen Meter über dem Boden. Der Vorhang glitt in Ringen über ein dünnes Stahlseil, das von Wand zu Wand gespannt war. Einige große Pflanzenkübel sorgten für grüne Natur. Etliche

Sterne und eine Mondsichel aus Pappe, gelb angepinselt, spielten die Nacht. Und ich, die Hauptfigur, sollte diesen Gaffern nur noch zeigen, wie es ist, wenn man schwanger ist, am ganzen Leib friert, hungrig und müde dazu, aber kein Quartier für die Nacht bekommt. Das ist nicht einfach! Und wenn ich anschauen musste, wie schamlos ich angefeixt wurde und wie sich einige Flegel vor Lachen krümmten, da kam auch das wenige Material an Text nicht so zur Geltung, wie es vom Regisseur vielleicht gedacht war. Einen Satz weiß ich noch – zu schluchzen nach dem abschlägigen Bescheid des Wirts, uns kein Nachtquartier zu geben:
»Mich friert, liebster Josef, lasst uns weitergehen ...« – Josef dabei sanft am Arm fassend, emporblickend zum baumlangen Kerl – und, wer sagt's denn: Sogar der grinst mich auch nur an! Seit dieser Vorstellung ist mir klar, dass mein Verstellmechanismus unterentwickelt ist und auch keiner weiteren Förderung würdig wäre.

Schon bevor die frostigen Nächte dem Wörnitzwasser tragfähiges Eis bescherten, hatte ich rechtzeitig von zu Hause meine Schlittschuhe angefordert. Das waren Apparate, wie man sie nur noch im Museum findet. Sohlen- oder Absatzreißer, auch Schraubendampfer nannte man diese Konstruktion. Man befestigte deren Sohlen- und Absatzklemmen mittels Schraubenschlüssel am Lederstiefel. Wie bei Damenschlittschuhen üblich, hatten auch meine Schlittschuhe, die von einer *wer-weiß-woher-Urfrau* stammten, an der Vorderseite kräftige Eiszacken, damit konnte man beim Eiskunst-

lauf guten Halt beim Pirouettedrehen finden. Aber wo ein Vorteil, ist ein Nachteil Nachbar:
Als ungehobelter Hockeybolzer, der ich war, konnte ich sehr leicht mit den Zacken im Eis hängen bleiben und sensationelle Stürze liefern. Dann flogen, wenn ich Glück hatte, nur die Schlittschuhe durch die Gegend. Pech war es, wenn Sohle oder Absatz adieu sagten, dann war die Eislaufsaison vorerst beendet. Dies hatte wohl meine Eltern spendierfreudig gestimmt, denn im folgenden Jahr besaß ich nagelneue Hockeyschuhe, ohne Schraubenschlüssel, versteht sich! Jetzt brauchte es nur tüchtig kalt zu werden und einer wilden Hatz auf Kufen stand nichts mehr im Wege. Halt! Nur eine Kleinigkeit fehlte noch: das Wasser!
Die Wörnitz musste noch auf den Fußballplatz geholt werden. Mit der großen Wasserpumpe aus der Internatsgärtnerei saugte man auf gut Glück das Wasser auf die Wiese, in der Hoffnung, es würde über Nacht schon gefrieren, bevor es wieder im Boden versichern konnte. Später kamen unsere Oberen sogar auf die außergewöhnliche Idee, uns gleich auf die Wörnitz zu lassen. Allerdings setzte das schon ordentlichen Frost voraus, nicht jedes Jahr spielte Petrus mit. War es aber soweit, machte es uns einen Riesenspaß, auf der Wörnitz weithin ins Land zu gleiten, kilometerlange Ausflüge auf dem Flüsschen – ein wahrer Genuss!
An solch einem Tag fuhr ich mit einigen Kameraden, trotz Verbot, in die Gegenrichtung, entlang der alten Stadtmauer, Richtung Donaumündung. Dort verbreiterte sich die Wörnitz, und das Eis wurde von der

vorbeiströmenden Donau durch deren Sog belastet; es war von zahlreichen Sprüngen durchzogen. Je näher wir der Mündung kamen, umso kräftiger zeigten sich die Risse und schließlich bildeten sich Spalten, die das Eis zu schwimmenden Inseln machten. Auf diesen großen Eisplatten hielten wir uns jetzt auf, sausten dahin und sprangen übermütig über die schmalen Spalten auf die nächste Platte. Noch weiter draußen öffneten sich die Lücken immer mehr und so imponierten wir uns gegenseitig durch längere Sprünge.

Weil jeder Mutbeweis einen größeren fordert, sprangen wir mit unseren Schlittschuhen im Anlauf über meterbreite Gräben, in denen das dunkle Wasser an den Platten zog, und wie Echolot dröhnte es bei Aufsprung durchs Eis. Lauter wurden auch die Knackgeräusche der Eisplatten selbst, durch ihr Bersten entstanden immer kleinere Eisschollen, die Booten ähnlich, in der Strömung trieben und an Fahrt gewannen, wenn sie in die Donau einfuhren und dann unseren Blicken entschwanden. Hier draußen fühlten wir uns wie Eskimos, weit entfernt von den übrigen Eisläufern, doch als wir uns der Gefahr bewusst wurden und höllisch Angst bekamen, stand die Chance für eine Katastrophe nicht schlecht. Unsere Eisscholle war verdammt klein, sie trieb immer weiter ab und der Spalt war unüberwindlich breit geworden. Am Uferweg nahmen wir jetzt händeringende Menschen wahr, hörten ihre Rufe und erkannten, dass dies uns galt. Da sah ich mich im Geiste bereits als Wasserleiche in der Donau schwimmen und war völlig verzweifelt. Um aber die Sache kürzer zu machen als sie uns vorkam – denken wir nur an die Relativitätstheorie und das Beispiel Ofenplatte – sei gesagt, dass wir uns schließlich in letzter Sekunde noch retten konnten. Als sich die Eisscholle einer größeren, weit hinausragenden Eiszunge näherte, sprangen wir ab und als letzter Springer hatte ich die weiteste Distanz zu überbrücken. Ich spürte, wie die Eisscholle beim Absprung zurückwich und ich landete halb stürzend auf dem rettenden Eiland, mit einem Fuß im kalten Wasser. Die genervten Zuschauer an Land hatten sich inzwischen aufs Eis begeben und uns den Rückzug abgeschnitten; sie standen wie eine Demonstrationsgruppe im Wege und schimpften wild empört auf uns ein. In solchen Situationen erkennt auch der Dumme, dass manche Verbote schon einen Grund haben; speziell diesen hatten wir nun fürchten gelernt.

*

Durchaus verständlich, dachte der Verstand,
als er in sich ging und nichts Gescheites fand.

Der Achtzehnhunderter

Möchte ein Friseur es sich leicht machen, könnte er seiner Kundschaft einen Topf auf den Kopf drücken und mit dem Rasiermesser alles kahl rasieren, was an Haarpracht noch zu sehen ist:
»Fertig der Herr!«, genau solch einen Haarschneider hatte wohl der *Achtzehnhunderter*.
Der war ein Typ wie aus dem Bilderbuch. Gutes Mittelalter, korrekt gekleidet, bevorzugt in braunen Farbtönen, straffe Körperhaltung, dynamischer Schritt und trotz allem doch eine Witzfigur. Schon wieder hatte die Internatsleitung einen Kalfakter auf uns angesetzt, der unser Tun mit scharfem Auge unter Kontrolle hielt. Herrlich – wenn der Mann im Eilschritt über den Steinfußboden fetzte, hallte sein Schritt im ganzen Stockwerk. Er trug eisenbeschlagenes Schuhwerk nämlich – und das ist für eine Aufsicht schon ziemlich dämlich! Klar, dass er kaum einen von uns auf frischer Tat erwischte, weil man sein Herannahen nicht überhören konnte. Wie sein Spitzname entstand oder was dieser zu bedeuten hatte, das wusste kein Mensch.
Der Spitzname *Achtzehnhunderter* entstand vermutlich durch kreativen Funkenflug; er verbreitete sich unaufhaltsam in kürzester Zeit und brannte sich in die Herzen der Schüler ein. Sah man diesen Mann, niemand hätte einen treffenderen Namen gewusst. Eigentümlich, komisch, was? Er gehörte zu jenen Menschen, die einem für alle Zeiten fremd vorkommen, egal wie lange man mit ihnen zusammen ist und auch er wird seine

Befohlenen so erlebt haben, denn sicher beruht solches Phänomen auf Gegenseitigkeit. Kaum einen Schüler kannte er namentlich. Straffällig geworden, musste man ihm immer sagen, wer man ist, und das passierte leider sehr häufig. Ich hätte nicht einmal große Angst gehabt, ihn unerlaubterweise in der Stadt zu begegnen; der kannte einen doch gar nicht, obwohl er mich oft genug abwatschte. Der Erstkontakt, den ich einseitig mit der neuen Hilfskraft aufnahm, geschah bereits an seinem ersten Arbeitstag. Drunten, im winterlichen Garten, lief der Mann stramm und mit weit ausholenden Schritten alleine des Weges. Unsere kleine Gruppe sah ihn vorbeiziehen und frech feuerte ich ihm einen Schneeball nach, mit freundlichen Grüßen versehen. Gerade rechtzeitig, um den Treffer zu sehen, aber für den am Kopf getroffenen zu spät, noch den Übeltäter zu entdecken, weil bereits dichtes Buschwerk Deckung bot. Ich bekam anerkennendes Schulterklopfen zu spüren, derweil war der Neue schnurstracks weitermarschiert. Wie es der Kuckuck wollte, machte mir der noch namenlose Neue bereits in der folgenden Studierzeit seine Aufwartung.

Ich war gerade mit meinem Pultnachbarn in strategische Überlegungen verwickelt, in Gedanken auf hoher See, und feuerte soeben ins Planquadrat D7.

»Wasser!«, kam es höhnisch zurück. A1, sein Gegenangriff versenkte mein U-Boot; ich hatte es doch so gut in der Ecke des Karofeldes versteckt!

»Warte nur: A1!«, sagte ich. Kleinlaut meldete er mir den Untergang eines seiner U-Boote. Prompt wiederholte sich dieses Spiel in weiteren Ecken unserer Seekarten und durch Serienerfahrung blitzgescheit geworden, fand sich auch noch das vierte U-Boot in einer Ecke. Da waren wir so entzückt über diesen enormen Zufall, dass ich beim letzten Schuss mit dem Lineal auf den Tisch knallte und damit die Füße der Aufsicht in Bewegung brachte. Im Gegensatz zu anderen Erziehern gab es beim Neuen keine großen Formalitäten, wie *Aufstehen* und so, auch verbale Spielchen machte der nicht. Er haute, wie man sich gerade befand, mit voller Wucht, von rückwärts im steilen Winkel auf den Hinterkopf. Wahrscheinlich hatte er auch keine große Lust sein Opfer anzusehen, weder vorher noch nachher, schon war es erledigt und er wieder fort.

Eines Abends hatte sich ein Zauberkünstler angekündigt. Was heutzutage nichts Außergewöhnliches ist, war in unserem Einerlei schon eine kleine Sensation! Der Achtzehnhunderter führte nachmittags im Studiersaal die Aufsicht und bereitete indessen mit einigen Helfern den abendlichen Auftritt des Magiers vor. Gerade wurde eine Tafel aus einem nahen Klassenzimmer hereingetragen und in Position gebracht.

Weil die Drehtafel beidseitig beschrieben war, machte sich eben ein Schüler daran, die Rückseite mit einem nassen Schwamm zu säubern. Vor der Tafel stand der Erzieher mit verschränkten Armen, gab seinen Kulis Anweisungen, was zu tun sei, und ließ uns Lernende dabei nicht aus den Augen; wir machten das genauso mit ihm.

»Hierhin kommt der Tisch!« Die Schüler schleppten einen riesigen, schweren Eichentisch heran und ließen ihn erschöpft auf das Parkett nieder. Was will der Zauberer mit dem?

»Auseinandersägen!«, mutmaßte trocken ein Kenner.

»Du reinigst auch die Vorderseite der Tafel?« Der Befehl bei leicht nach rückwärts gedrehtem Kopf fand sofort Beachtung. »Ja, ja!« – und schon wendete der fleißige Schüler kraftvoll die Tafel.

»Aua!« – Unser spontaner Ausruf, von Vorahnung und Mitgefühl geprägt, traf mit dem Knall der Wendetafel auf dem harten Schädel des Achtzehnhunderters zusammen. Der ging etwas in die Knie und weil dies wie ein höfischer Knicks aussah, zwangen sich alle zu geheucheltem Ernst, der scheinheilig in den Gesichtern stand, aber jederzeit durch die Komik der Situation zu bersten drohte.

»Nur immer feste druff ...«, drang es in stoischer Trockenheit aus dem Hintergrund und da gab es kein Halten mehr; alle lachten drauf los und der buchstäblich Getroffene fasste sich an seinem Schädel und suchte schleunigst das Weite.

Endlich, am Abend nach dem Abendbrot, stand der Zaubermeister im schwarzen Frack vor uns. Was er uns geboten hatte, ist heute kalter Kaffee, damals live und noch nie zuvor gesehen, da war es fantastisch! Flatternde weiße Tauben aus dem schwarzen Zylinder, die unverwüstliche Seidenblume – aus der Bewegung heraus – zum Blumenstrauß explodiert, Karten, welche vom Stapel von Hand zu Hand durch die Luft schnellten. Der Tisch wurde nicht zersägt, doch diente er als Podest. Ein Freiwilliger bestieg diese *Bühne* und durfte sich auf einen Stuhl setzen, so konnten alle sehen, was ablief. Der Magier streckte beschwörend seine Hände hinauf und hypnotisierte ihn, wie er es zuvor angekündigt hatte. Ich war etwas enttäuscht, weil der Schüler nicht wie ich dachte, in Trance fiel, sondern weiterhin kreuzfidel auf uns herunterschaute. Klappt die Hypnose nicht? Schafft er es nicht, muss sich einen neuen Kandidaten suchen?, dachte ich bei mir. Da reichte der Zauberer eine gekochte Kartoffel nach oben und bat den Schüler, mal zu probieren. Der biss kräftig zu und ließ es sich schmecken. Was dies sei, wollte nun der Hypnotiseur wissen? Da guckte der Kandidat ziemlich irritiert und bestätigte, dass es sich natürlich um einen Apfel handle, und sein Gesicht wurde ärgerlich, als wir lachten. Also bekam er einen Apfel in die Hand und nach einer Geschmacksprobe erklärte er, dass dies »klaro« eine Kartoffel wäre, eine rohe, fügte er hinzu und widerte sich an. Hämisches Gelächter brachte ihn dazu, mit winkender Hand vorm Hirnkasten unsere Begrenztheit anzuzeigen. Der Zauberer fasste ihn am Arm, sprach einige Sätze zu ihm und half beim Absprung vom Tisch. Nochmals musste er Apfel und Kartoffel benennen, was er jetzt richtig beherrschte und über so viel Schwachsinn verwundert, schüttelte er auf dem Rückweg zu seinem Platz heftig mit dem Kopf und konnte auch die bekannte Handbewegung nicht unterlassen. Unterdessen war der Zauberkünstler im Saal unterwegs, scherzte mit Schülern und auch einigen

Patres, indem er ihnen seinen Arm um ihre Schulter legte, sie dies und jenes fragte und eigentlich ständig mit Wort und Körper in Bewegung blieb. Als er wieder nach vorne kam, staunten wir nicht schlecht über seine Beute, die er mitgebracht hatte. Stolz reckte er triumphierend die Kuttenkordel von Stinker über seinem Kopf und schwang sie wie ein Lasso und heftiges Gelächter folgte.

Wem die Uhr gehört, – wem diese Uhr gehört, – oder die?, wollte er wissen und schwenkte die Beutestücke vor unseren Augen. Sogar ein Hosengürtel ging an seinen fassungslosen Träger zurück. Später hatte ich einmal eine ähnliche Nummer im Fernsehen verfolgt, wobei sogar ein Herrenhemd unbemerkt vom Opfer kassiert wurde, auch Hosenträger und Krawatten. Ja, die Entwicklung bleibt auch in der Zauberei nicht stehen.

Die Drehtafel übrigens, sie konnte bei weitem nicht mehr so viel Spaß vermitteln, wie sie es dank ihrer enormen Schlagkraft und der gut getroffenen Wahl mit dem Achtzehnhunderter tat. Jetzt trug die Tafel magische Rechenquadrate[1], die uns alle verblüfften, nur so aufmunternd geknallt hat es eben nicht mehr.

4	9	2
3	5	7
8	1	6

[1] Gleich, wie man die Zahlen addiert: Immer ist das Ergebnis 15.

Was glaubst du, wie wir unsere jugendlichen Kräfte, unseren Frust und die Bosheit losgeworden sind, wenn es über Tage hinweg regnete und wir uns draußen nicht austoben konnten? Klimmzüge an den Toilettenkabinen – meinst du? Richtig! Aber hauptsächlich fanden in den entlegenen Nebenfluren massenhaft Ringkämpfe statt, vorzugsweise nach dem abendlichen Schuhputz, da blieb noch genügend Aggression hängen, die dann beim Zweikampf nützlich sein konnte. Boxen war out, es galt als brutal und war beim freundschaftlichen Kräftemessen untauglich. Beim Catchen aber waren alle gerne dabei, eine Niederlage war kein Problem, weil jeder sich in der riesigen Auswahl der Partner schnell auch seinen Sieg holen konnte, falls er den dringend brauchte. Wer auf dem Rücken lag, mit beiden Schultern, für drei Sekunden, der hatte den Kampf verloren. Bedenkt, es war kalter Steinboden, länger zu liegen, ist doch ungesund! Ich sage euch, da ging es manchmal zu! Zuschauer gab es eigentlich nicht, jeder Anwesende wurde sofort verarbeitet. Gemein war ein solcher Überraschungsangriff von hinten: Da fassten plötzlich zwei Arme unter die Achseln hindurch, die Hände schlossen sich über deinen Nacken und drückten zuerst den Kopf auf die Brust und anschließend den Rumpf nieder. Allseits beliebt, der Schwitzkasten! Einen Kopf unterm Arm haben, kräftig zusammendrücken, was die Muskeln hergeben – stark befriedigend war das! Wie kommt der wieder raus? Schwer! Und wurde es einem zu dumm, genügte das Zauberwort Ergebung, schon war er wieder frei.

Ich hatte damals eine Angriffsart entdeckt, die außerordentlich schnell und erfolgreich verlief. Was eigentlich niemand erwartete – ich umfasste mein Opfer von vorne, so stand es locker in meinen Armen und erstaunt über diese fragwürdige Ausgangslage huschte immer ein siegesbewusstes Lächeln über dessen Gesicht. Nun tauchte ich schnell mit dem Kopf dazwischen unter das Kinn des Gegners und drückte mit dem Kopf gegen seine Brust, dabei straff die Hände angezogen und schon verlor der das Gleichgewicht, war im Begriff nach hinten zu fallen. Da gab es dann verschiedene Möglichkeiten, entweder den überraschten Partner im Fallen zu begleiten und sofort den Rückensieg versuchen, oder ihn lieber in den gefürchteten Schwitzkasten zu übernehmen. Ach, was schreib ich da, wir wollen den Leser doch nicht zum Ringer ausbilden!
Einen aus unserer Klasse aber hatte ich niemals besiegen können. Heinz, der Catcher, war der ungekrönte König aller Raufbrüder. Bei ihm war mein Spezialangriff nicht möglich, weil dazu meine Hände zu kurz waren, so gut gebaut war der Bursche und hatte dabei Kraft und Ausdauer wie aus der Maschine, sage ich dir! Er hatte eigentlich am wenigsten zu tun, ihn mied man. Fleißig beschäftigt waren aber die Schmächtigen und Kleineren, sie konnten sich kaum retten. Warum wohl nur? Jedenfalls machten uns diese, bis zur Erschöpfung geführten Kämpfe, einen höllischen Spaß und deshalb wurde auch so ausgiebig davon Gebrauch gemacht. Selbstverständlich bekamen wir gelegentlich auch unsere Gage: Immer wieder kam es zu richtigen

Watschenorgien, wenn eine Raufgemeinde überrascht wurde, quasi eingekeilt im engen Gang, ohne Fluchtmöglichkeit, dann wurde das Preisgeld an Ort und Stelle an die schwitzenden Schädel verteilt. Sogar der Achtzehnhunderter hatte hier eine gute Chance, Zahlmeister zu sein, denn im Ringergetümmel verging einem schon Hören und Sehen genug und wie sollte man dann den Hufschlag hören, wenn er mit seinen Nagelschuhen über die Steinplatten trabte. Ich sah ihn einmal im Laufschritt heraneilen und beim scharfen Einbiegen in den Kampfstollen hätte es ihn beinahe aus der Kurve getragen, weil die Schuhnägel keinen Halt mehr fanden; nicht viel hätte ihm dabei gefehlt, Funken zu schlagen. Kam er in solcher Situation zum Zuhauen, blieb er seiner unkomplizierten Arbeitsweise treu. Schlug sich einfach von vorne nach hinten durch – eins links, eins rechts austeilend – immer wie es sich gerade am besten anbot, ohne penibel Köpfe auszurichten und unnütze Redefloskeln. Er war ein schweigender Arbeiter. Nie im Leben hätte er aber hinterher gewusst, wer mit von der Partie war, da waren wir uns einig. Bestimmt hast du jetzt den Eindruck gewonnen, dass bei uns das Abwatschen wohl auf der Tagesordnung gestanden haben muss. Im Rückblick sehe ich das nicht so schlimm. Watschen gab es reichlich im Angebot, so viele wir brauchten, da war nie Mangel und Nachfrage war auch immer vorhanden. Kein Mensch wäre auf die Idee gekommen, dies dem Strafenden wirklich übel zu nehmen. Wir wussten, was wir uns einfingen und wägten das Risiko schon ab. Aber jeder konnte völlig

sicher sein, dass die patschende Hand nur Mittel zum Zweck, niemals aber entarteter Selbstzweck war und ganz bestimmt nur in der Absicht geschah, uns Grenzen abzustecken. Weil jedoch unter Menschen alles menschlich ist, kam auch manche Ohrfeige unverdient an den Schädel, war irrtümlich ausgeteilt und manche wurde nicht zugeteilt, obwohl sie vielleicht sogar dringend nötig gewesen wäre. So bleibt doch, alles in allem, der gute Durchschnitt gewahrt und ein gerechter Anteil wird es schon gewesen sein, denke ich.
Wenn heute Eltern gerichtlich gegen Lehrkräfte vorgehen, die nur versuchten ihrem Sprössling einmal handwerklich plausibel zu machen, was für ihn besser wäre, täte er es nur, so ist das natürlich extrem. Eben wie auch alles Extreme falsch sein dürfte, wenn sich ein brauchbarer Mittelweg anbietet. Umgekehrt – wenn einer Lehrkraft der Schüler nur faule Ware bedeutet, an der man sein tägliches Brot verdienen muss, und sich aus dieser schäbigen Einstellung heraus jeder innerlichen Verantwortung entzieht, anstatt den Bengeln mit persönlichem Engagement entgegenzutreten, dann ist das auch ein Extrem.
Ich möchte mir als Schüler jedenfalls keine solche Lehrkraft wünschen, auch nicht, wenn sie keine Watschen austeilt, dazu wäre sich dieser Typus vermutlich zu schade. Ob nicht überängstliche Eltern und Gerichtsverfahren genannter Art, gerade diesen Lehrertyp unbewusst fördern, der doch wirklich das Allerletzte ist, was Eltern sich für ihre Kinder wünschen können?

Die Simulanten

Schwester Oberin trug als Anwältin der Gebrechlichen und Kranken weiße Ordenstracht, und ihrer Obhut unterstand das kleine Krankenzimmer in bester Lauflage im ersten Stock, nur durch eine Wand von der unsäglich betrampelten Holztreppe getrennt. Hier fanden Leidende zwar ein Bett aber keine Ruhe vor, und da nur zwei Betten zur Verfügung standen, konnte das Leiden nicht überhandnehmen, es gab einfach keinen Platz dafür. Verständlich, wenn dieses knappe Angebot begehrt war und sofort Interessenten fand, die jederzeit ins gemachte Bett einsprangen, wenn ein Kranker genug hatte und plötzlich wieder gesund war. Besonders vor anstehenden Schularbeiten nahm der Leidensdruck spürbar zu, wenn sich Vorbereitung und Termin nicht mehr harmonisch in Einklang bringen ließen. Schwester Oberin machte es solchem Gesindel leicht, denn sie trug sozusagen ein Permanentlächeln mit sich herum und zeigte dabei ihre großen, schönen Zähne. Dieses immer freundlich lächelnde Gesicht drückte die Hemmschwelle sehr stark herunter und bescherte der Krankenschwester einen regen Zulauf. Nach dem Frühstück schlug die Stunde der Ärmsten. Sie drängten sich in Scharen vor dem Krankenzimmer und warteten geduldig, bis sie an die Reihe kamen, Einlass fanden, um ihr Leiden zu schildern. Darunter waren auch Leute, die mit Weitblick für ihre Gesundheit sorgten und sich ein wohlschmeckendes Prophylaktikum, also ein vorbeugendes Mittel verschreiben ließen, zumal das nichts kostete. Schier süchtig waren wir auf eine grüne Blechdose – nennen wir sie *Silo*, damit uns keine Werbeabsichten nachgesagt werden – mit ihrem pulvrigen Inhalt, einem vitaminreichen Stärkungsmittel, das sogar in Bestandteilen Gehirnnahrung enthielt. Das machte uns aber nichts aus, war uns ziemlich egal, aber das Schokopulver schmeckte einfach himmlisch! Mit Heißhunger rissen wir die Vakuumverpackung auf, formten die entfernte Alufolie zu einer Schaufel und löffelten die braune, körnige Köstlichkeit in uns hinein. Machten wir dabei unsere Späße, puffte schon einmal das Pulver beim Lachen zum Gegenüber.

»Hm – lass mich mal ...«, zack war die Dose weg und du hattest alle Hände voll zu tun, sie wieder in die Finger zu kriegen. Erst strohtrocken auf der Zunge, wurde das Pulver mit jedem Löffel klebriger und blieb letztlich so stark haften, dass ein Finger nachhelfen musste, es von Zähnen und Zahnfleisch wieder loszudrücken. Ein sehr unappetitlicher Anblick zwar, aber geschmeckt hat es prima! Da heute meine Bestellung ausgeliefert werden sollte, stand ich ebenfalls an, um mir mein Silo abzuholen. Als ich mit einigen anderen Abholern vorgelassen wurde, türmte sich wie üblich, ein beachtlicher Stapel dieser Dosen auf dem kleinen Behandlungstischchen auf. Sonst war da eigentlich nichts, außer einer Stange Papiertaschentücher und solche zählten nicht zu den begehrlichen Artikeln. Ein schmaler Schrank, gefüllt mit den Habseligkeiten einer Notapotheke, ergänzte das bescheidene Mobiliar. In der

Ecke ein Handwaschbecken, neben der Tür eine Pritsche mit verschlissenem Plastikbezug, sie stand abweisend zu Diensten für die ernsteren Fälle.
In einem Bett vor dem offenen Fenster lag unser *Bruno* und strahlte hinter dem Rücken der Schwester übers ganze Gesicht und er winkte mich zu sich heran.
»Hast du keine Lust? Das zweite Bett ist noch frei!«, flüsterte er mir einladend ins Ohr. Da hatte er mich tatsächlich überredet und augenblicklich spürte ich einen kräftigen Schmerz in der Bauchgegend. Und als ich das gleich der Oberin sagte, hörte sie deswegen noch lange nicht auf zu lächeln und ich dachte mir, es ist gar nicht gut, wenn die Schwester dauernd lächelt und deine Schmerzen nicht ernst nimmt! Und weil solches Verhalten den Patienten nötigt, deutlicher zu werden, schaukelte sich auch die Vorführung zu immer höherer Dramatik auf. Bruno schaute auf einmal ganz mitfühlend aus der Zudecke zu mir herüber, also wusste ich, dass ich auf dem richtigen Weg war. Beim Druck in den Oberbauch gelang mir durch theatralische Lautmalerei der Durchbruch – ein Stirnrunzeln bei geschlossenem Mund zu erzeugen – gewonnen!
»Ich muss dich leider hierbehalten! Übermorgen kommt der Herr Doktor ins Haus, soll der dich gründlich untersuchen.«
»Was, ich muss hierbleiben?«, versuchte ich sichtlich schockiert Nebel zu werfen und Bruno grinste wieder und mir ging es auch gleich besser, als mir die Oberin zum Trost meine Silo-Dose in die Hand drückte und das tat sie mit einem makellosen Lächeln. Kurz darauf,

als Schwester Oberin die morgendliche Sprechstunde beendet, den Internatsbereich verlassen hatte, bezog ich, mit Schlafanzug bekleidet, mein neues Domizil.
Der Bruno haute vergnügt auf seine Bettdecke vor Freude darüber, wieder eine Unterhaltung zu bekommen. Er war ein lässiger Stenz, der seine nicht gerade armen Eltern offensichtlich voll im Griff hatte, denn alles, was up to date war, hatte er eher erhalten, bevor es andere erst einmal gesehen hatten. Beispielsweise trug er als erster Hosen, so eng, dass man sich beim Anziehen den großen Schuhlöffel gewünscht hätte. Diese Röhrenhosen waren zeitweise derart gefragt, dass wir vorhandenes Hosenmaterial enger nähen ließen.
Zu festen Zeiten kam auch ein Schneider ins Haus, der Änderungen annahm. Zu ihm strömten die Modebewussten scharenweise mit ihren weiten Pluderhosen, um sie möglichst hauteng abändern zu lassen. Pro Änderung zahlten wir neun Mark; ein kleines Vermögen war das für uns! Die Hosenbeine wurden dabei mit Stecknadeln bis zu den Oberschenkeln hinauf keilförmig abgesteckt. Wenn eine Anzughose aber einen richtig breiten Hängearsch hatte – vergebt mir das Wort, aber es ist eben so zutreffend – dann kümmerte sich der Schneider nicht darum, sondern schnitt nur die Hosenrohre zurecht. Was dabei herauskam, war grässlich! Bruno dagegen hatte Maßanzüge, da saß der Hintern wie eingegossen in der engen Hose. Bei uns aber lästerten böse Zungen:
»Die kommen daher wie Tölpel, mit Hängearsch und

Ofenrohr!«; auch mein Vater teilte übrigens diese Ansicht. Einen anderen durchschlagenden Modefimmel fand Papa allerdings wider Erwarten ganz nett, den damaligen Krawattenersatz. Das war eine zweifarbige Kordel, die um den Hemdkragen gehängt, in einer schmucken Bronzeklemme zusammenlief und an deren beiden Enden metallene längliche Ziergewichte in Bauchhöhe baumelten. Mit solchen Attributen versehen, fühlten wir uns einer neuen Zeit angehörig und rechneten uns insgeheim nicht mehr zu den Gestrigen. Tatsächlich waren es die Erwachsenen, die uns mit ihren unzähligen Verboten und altmodischen Vorstellungen in die Quere kamen. So wähnten wir uns im ständigen Kampf gegen eine Übermacht – quasi David gegen Goliath. Nur hatten wir anstelle der Schleuder unser Halsgehänge, die Röhrenhose, später die breiten Koteletten, das Samtschleifchen. In den frühen Zeiten war es gar die Jeans, eine Mistknechthose, mit der wir gegen das Althergebrachte, die verständnislosen Kopfschüttler ziemlich erfolgreich rebelliert hatten. Weiß Gott, die Jugend tut es heute immer noch; sie widersetzt sich mit neuen Hilfsmitteln, aber aus dem gleichen Beweggrund heraus, der auch uns trieb.

Letztlich ist es der Abschied vom Kinde und der stürmische Übertritt in eine sehnsüchtig gesuchte und zugleich nicht minder gefürchtete Selbstständigkeit.

Dieser Herzensriss wird unübersehbar durch allerlei Symbole ausgedrückt, meist sehr abstrakt und oft auch unbewusst. Das ist gut so! Wir brauchen uns nur an den Kern zu erinnern! Die Symbole wechseln ja ständig,

werden immer so gewählt, dass sie herausfordern; das ist nämlich der Zweck der Sache! – Wir sind vom Thema abgetrieben ...
Ich liege im Bett und will von Bruno jetzt wissen, was er denn für ein Leiden angemeldet hat.
»Schwindel – schlecht war mir«, sagte er doppeldeutig und ich merkte mir das Erfolgsrezept auf ein Krankenbett; wer weiß, ob das nicht ein andermal hilfreich ist. Wenn du dich stundenlang mit jemandem von Bett zu Bett unterhalten hast, wie ich mit Bruno, dann drehst du dich irgendwann mal auf die Seite und pennst eine Runde. Später wird an die Türe geklopft, das Abendbrot kommt auf einem Tablett, serviert von einer Küchenhilfe. Quatschen – essen – lesen – schlafen – so verging der erste Tag, die erste Nacht im begehrten Krankenzimmer. Langweilig. Erst am nächsten Morgen kam wieder Leben in die Bude, als die Bedürftigen um ihr Silo anstanden und die Simulanten versuchten, einen Tag Bettruhe im Schlafsaal zu ergattern. Wohl gewohnheitsmäßig flog Schwester Oberin mit dem Fieberthermometer auf mich zu und ich machte aber jene Grimasse, die ausdrückt: nein – ich doch nicht! Sie stutzte und ihr Mund schloss sich.
»Doch, doch!«, sagte sie vorwurfsvoll.
»Ich habe doch nur Bauchschmerzen«, versuchte ich zu erklären.
»Fieber wird immer gemessen! Rasch unter die Zunge damit!« Natürlich hatte ich kein Fieber und die Oberin war erleichtert:
»Dann können wir ja beruhigt sein.« Überhaupt – die

Simulanten zu beobachten, das bereitet einem selbigen das allergrößte Vergnügen! Auf welch raffinierte Wehwehchen sich manche besannen! Sogar genitale Stellen, unantastbar und uneinsichtig für eine Nonne, wurden da bemüht und in solchen und anderen problematischen Fällen kam immer der Lichtkasten zum Einsatz. War nun jener mit seinem Unterleibschmerz ein Simulant? Jedenfalls war er ein vorzüglicher Schauspieler, falls er simulierte. Wenn nicht, ja dann hätte er uns leidtun sollen. Das zugleich lachende und das weinende Auge ist eine Mär. So etwas gibt es nicht! Du musst dich für etwas entscheiden. Wir entschieden uns immer für das lachende Auge – dieser Simulant! Er hatte also seine Kleidung abgelegt, sich soeben in der Unterhose auf die Pritsche geschwungen und die Schwester stellte den Lichtkasten über die Körpermitte. Das war ein U-förmiger Sperrholzkasten mit dichten Lampenreihen von 100-Watt-Birnen, die ihre Wärme abstrahlten und dabei die Leistungsgrenze der Haussicherung testeten. Unter dieser Wärmehaube durfte der Patient zehn Minuten verbringen, ehe er wieder freikam. Weil der Kasten schon mal auf der Pritsche stand, wurde auch der nächste Jammerer darunter ruhig gestellt. Anderen wurde hier ein Pflaster gesetzt, dort eins entfernt, gesalbt oder verbunden, je nach Größe der Wunden, Nasentropfen, Rachenpinseln mit Wattestab und Tinktur, all dies beherrschte die gute Fee.

»Morgen kommt der Herr Doktor!«, mit diesen Worten verließ sie uns. Da war es höchste Eisenbahn, noch etwas zu unternehmen, denn morgen ist alles vorbei, das wussten wir nun ganz bestimmt. Bruno hatte einen sensationellen Gegenstand in seinem Schrank und den wollte er mir gerne zeigen. So machte er mich, geheimnisvoll herumredend, neugierig. Nachmittags schlüpften wir in unsere Hausschuhe und verdünnten uns. Vorsichtig bewegten wir uns in Schlafanzügen durch die leeren Gänge – es war Studierzeit – und wir gelangten schließlich an den Schauplatz der Überraschung. Mir blieb tatsächlich der Mund offen stehen. Bruno hielt ein hellgoldblitzendes Saxofon in seinen Händen. Ein Superding wie es unsere Musikidole, ein Max Greger etwa, vor sich herumschwenkten. Bruno demonstrierte mir das soeben und er sah damit klasse aus, sogar sein Schlafanzug störte kein bisschen. Wir waren uns einig, ohne Ton ist das keine ganze Sache und so beschlossen wir, es einmal zusammen mit Sax und Klavier zu versuchen. Mit Instrument und Notenheft unterm Arm eilten wir wie flüchtende Sträflinge im Blauweißgestreiften in ein entlegenes Klassenzimmer und Bruno blies gedämpft ein paar sonore Passagen und ich stellte das Klavierheftchen auf die Ablage und ab ging die Post! Dass dies alles nicht so richtig stimmte und für musikalische Ohren sogar sehr stark klemmte, das tat der Sache keinen Abbruch, wir fühlten uns wie Kings und blieben es bis – nein! Die Türe ging nicht auf, es passierte überhaupt nichts. Der Satz endet lapidar: – bis wir genug hatten. Zurück an den Schrank, das Instrument verstaut und husch husch ins Bett gesprungen, so ging auch der zweite Krankentag vorüber.

Am nächsten Morgen, durch Stiegendonner erwacht,

sahen wir ein jähes Ende unserer Krankheit nahen, denn schon bald würde der Amtsarzt vor uns stehen, der alle acht bis zehn Tage turnusgemäß seine Schülersprechstunde abhielt. Dies war ein staubtrockener Mensch, der merkwürdig im Kontrast zur Schwester Oberin stand. Seinem Gesicht entkam kein noch so schwaches Lächeln. Mürrisch und unangenehm laut war er eingetreten.

»Mojn!«, hatte er gerufen und seine weitere Akustik versetzte unsere Fantasie auf einen preußischen Kasernenhof.

»Wat tun die beedn denn im Bette?«, wandte er sich beschwerend der Schwester zu. Sofort kamen wir ihr zuvor und erwiderten wie aus einem Munde:

»Heute ist es schon viel besser!«

»Na, dat will ick och allergnädigst hoffen!« Seine Absätze schlugen vor unseren Bettgestellen zusammen.

»Hab' jehört, soll Bochzwicken bei e'nem und beim and'ren Schwindel jewesen sein? Ick glob mich laust der Affe – seht mal zu, dass ihr Land gewinnt! Ihr verdammten Simulanten – sonst mack ick 'ne Untersuchung mit euch – dann sed ihr beede echte krank!« Braucht es da noch gutes Zureden? Wie auf ein Kommando sprangen wir aus den Betten und suchten fluchtartig, vorbei an Schwester Oberin – sie hatte ihren Lächelmund geschlossen – den Türgriff. Was tun mit dem angebrochenen Tag? Noch waren wir für Lehrer und Erzieher im Krankenstand und deshalb waren wir der Meinung, dass es für die Schule am Vormittag sowieso zu spät sei und eher das Mittagessen ein guter

Einstieg in einen gesunden Alltag sein wird. Im Überschwang einer bodenlosen Schülerfaulheit alberten wir in den Schlafsälen umher und ärgerten einige Bettlägerige, die in Ruhe ihre Schmöker lesen und dabei nicht gestört werden wollten. Bei alldem vermissten wir aber einen gewissen Nervenkitzel und wenn es dem Esel zu wohl wird, geht er bekanntlich aufs Eis. Bruno behauptete jetzt nach seiner wunderbaren Genesung, er sei auch richtig schwindelfrei, doch, doch – echt schwindelfrei! Er meinte es ernst, denn gleich darauf öffnete er ein Gangfenster und wies mich, hinunter in den Innenhof zu schauen: Wirklich, es ging abgrundtief nach unten. Das Eckfenster befand sich im obersten Stockwerk und im rechten Winkel, einen guten Schritt Luftlinie davon entfernt, war ein weiteres Fenster in der Gebäudeecke. Auch dieses öffnete Bruno und ich ahnte schon, was er vorführen wollte. Alles Abraten half nicht, denn eiskalt schwang er sich auf die Fensterbank, hielt sich am Fensterkreuz fest und mit einem weiten Schritt suchte sein Fuß Halt auf dem anderen Fensterbrett. Mir, dem Zuschauer, machte diese Vorführung mehr zu schaffen als dem Akteur. Mir wurde ganz übel, so wie Bruno da draußen über dem Abgrund hing. Sein Absturz hätte eine todsichere Leiche abgegeben. Jetzt noch mit Schwung zum anderen Fensterkreuz gegriffen und den Körper nachgezogen und schon sprang der Schlafanzug herunter auf den Boden. Ich wollte sichergehen, schaute nach unten, als sei das nicht wahr und erblickte dabei Weißbart Sterry, der regungslos aus seinem Zimmer heraufschaute. Hatte der die Nummer gesehen? Bruno zeigte sich zutiefst beunruhigt über diese Ungewissheit und hatte sich prompt vom fidelen zum kläglichen Menschen gewandelt. Aber da der Leidende nach überstandener Krankheit schon genug geschlagen war, sollten wir ihm das bisschen Glück gönnen: Dem Sterry war die Szene offenbar entgangen, weil er sonst dem Artisten ganz bestimmt seine Bewunderung ausgesprochen hätte. Und ein allerletzter Trost für alle Schwindelgeplagten sei abschließend noch erlaubt. Was wir landläufig unter Schwindelgefühl verstehen, das ist doch eigentlich gar keines. Die ganze Menschheit ist nämlich schwindelfrei, wie es schwindelfreier gar nicht geht! Einerseits ängstigen wir uns, wenn unser Blick in eine kleine Erdfurche von wenigen hundert Meter Tiefe fällt. Wir haben aber als wahre Akrobaten des Universums überhaupt keine Furcht in die Unendlichkeit des Weltalls, in den blauen Himmel zu schauen, obwohl wir inzwischen so gescheit sind, zu wissen, dass wir dabei mit dem Kopf nach unten hängen. Gewiss, das ist auch Ansichtssache, eine Frage des Standpunktes aber ich denke, im Grunde genommen stehen wir alle auf der Erdkugel mit dem Kopf nach unten. Denn kommt da einer, macht sozusagen das Licht aus, schaltet die Schwerkraft ab, fliegt jeder seines Wegs ins Blaue – dann gute Reise! Dann aber wird der Abstand zum Nächsten schließlich unendlich weit, sodass keiner abgeneigt wäre, in dieser Einsamkeit wenigsten seinen *Todfeind* um sich zu haben –

Dieses Gedankenbild sollten sich alle ethnischen

Saubermänner und Menschenfeinde hinter die Ohren schreiben. Sie könnten vielleicht begreifen, wie einzigartig es ist, beim Maßstab der undenkbaren Weiten dieses Universums, Menschen an einem kleinen, überschaubaren und noch dazu so schönen Ort im All versammelt zu wissen. Gnade ihnen Gott!

*

Rare Zeit

Ein Narr, wer glaubt, Zeit sei sein Eigentum,
könnt' sie vergeuden, gar verschwenden.
Wie schnell ist Zeit uns aus der Hand entrissen!
So wird, wer Pläne hat, sie stark vermissen
und sehr bemüht sein, zu vollenden –
auch dankbar nun, sein Werk bei Zeiten tun.

Kofferschlepper

Im Strafwerkzeug-Arsenal unserer Erzieher hingen neben Ausgangssperren auch das Heimfahrtsverbot wie eine bedrohliche Gewitterwolke über uns. Dieses war die schlimmste Bestrafung, denn sie vermasselte uns die sehnsüchtig erwartete Wochenendheimfahrt, die so alle sechs bis acht Wochen gestattet war. Auch unseren Eltern war das natürlich bekannt und es bedurfte ihrerseits keiner großen kriminalistischen Fähigkeiten, um auf eine Straftat ihres Sprösslings zu schließen, wenn der seine Heimfahrt plötzlich absagte. So kam dann statt des Fahrgelds im Briefumschlag ein bitterböser Generalvorwurf auf unsere Situation im Besonderen und was daraus werden solle, ganz allgemein.

Waren dann die meisten Schüler abgereist, überfiel die Arrestanten eine vorübergehende Verlassenheit. Sie streiften ruhelos durch die stillen, leergefegten Gänge, blickten sehnsüchtig nach draußen in die Weite und dachten an Lok und Gleise, die Waggons und ihre fröhlichen Kameraden drinnen.

Doch wie jede Medaille zwei Seiten hat, so lag auch neben aller Trübsal der Daheimgebliebenen ein unschätzbarer Vorteil in der Narrenfreiheit ihres Tuns. Das straffe Zeitgefüge des üblichen Tagesablaufs war außer Kraft gesetzt, die Beaufsichtigung aufs absolute Minimum reduziert – damit lässt sich gut leben! Ganz allmählich erschließt sich dieser spezielle Kleinkosmos der Verlassenen und dir wird bewusst: Da sind Leute, die niemals außerhalb der Ferien nach Hause fahren.

Die einen sind geografisch so weit entfernt, dass sich eine Fahrt übers Wochenende nicht lohnt. Andere haben finanzschwache Eltern, die sich das häufige Fahrgeld nicht leisten können. Der größte Anteil aber fällt auf jene Armen, welche keine Sehnsucht nach dem Elternhaus haben. Sie bleiben lieber im Internat, weil es ihnen hier besser geht. So lassen sich in diesem kleinen, überschaubaren Häuflein Schüler in aller Ruhe Kontakte knüpfen, über Klassenschranken hinweg und du stellst erstaunt fest, dass gute Kameraden nicht nur in der eigenen Klasse zu finden sind, wie ich irriger Weise glaubte.

Wer das bildlich übertragen will, auf Fremde und Ausländer in einem Staat, der sollte das ruhig tun. Denn Fremdenfeindlichkeit und Rassenvorurteile, sind das nichts anderes als mangelnder Umgang mit solchen Menschen, Unkenntnis und falsche Vorstellungen? Ich schließe mich da überhaupt nicht aus.

Endlich hatte man also Muse, einen weiteren Karl-May-Band zu verschlingen. Auf gelesene zwanzig Stück bin ich gekommen, von den insgesamt dreiundsiebzig Bänden der Verlagsausgabe. *Johnny*, unser Klassenprimus hatte mehr als die doppelte Anzahl verschlungen, er las aber auch viel schneller. Wenn ich mindestens zwei Wochen an solch einer knapp Sechshundertseitenschwarte zu lesen hatte, zog sich Johnny das Buch in drei Tagen rein. Er konnte übrigens das meiste besser als wir. In allen Fächern hatte er nahezu eine beständige Eins und das bei allergrößter Faulheit, wohlgemerkt! Während unsereiner die Mathematikstunde mit offenem Mund und geröteten Augen verfolgte und fassungslos auf die kolossalen Formeln starrte, ließ Johnny seelenruhig den Blick nach unten auf seinen Schmöker fallen. Denn die meiste Zeit hielt er einen solchen auf seinen Knien verborgen. Ging es aber bei den Hausaufgaben um knifflige Fragen, die keiner von uns zu lösen wusste, wandte man sich vertrauensvoll an Johnny, er hatte die Lösung und längst auch die Hausaufgabe ganz nebenbei aus dem Ärmel geschüttelt. Für mich der Beweis: Es gibt ein Weiterleben nach dem Tode! Mehr noch: Es muss eine Wiedergeburt geben! Johnny war schon mal hier! Vielleicht das x-te Mal als Lehrer, er kannte das alles schon! So verhält sich das – jetzt ist es mir klar! Euch auch?

Der *Winfried* war kein wiedergeborener Lehrer, er musste sich mühsam strebend aufs zweite Siegertreppchen hochbüffeln, denn seine Einsen kamen nicht so zuverlässig wie jene bei Johnny. Da fällt mir ein: Ganz zu Anfang seiner Schulkarriere hatte ich den Streber während einer Pause zu massiver Gehirndurchblutung verholfen. Vielleicht hatte sich dies ebenfalls segensreich auf seine schulischen Leistungen ausgewirkt.

Ich sehe mich mit ihm auf einer Schulbank stehen und heftig diskutieren, das heißt, wir brüllten uns gegenseitig an. Ich hatte dann wohl die kürzere Geduld und haute ihm eins auf die Nase. Es war dies bereits mein zweiter blutiger Angriffserfolg auf jenen Körperteil, dabei sollte es bis heute bleiben. Wie finde ich da wieder zurück, wo packe ich den Erzählfaden am richtigen laufenden Meter –?

Begeben wir uns einfach ins Final der wöchentlichen Körperpflege, ins Untergeschoss, zu den Duschkabinen. Hier wurde das Schülerdutzend im Zehnminutentakt einer Heißwäsche unterzogen und das Gewölbe der kellerartigen Räumlichkeit war nebelverhangen und erfüllt mit dem allergrässlichsten Gebrüll, das aus menschlichen Kehlen kommen kann. Da reihte sich ein Caruso neben den anderen und einige schrien unter den heißen und leider nicht regulierbaren Wasserstrahlen wie aufgebrühte Schweine. Währenddessen hockte ein Pater erbarmungswürdig auf einem Holzschemel in der hintersten Ecke und schier aufgeweicht vom Wasserdampf, hatte er das zweifelhafte Vergnügen, den Darbietungen bis zur letzten Arie zu lauschen.
Dermaßen gereinigt vom Schweiß der harten Schularbeit, konnten wir jetzt das bevorstehende Wochenende in frischer Unterwäsche getrost erwarten, und auch einer Wochenendheimfahrt, war sie angesagt, stand nichts mehr im Wege.
Neben den erlaubten und lange herbeigesehnten Heimfahrten gab es auch die unerwartete, aus dem Himmel gefallene Gelegenheit, welche uns in ganz seltenen Fällen eine Fahrkarte bescherte. Davon soll die Rede sein. Es fing ganz harmlos an. Vor dem Krankenzimmer standen einige *Pickelsteiner*, das waren Schüler mit kleinen rötlichen Pickeln, die sie plötzlich im Gesicht hatten, manchmal hinter den Ohren, auf der Nase aber selten so auffällig wie beim Alfons, der am ganzen Körper davon übersät war. Schnell war das publik und die Nachricht von der Bläschenkrankheit

oder genauer, der Ringelrötelepidemie fraß sich wie eine Feuersbrunst durch alle Köpfe. Klar, dass die Schulleitung hellhörigst reagierte und bei akuter Ansteckungsgefahr alle Register zog, um die große Anzahl der Schüler zu schützen. Es dauerte nicht lange, schon wurde die Heimfahrt angeordnet, der wir mit großem Hurra Folge leisteten. Voller Hast den Koffer gepackt – und adieu, du schöner Ort – schnell war der Schüler fort!

Waldi, damals noch interner Schüler, hatte mit mir bis Treuchtlingen gemeinsamen Weg, deshalb machten wir zusammen die *Fliege*. Wegen der großen schweren Koffer nahmen wir den kürzesten Weg, der war aber immer noch lang genug, mindestens einen Kilometer. Durch den weiten Garten, ein Stück die alte Stadtmauer entlang, über die hölzerne Wörnitzbrücke, durch schmale Gassen hindurch zur Hauptstraße und dann weiter zum Bahnhof. Das liest sich viel leichter, als es marschiert war. Der große, schwere Koffer zog einem schier den Arm aus der Schulter und nur häufigen Handwechseln und Rastpausen verdanke ich, dass ich heute noch beide Arme besitze. Doch Spaß beiseite, manchmal frage ich mich wirklich, ob nicht meine Schulterbeschwerden ein kleines Andenken sind, an die unbändige Überlastung der Gelenke in den Wachstumsjahren, verursacht durch jahrelanges, kilometerweites Kofferschleppen? Im Endstadium der Kraftlosigkeit musste schließlich der Koffer auf die Schulter gewuchtet werden und vergönnte dort oben den Armgelenken eine Erholungspause. Da blieben sogar die Einheimi-

schen auf der Straße stehen und bedauerten uns, wenn Massen von keuchenden, schwitzenden, armseligen Kofferschleppern ihren Kreuzweg zurücklegten.
»Die armen Jungs ...« Das hörten bevorzugt die kleineren Figuren, die der Koffergröße noch nicht nachgewachsen waren. Schweißgebadet besuchten wir am Bahnhof zuerst den Bierausschank, die Fahrkarten liefen uns ja nicht davon, aber womöglich der Durst. Ein Weißbier zischte ins Glas und es war schneller getrunken als eingeschenkt. Gleich hinüber zu den Fahrkarten – Geld raus, den Zahlemann gespielt, dann Koffer aufgenommen, hinaus zu den Gleisen – der Zug wartete bereits – und erst als wir die Latten im Rücken spürten, fühlten wir uns geborgen. Wer heute diesen Zug sähe, würde das eine Museumsbahn nennen. Waggons mit offenem Übergang zum nächsten Wagen, mit den Emailleschildern *Bitte nicht hinauslehnen!* an jedem Fenster. Ein Emailleschild, das meine Großmutter in ihrer Jugend veranlasst hatte, die ganze Fahrt über brav nicht aus dem Fenster zu gucken, weil sie dummerweise *»Bitte nicht hinaussehen!«* gelesen hatte. Und natürlich waren da die harten Holzbänke, die heutige Nostalgiefans begeistern mögen. Die Dampflok keuchte ihr Schicksal in die Luft, wuchtiger schwarzer Rauch stieg aus ihrem Schornstein und langsam, mit quietschenden Rädern, rollte der Personenzug nach dem Freipfiff des Schaffners ab. Schnell war das Fenster geöffnet und respektlos übersahen wir das Warnschild aus Emaille, beugten uns weit hinaus, um die Lokomotive zu sehen. Zur Belohnung bekamen wir

eine satte Portion Rußrauch ab und grinsten, da wir beinahe so aussahen wie Kaminkehrer. Als Mitfahrende uns aufforderten, das zugige Fenster zu schließen, flohen wir, hielten wir uns verbotenerweise eine Zeitlang auf der Brücke zwischen den Waggons im Freien auf. Unter unseren Füßen schoben sich die Eisenplatten gegeneinander und wir mussten uns am Laufgitter festhalten, um nicht das Gleichgewicht zu verlieren. Das monotone Klack der Gleisansätze und das helle Singen der Eisenräder stimmte uns froh und übermütig. Die Zeit war jetzt reif für eine Zigarette und gegen den Wind gedreht mit eingezogenem Kopf unter den aufgestellten Kragen versuchten wir uns bei der Feuerspende. Ehe wir uns versahen, hatte der Fahrtwind die Zigaretten abgeraucht und aus totalem Blödsinn hielt ich Waldi den Glimmstängel an die Wange und warnte:
»Sag feig!« Und weil Waldi, ohne viel zu überlegen, das dumme Wortspiel mitmachte, musste ich ihm wohl oder übel den Stummel auf die Backe drücken, denn *feige* wollte ich doch nicht sein! Waldi schrie vor Schmerz auf und hätte mich am liebsten gefressen, so wütend war er. Aber bereits nach zehn Minuten haute er mir, zum Glück wieder lachend, seine Handfläche kräftig über den Rücken. Er hatte nach heftigem Wortstreit sein Quäntchen Teilschuld eingesehen, sowas ist doch hoch anzurechnen. Leider dauerte es viele Wochen, ehe das kleine Brandmal vollständig verschwunden war.

In Treuchtlingen waren wir uns aber längst wieder gut und unsere Wege trennten sich beim Umsteigen. Auf einmal saß ich als einziger Fahrgast im Waggon und sehr wahrscheinlich auch im ganzen Zug. Die Lokomotive nahm nach längerer Wartezeit Kesselwasser an der hohen Pumpe auf und unentwegt pufften das Monstrum in gemächlichen Abständen ein *Wuff* in den blauen Himmel. Niemand war zu dieser Zeit mehr auf den Bahnsteigen zu sehen, alles schien verlassen, und eine sonderbare Stimmung befiel mich und gab auch mir ein Gefühl von Verlassenheit. Wo ist die Welt? Wo sind die Menschen? *Wuff* – stöhnte die Lok und die Zeiger der Bahnhofsuhr machten wieder ihren Ruck zur Gegenwart, holten die stehengebliebene Zeit auf. Es war ein sonniger, blauer Werktag, die Zeit schien tatsächlich zu stehen und merkwürdige Stille ruhte über den verzweigten Gleisanlagen, nur das *Wuff* der Lok dazwischen – sonst nichts. In dreißig Minuten kann ein Held leicht zum Winzling werden, wenn die Zeit gegen ihn läuft und das tat sie mit mir. Der Lausbub war jetzt alleine und schien verlassen von allen guten Geistern.

Was werden deine Eltern sagen, wenn du so unerwartet hereinschneist?, dachte ich. Sie werden keinesfalls begeistert sein, das ahnte ich. Und Freunde daheim, die gab es ja auch nicht mehr. Die beiden engeren, der Kurt und der Rainer waren weggezogen und den Übrigen war man längst fremd geworden, vor ihnen fühlte ich mich als Auswärtiger.

Aus diesen Gedanken schreckte mich die gewaltige Dampfpfeife der Lokomotive heraus, ein grobes Zittern durchfuhr die Waggons, gefolgt von kräftigen Rucken. Überall stampfte und zischte es – so setzte sich der leere Zug mit seiner einzigen Fracht, einem Koffer und mir, in Bewegung.

Auch am Zielbahnhof war eine große Hürde zu nehmen, die weite Distanz zum Elternhaus, noch einmal reichlich einen Kilometer Koffermarsch. Wie anders jetzt die Situation: dort ein Kofferträger mit Elan und Reisefreude, einer unter vielen Gleichgesinnten. Hier ein verzagter Reisender, freudlos geworden, einer der alleine daherkommt mit seinem schweren Koffer. Jemand, der sich seiner Bürde jetzt schämt, der nun glaubt, alle Welt könnte mit dem Finger auf ihn zeigen und sich fragen, wohin der mit dem Koffer will, woher der kommt, was der hier will, der Fremde?

Auf halbem Wege gelangte ich zu Omas Haus und kehrte erschöpft ein. Oma war für jede Überraschung gut: Sie freute sich herzlich, ihren Enkel so unerwartet zu sehen, und sie half mir entfleuchten Lebensmut in kürzester Zeit zurückzuholen. Schnell war ich auf dem Laufenden gehalten über die Ereignisse in der Familie und erfuhr auch den neuesten Tratsch, der dort die kleine Welt bewegte. Über meinen Vater hörte ich eben ein Stückchen, das mich mit Genugtuung erfüllte.

Großmutter erzählte mir amüsiert, wie sie neulich von einer älteren Dame über den Gartenzaun hinweg gefragt wurde, wer denn der faule Mensch gewesen sei, den sie vor ein paar Tagen hier im Garten beim Holzhacken beobachtet hatte. Ja so etwas hätte sie weiß Gott noch nicht gesehen: Eine Person, die sich nicht schämt, sich vor allen Augen auf einen Küchenstuhl hinter den Hackstock zu setzen!

»Wo gibt's denn so was!«, hätte die Dame sich kopfschüttelnd gewundert. Als Oma ihr sagte, das war Josef, ihr Schwiegersohn, sei es ihr sehr peinlich gewesen und sie hatte sich gleich vielmals entschuldigt.

»Der Apfel fällt nicht weit vom Stamm ...«, ist es das, was dich meinetwegen ins Grübeln bringt? Fein kombiniert! Stelle dir aber bitte keinen prinzipiell faulen Zeitgenossen vor, eher jemanden, der versucht, Kräfte sparend herumzuwerkeln. Doch unter uns gesagt, meistens klappt das nicht und so bleibt eben vieles Maloche auf dieser schönen Welt.

Nun, Oma kannte ich gut genug, um zu ahnen, dass auch sie sich wieder ein Bravourstückchen geleistet hatte und in der Tat, ich brauchte nicht lange darauf zu warten:

»Stell dir nur vor, gestern gehe ich doch in die Milchhalle – ein bisschen gewundert hab' ich mich schon, weil alles umgestellt war – aber die haben halt renoviert, vielleicht ist auch der Laden verkauft worden, dachte ich. Der neue Kaufmann war wirklich nett und höflich zu mir! Er hat die *gnädige Frau* gefragt, was es denn sein darf. Oh, wie vornehm – hab' ich bei mir gedacht, als ich meine Milchkanne auf den Glastisch stellte:

Einen Liter Vollmilch bitte und ein halb' Pfund Butter – das wär's für heut.«

»Liebe Frau«, hat der gelacht, »da haben Sie sich aber in der Türe geirrt! Die Milchhalle ist nebenan. Ich bin der Friseur.«

»Jetzt bin ich aber platt, lauf schon zwanzig Jahre in den Milchladen – aber so was ist mir bis jetzt noch nicht passiert – und weißt, warum ich's nicht gemerkt hab', Gerdi? Der hatte den gleichen weißen Kittel an wie der Milchmann!«

Das kommt davon, wenn die Augen nicht mehr so spuren, wie sie eigentlich sollten. Was geschieht, wenn die Füße streiken, das haben wir ja bereits in einem früheren Kapitel erfahren.

Eine Episode der besonderen Art sei abschließend noch zum Besten gegeben – etwas, worüber das Schreibzeug eigentlich ruhen sollte, so unangenehm war die Geschichte für die Betroffene. Ich greife es dennoch auf, weil das einen von mir sehr geschätzten Charakterzug meiner lieben Oma zeigt, wenn sie trotz großer Peinlichkeit herzhaft über sich selbst lachen konnte, was nun wirklich keine verwerfliche Fähigkeit ist. Also, was gibt es da zu sehen?

Ihr Haus befand sich in Nachbarschaft des Schulhauses und der Schulweg der Pennäler führte am Gartenzaun entlang, bot ihnen Einblick ins Grundstück, von den Stufen der Haustür an, den abschüssigen Kiesweg hinunter, bis in den Garten. Oma verlässt soeben das Haus und geht schwergewichtig, mit schwingenden Armen, in ihrem Garten hinab. Ein Rudel Schulkinder stoppt oben am Zaun und ihr wildes Gelächter lässt Oma keinen Zweifel – es gilt ihr! Sie schaut sich ärgerlich um, guckt wieder hinauf und sieht, wie immer mehr Kinder stehen bleiben und sich vor Lachen biegen, doch gar nichts kommt ihr in den Sinn, weshalb. Erst nachdem sie im Holzschuppen verschwindet, verzieht sich die Meute. Als Oma wieder hervortritt, hält sie eine Fracht Holzscheite in ihrer Schürze und ist eben dabei, den Weg nach oben zum Haus zu nehmen. Plötzlich hört sie sich aufgeregt beim Namen gerufen und nimmt eine Passantin am Gartentor wahr, die sie an sich heranfuchtelt. Mit gedämpfter Stimme erfährt sie nun, was Sache ist, dabei fallen Oma vor Schreck die Holzscheite aus der Schürze, denn sofort braucht sie beide Hände, um ihren Rock aus der Unterhose herauszuziehen. Beim Eifer eines Geschäfts war dieser nämlich versehentlich rückseitig in die Schatzhauser eingeklemmt worden – so nannten wir in der Familie das Ungeheuer von Hose – und die bot so einen tiefen Einblick in die handwerkliche Strickkunst meiner Großmutter: Echt Schafwolle, türkis, mit langen Hosenbeinen – fast bis ans Knie hinunter und verschönt mit poppig farbigem Ringelmuster an den Bünden. Wie jemand eine grob gestrickte, juckfreudige Schafwollunterhose ertragen kann, wird mir wohl für immer ein Rätsel bleiben. Sie war eben noch der alte Schlag. Kein Nylontäubchen. Nun aber rasch wieder den Faden aufgenommen ...

Körperlich frisch gestärkt durch Omas Kaffee und Kuchen und moralisch aufgerüstet, wuchtete ich mein Gepäckstück aufs klapprige Leiterwägelchen und zog es über die Pflastersteine der Stadt, dass die Räder nur so sprangen. Später, als *Großer*, bevorzugte ich den Gepäckständer des Fahrrades; mit dem Leiterwagen schämte ich mich dann doch.

»Ja, wer kommt denn da?«, empfing es mich daheim.

»Was ist denn passiert?«, folgte es schon angstvoller – »du hast doch nichts angestellt?«, kam es beinahe drohend.

»Ach, nur eine Rötelepidemie. Ich bin gesund, mich hat es nicht erwischt!«, sagte ich zu meiner Verteidigung. Und schon begrüßte mich Wastl, unser grauer Schnauzer. Obwohl ich ihn früher so oft und arg drangsaliert hatte, ließ er es sich nicht nehmen, mir seine Aufwartung zu machen. Wie schön und nett von ihm! Ein solches Tier besitzt die Gabe der Verzeihung und steht es damit moralisch nicht höher als ein Mensch, der dies nicht fertig bringt?

Wer sagt, ein Tier habe keine Seele, könnte auch sagen – Tisch ohne Füße – aber das wäre auch kein Tisch mehr, sondern nur ein Brett. Ein Tier ohne Seele? Seele – was ist das anderes als das Leben? Eine Ausdrucksform Gottes also. Es wäre doch nur totes Fleisch mit Haut und Knochen, aber kein Lebewesen mehr!

Da eine begonnene Geschichte tunlichst abzuschließen ist, will ich das gerne tun. Nach einigen Tagen der Eingewöhnung im Elternhaus fiel dann doch der Abschied wieder schwer, und mit einem Koffer, gewiss schwerer geworden durch ausgiebigen Proviant für karge Zeiten, schleppte ich mich wieder ins Internat zurück. Schier aufgelöst in Erschöpfung und Zwiespältigkeit, aber voller Zuversicht auf eine neue, erfolgreiche Runde in der schulischen Arena.

Maschinenschreiben lernten wir in einem unscheinbaren Nebenfach. Aber diese Fertigkeit erwies sich bis heute – man glaubt es kaum – beinahe am nützlichsten von allen Schulfächern. Im Vergleich dazu begegnen mir in meinem unexotischen Leben häufiger Zebras als Algebras.

Die nette, zierliche Lehrkraft, unsere *Ruschin,* sie sehe ich noch gut vor mir. Wie sie mit einer Eselsgeduld den langen Rohrstock im Takt aufs Parkett stampfte, während wir die diktierten Buchstaben anschlugen:

»F - G - J - K - F - G - J - K - F - G - J - K«.

Wir fühlten uns wie Galeerensklaven, die sich im Taktschlag zwar nicht in die Riemen legen mussten, wohl aber das Hebelwerk der Schreibmaschine in Gang hielten, bis die Finger krachten. Im Maschinenraum saßen wir links und rechts des Mittelganges in Rudererformation zu zehnt hintereinander an den professionellen Büroschreibmaschinen nebst Unterschrank. Ein monotones Gestampfe, das eher an den Maschinenraum eines Schiffes erinnerte, unter einer gnadenlosen Regentin, die von Zeit zu Zeit den Gang durchschritt und forschende Blicke auf die Schreiberzeugnisse ihrer Maschinisten warf. Das war endlich einmal ein Fach nach meinem Geschmack, es lief alles wie von selbst und mühelos. Auch Wast empfand das so. Wir, die beiden schikanierten Klavierspieler hatten als Fingerakrobaten unser Heimspiel, waren die Besten. Das ist so ähnlich, als steigt ein Schlittschuhfahrer auf Roll-

schuhe um. Ich habe das zwar noch nicht gemacht, aber ich kann mir das lebhaft vorstellen: Die Rollen hätte ich schnell im Griff! Oder glaubt Ihr etwa – nicht?
Neben Maschinenschreiben brachte uns *Ruschin* auch Stenografie bei, Kurzschrift also, und auch in dieser Sparte hatte ich wenig Probleme, war ziemlich gut, nahm sogar an einem überregionalen Wettschreiben teil. Denke ich dagegen an meine hoffnungslosen Fehlleistungen in der Mathematik, möchte ich fast annehmen, ich sei eben mehr ein motorischer Typ, einer, der manuell was tun sollte – bitte nicht verwechseln mit dem notorischen Säufer! Der tut zwar auch was, aber lassen wir das.
Im Laufe der Jahre stellte ich fest, dass handwerkliche Fertigkeiten durchaus steuerbar sind: Geschickt in Arbeiten, die mir Spaß machen – mit zwei linken Händen ausgestattet, wenn es unangenehm wird. Von Automotoren beispielsweise verstehe ich überhaupt nichts, man bekommt die öligen Finger so schlecht wieder sauber. Ich habe seither viele Praktikernaturen kennen gelernt, denen es ähnlich geht. Dass aber auch geistige Fähigkeiten steuerbar sind, das hat mich dann doch verblüfft. Könnte mich mein Deutschprofessor dabei sehen, wie ich gerade ein Buch fabriziere, würde er sich schnell im Grabe umdrehen, sofern er da schon liegt. Eher aber käme es zu einer Dauerrotation: sein schwacher Schüler – ein Buch schreiben! – unerhört ist das! – und welche Fehler er wieder dabei macht – er wird es hoffentlich fachmännisch lektorieren lassen! So höre ich den guten Mann stöhnen. Beruhigung! Es gibt

Schlimmeres. Lektorieren lassen? Mich mit fremden Federn schmücken? Das habe ich eigentlich nicht vor. Meine hoffentlich nachsichtigen Leser werden es überleben. Dafür gibt es unverfälschtes Material – *pures selfmade*. Es war kein Ghostwriter zu Werke; niemand hatte seine Finger im Spiel – alles *totale naturale* ...

Ist das nicht Entschädigung genug? Und ist es nicht das blanke Vergnügen, die blamablen Fehler und Schwächen eines anderen zu entdecken?

Unter uns gesagt: So sehr man auch meint, bei seinem mühsamen Tun stöhnen zu müssen, macht es ja auch richtig Spaß, wenn man es schafft, eine Sache von Anfang bis Ende alleine, selbstständig durchzuziehen. Dieses *Learning by Doing*, das Lernen durch Tun, kann ich jedem nur wärmstens empfehlen, gleichgültig, was man Positives angeht. Das Schreiben ist bei meiner Aktivität zwar das Wichtigste, aber doch nur ein Teilbereich. Wenn es später ans Layout geht, also an die Druckvorlage, werkelt man schon mal ein Vierteljahr am PC herum, um das Programm in den Griff zu kriegen. Bei Word soll es einhundertzwanzigtausend Einstellungen geben, habe ich gehört – das ist ausreichend für mich! Es gibt in unserer üppigen Welt auch abertausende Schriftarten: Welche wählt man aus? Kann und darf man sie in eine Datei einbetten, solche Fragen stellen sich. Den Einband, wie gestalte ich den? Eine hübsche Herausforderung bietet dabei auch das funktionsüberfrachtete Grafikprogramm, so man dieses nur vom Namen her kennt. Noch ein Vierteljahr Zeitaufwand? Wer Programme erforscht, kommt vom Hundertsten ins

Tausendste; ich habe diese Erfahrung gemacht. Kein Problem! Glücklicherweise hat für mich die Formel »*Zeit ist Geld*« seine zwingende Aussagekraft verloren. Dafür sterbe ich statistisch aber wesentlich früher als diejenigen, die sich dem bitteren Spruch noch verpflichtet fühlen. Wer möchte da mit mir tauschen, wenn man es so betrachtet?

Knüpfen wir noch einmal an mein hobbymäßiges Buchprojekt an: Geplant hatte ich ein *book on demand*, ein Buch auf Abruf, selbst gemacht, quasi im Selbstverlag. Die elektronische Vorlage geht an den Hersteller und dieser druckt auf standardisierten Drucklinien nur jeweils die bestellten Exemplare, sogar auch nur das eine Stück. Dabei gibt es, wie immer, Vor- und Nachteile zu bedenken; also auch das Thema Dienstleister und Vertrieb, ist noch abzuwägen. Sollte das Buch jedoch eine Verlagsauflage werden, wirst du kaum mehr das Vergnügen haben, meine grammatischen Schnitzer zu bewundern. Ein Profilektor wird vorab solche Freude und Genugtuung genossen und sie dir weggeschnappt haben. Allerdings werde ich einen Umstand sehr stark vermissen: Beim Deutschprofessor wusste ich immer, wie ich dran war. Wie aber bewerten meine künftigen Leser mein Erstlingswerk? Dass der schwache Deutschschüler von einst eine solche Frage überhaupt stellen kann, erfüllt ihn mit triumphalem Stolz. Glaubst du es? Das ist selbstverständlich Quatsch – obwohl – ein Fünkchen Wahrheit lassen wir mal glimmen.

So ändern sich eben die Zeiten und wenn mir auch

heute noch die germanische Grammatik in ihren wilden Teilen noch sehr rätselhaft geblieben ist, scheue ich mich deswegen nicht, meine Gedanken aufs Papier zu setzen. Die Gedanken sind es nämlich, die zählen – apropos: nämlich ...

Jetzt aufgemerkt!

»Wer schreibt ein h in nämlich, der ist nämlich dämlich!« Angesichts solch kerniger, schulischer Merksätze konnten es sich nur noch ausgeflippte Deutschmuffel leisten, weiterhin auch das Wörtchen dämlich noch mit h zu schreiben. Aber charmant wäre dieser Buchstabe trotzdem. Warum?

Nun ja, – grübelt man über den Wortstamm Dame nach, wer möchte dem dämlich jenes distanzierende h verweigern? Klar, man ahnt es schon: Die Grammatikmafia muss eine eingeschworene Herrenclique sein!

Nun, denken wir doch einmal an die Regelwerke der *Stockpickler*. Erinnerst du dich? Die Absicht dahinter: Ein stupides Spiel so komplizierten Regeln zu unterwerfen, dass ein Interessent schon ausgiebig zugucken und seine Lektion lernen muss, ehe er da mitmachen kann.

Denke jetzt an die Rechtschreibreform! Wahrhaftig könnte man auch dieses komplizierte Regelwerk rigoros entrümpeln und vereinfachen, doch man tut es nicht, sattelt lieber noch eins drauf, damit es letztendlich – für mich zum Beispiel – noch komplizierter wird. Wenn du daran zweifelst, schlag doch einmal im Duden die Zahl *achtzig* nach – oder das unscheinbare Wörtchen *mal*: Wirst schon sehen, dass du als normaler

Mensch nicht mehr mithalten kannst, das ist einfach irre! Nun besteht aber unsere Sprache nicht nur aus zwei Wörtchen, eher haben wir es wohl mit einer halben Million von Wörtern zu tun. Wo du auch nachschlägst, fast überall finden sich Leckerbissen für die Regelvernarrten, die sich vermutlich an Ausnahmeregelungen ergötzen und davon leben. Bin ich zu hart? Es tut mir leid! Ach ja, *»leid«,* auch so ein fragwürdiger Kandidat: groß oder klein? Wir quälen uns doch nur für die *Experten*: Wie einfach wäre die generelle Kleinschreibung, wie sie in anderen Sprachen üblich ist! Mir scheint, als hätte die zig Jahre dauernde Vorbereitung dieser vielgepriesenen, vielgeschmähten, vieldiskutierten, jedenfalls Unsummen Geld kostende Rechtschreibreform mehr Unsinn produziert als sie Sinn macht. Da höre ich aber Kritik von allen Seiten:

»Was hättest du Stümper denn besser gemacht? Meckern kann bekanntlich jeder«.

Gut, bevor ihr mich auf den Rost legt, will ich einmal euere Fantasie anheizen!

Erstens: Zuallererst hätte man einmal gucken müssen, was die Konkurrenz bietet. Am augenfälligsten ist dort die Kleinschreibung. »Mein Gott, Walter!« Dieser Aufschrei meiner Generation hängt mir an der Zunge! Warum geht das nicht in unserem Sprachladen? Alleine mit dieser Vereinfachung wäre die aufwendige Reformierung unserer Sprache wenigstens ein Reförmchen geworden.

Zweitens: Mut beweisen – warum nicht gleich eine Sprachreform? Als Schüler, der im Fach Bildung mit der französischen Sprache in Berührung kam, weiß ich, dass unsere Nachbarn nicht drei Geschlechtswörter benötigen, sondern mit *le* und *la* auskommen. Darüber hinaus ist mir sogar als Sirs Schüler – diesen Lehrherrn begegnen wir bald – nicht verborgen geblieben, dass die Weltmarktführer der Sprache sich mit einem Artikel *the* begnügen. Na und?, denkst du. Ich sage: *»de«*!

De maus, de haus, de käse ... Du meinst, so einfach ginge das nicht? Da frage ich jetzt aber ganz dumm, warum nicht? Es klappt doch:

»De maus ist in de haus und nagt an de holländische käse.« Doch Spaß beiseite: Ein bisschen mehr Mut beim Reformieren hätte ganz bestimmt nicht geschadet, wenn damit Vereinfachung erreicht worden wäre, anstatt Haarspaltereien. Sollte dein Bratrost noch mehr Glut benötigen? –

Ein letzter Vorschlag: Englisch wird schnellstmöglich europäische Landessprache, im Sinne der Völkerverständigung – jetzt wohl aber Punkt! Hat da jemand ein Problem? Hört!

»Yes! I have! I have a very great problem! My Englisch is very bad school-English, and I old German have not great joy to learn, because I'm strong forgetful ...

«Na, also! Er kann doch, wenn er muss!

Wo waren wir stehen geblieben? Ja, eigentlich ist mir schon klar, weshalb die halbherzige Rechtschreibreform einen Namen trägt, den sie gar nicht verdient. Wäre ich studierter Germanist, säße in einem solchen Gremium der Reformer – weiß Gott, ich hielt von gravierender Vereinfachung auch nichts! Wofür hätte ich ein halbes Leben lang studiert, mir eine Berufsbasis geschaffen, damit es andere leichter haben? Womöglich zu leicht haben und ich mein unnütz gewordenes Spezialwissen über Bord werfen kann, was hätte ich also davon? Hoffentlich haben diese Leute nicht die sprichwörtliche Rechnung ohne den Wirt gemacht. Einer Jugend nämlich, die im Computerzeitalter zwangsläufig zu einer anderen Einstellung gegenüber tollkühnen Regelwerken aller Art kommen wird. Ihre ganze Aufnahmekapazität beansprucht das neue Zeitalter in ungeahnter Heftigkeit. Denn in der sich sprunghaft verändernden Welt, die komplexer geworden ist, als dies je ein Mensch für möglich hielt, wird streng nach Prioritäten zu handeln sein, um überleben zu können. Welche Mühe und Zeit kostet es alleine, nur den günstigsten Tarifanbieter von irgendwas herauszufinden? Da kommt anderes zu kurz! Einen kleinen Vorgeschmack, was dies am Ende für die Grammatik bedeutet, bekomme ich als Gelegenheitssurfer, wenn ich mit der Ausdrucksform der neuen Generation in Internetforen konfrontiert werde. Dort jedenfalls kümmert sich unter den Jungen niemand um Rechtschreibung und Grammatik, jeder schreibt, wie es gerade lustig ist, und nix kann sie daran hindern, es so zu tun. Wie stand da neulich im Börsenforum zu lesen:

»Ey bei Metabox Krisch voll Plack! Wer kauft denn nem Fernseher um in Internet zu gehen? Jaja ich weiß, ca. 5 mio Menschen ...« alles klar?

Diese Anarchie, fände sie Verbreitung, wäre die bitterste Antwort an die Rechtschreibreformer, die ihr

Futter so hoch hängen, dass es dann keiner mehr holen will. Schade! Dieser Weg führt geradewegs in eine chaotische, primitive und gettoisierte Sprache und die wünscht sich doch wirklich niemand.

Womöglich aber lassen sich solche sprachlichen Entwicklungen gar nicht verhindern, wie die Vergangenheit uns lehrt. Einer akademischen Vokabelverhunzung, verursacht durch die Lateinkenntnisse eines wohlgeläufigen Personenkreises, folgte ein wahrer Run nach Amerikanismen bis in die letzten Fasern unserer Muttersprache hinein. In Folge könnte sich daraus ein *Catch-as-catch-can-Global-Speech* entwickeln, welches im Zwang einer ständigen Anpassung die relativ stabile Sprachform unserer Vorfahren opfert, zugunsten einer weltweiten Verständigungsmöglichkeit. Unter solchen Gesichtspunkten kann ich *Word-Acts for worldwide* vielleicht etwas leichter verkraften.

Zugegeben, es wird aber noch eine ganze Weile dauern, bis ich die schnoddrigen, für mich unverständlichen amerikanischen Satzfetzen zum Ende beinahe jedes Werbespots sympathisch finden kann, die update Werbemenschen aus ihren Zeitgeisthirnen mühevoll heruntergeladen haben. Damit wollen sie wohl ihrer Werbebotschaft den allerletzten Kick verpassen? Das erzeugt in mir jedes Mal die Vorstellung, die Leute trügen verkehrt herum aufgesetzte Schirmkappen, und prompt saust mir auch ein Baseballschläger schnurstracks – Pardon: schnurgerade – in den Sinn.

Letztes Wochenende, am Sonntag, waren wir im Kino! Ein Privileg, das diesmal allen Ministranten zufiel, für ihre unermüdliche Bereitschaft zum Dienst am Altar, wie es unser Pater Direktor so wohlwollend ausdrückte. Gegeben wurde zur Zeit der Kindervorstellungen um vierzehn Uhr ein alter Schinken aus unserer Branche, der uns vor Begeisterung fast an den Rand einer dankenden Absage getrieben hatte.

»Vom Landpfarrer zum Papst«, hieß der Schwarz-Weiß-Streifen. Es war eine anrührende Lebensgeschichte des Pius zehn oder elf?

Nun, Kino war für uns etwas ganz Besonderes und wir hätten uns gewissermaßen auch vor die weiße Leinwand gehockt, wenn es hätte sein müssen. Als der rote Samtvorhang wieder zusammenlief, war unser Appetit längst nicht gestillt. Null Action war gelaufen!

»Jetzt wäre was Gescheites recht!«, sagte Schorsch neben mir. Im Aushang hatten wir uns bereits den Programmüberblick verschafft; gleich in der nächsten Vorstellung um 16 Uhr war genau die richtige Kost angesagt. Ich müsste lügen, sollte ich den Titel sagen, aber so ein Haudegen wie Sindbad der Seefahrer wird schon auf der Leinwand herumgeturnt sein. Kurz entschlossen zahlten wir an der Kasse nach und setzten uns wieder ins inzwischen leere Kino. Da saßen wir, warteten, bis der allgemeine Einlass erfolgte und später dann endlich allmählich das Licht erlosch, der Vorhang aufzog und das Spektakel begann. Wie betrunken, von den Eindrücken dieses optischen Großangriffs auf die Gehirnzellen, wankten wir nach den beiden Vorstel-

lungen ins Freie und erschrocken über die bereits eingebrochene Dämmerung, wurde uns das Vergehen massiv bewusst. Alle anderen Ministranten waren ja längst wieder pünktlich zu Hause.
Zu dieser Zeit führten die beiden Flüsse der Stadt Hochwasser und das Kino an der Wörnitzbrücke war nur über einen langen, eigens gebauten Holzsteg erreichbar, der als Gehsteigersatz diente aber viel schmaler als ein solcher war. Deswegen erforderte es ständiges Anhalten, Ausweichen und Abwarten des Gegenverkehrs. Auf den letzten Metern dieses Wassersteges war unsere Zuversicht, unbemerkt ins Internat zu gelangen, bereits groß genug, sodass die raubeinigen Kinohelden über uns die Oberhand gewannen. Rücksichtslos wie diese und übermütig rempelten wir uns und andere an, fühlten uns sehr stark; das bestätigten uns sogar Passanten! Es lag nicht in der Absicht von Schorsch, mich gleich ins Wasser zu schubsen, aber es passierte eben. Ich musste, um das Gleichgewicht zu wahren, abspringen und stand bis zu den Knien im Wasser. Etwas weiter vorne wäre es dramatischer gewesen: Brusthöhe? Brusttiefe? Wie es euch gefällt. So aber quatschte lediglich das Wasser aus meinen Schuhen und die Hosenbeine klebten klitschnass, wie moderne Röhrenhosen, eng an den Beinen – nur saukalt war es zur Schneeschmelze und Hochwasserzeit. Daheim, vor meinem Schrank, wechselte ich eben die nassen Sachen – bis jetzt war alles gut gegangen, niemand hatte unsere Rückkehr bemerkt – da fragte es auf einmal neugierig neben mir, wie das denn passiert sei?

Der Stinker war es, holte Erkundigungen ein.
»So, so, ein Halbstarker hat dich vom Steg gestoßen! Aber was treibst du dich noch so spät in der Stadt herum?«
»Ich musste noch einmal in die Stadt, Herr Pater, weil ich meinen Geldbeutel verloren hatte, im Kino lag er unter dem Sitz.« Mehr als ein Spitzes »so, so ...« hat er nicht gesagt und dann war er verschwunden. Ob er meine Notlüge geglaubt hat? Kaum. Aber ein schlechter Mensch mit guten Lügen hat eben mehr Erfolg als ein guter Mensch mit schlechten Ausreden.

Unmittelbar vor dem Gebäudekomplex, noch ehe die Steintreppe hinunter in den Garten führte, begann gleich hinter der Gartenglocke ein Sperrgebiet. Dessen Zutritt war streng verboten, weil es so uneinsichtig und von allen neugierigen Blicken geschützt, zwischen der Seitenwand des Gebäudes und einer Mauer, hinter hohem Gebüsch lag.
Genau der richtige Ort, um eiligen Rauchern ohne große Umstände die nötige Deckung zu bieten. Heute Vormittag in der kurzen Schulpause hatte ich deswegen mit Wolfe dieses Versteck aufgesucht und nach Glättung der fransigen Nervenfasern durch eine Nikotingabe kamen wir völlig arglos aber neugierig wieder hervorgeschlendert. Etwa solcherweise, als hätte es uns die Gartenbimmel angetan, so intensiv nahmen wir sie in Augenschein, denn sonst war da ja nichts, was wir hier hätten suchen können. Dabei muss uns der Chef aus einem Hinterhalt beobachtet haben, doch dies

erfuhren wir auf eine ganz ungewöhnliche Weise.
Wir Schüler hatten schon einen schweren Stand in unserem so genannten *Zuchthaus*! Wandten wir uns in die andere Richtung, der Gärtnerei zu, so war auch dies ein Sperrgebiet und das luftige Gartenhäuschen darin, nur dünn bewachsen mit Efeu, bot zu wenig Schutz. Waren ein Dutzend Raucher dort versammelt, stieg eine Rauchsäule empor, die jede Aufsicht in Trab brachte. War man aber nur an gesunden Obst, an Äpfeln und Birnen interessiert, schlug uns fast immer der wütende Gärtner in die Flucht. Es setzte dicke Watschen, wenn er einen erwischte und andernfalls warf er mit allem nach uns, was er augenblicklich in seine Finger bekam. Auch faule Äpfel geben hübsche Flecken ab; das kann ich bestätigen.
Gerade in diesen Tagen hatte Pater Direktor sein Kommunikationsspielzeug eingeweiht. In beinahe allen Räumen hingen jetzt unansehnliche graue Kästen, deren Leitungen im Direktorat in edlem Gerät endeten. Erst neulich hatte er seine erste Mikrofonansprache an seine Schüler gerichtet und uns restlos davon überzeugt, dass spontane Information aus erster Hand doch besser sei als streckenweise Ahnungslosigkeit.
Als Betthupferl war heute anscheinend eine weitere Durchsage gedacht, denn zu Beginn der Lesezeit, vor dem Schlafengehen, machten sich die Lautsprecher durch ein Knacken bemerkbar. Wir beiden Raucher hörten wie aus heiterem Himmel von oben herab, aus den in Deckenhöhe montierten Kästen, unsere Namen und alle Blicke im Saal hefteten sich erwartungsvoll

auf uns. Da war von zwei Herumdrückern die Rede und einer unglaublichen Unterstellung. Er möchte nicht wissen, was wir Schweine dort hinter den Büschen Unanständiges miteinander trieben. So etwas möchte er sich doch verbeten haben. Schweine hatte er uns genannt! Sogar der Saal brodelte entrüstet auf und Wolfe für seinen höheren Blutdruck bekannt, war bereits mit feuerrotem Kopf aufgesprungen, hatte mich am Ärmel gepackt und einfach mitgerissen.

»Der soll sich entschuldigen!«, rief er in den Saal und schlug hinter mir gewalttätig die Türe zu. Wolfe, durchaus jähzorntauglich, war wie von Sinnen. Er flog mehr die Treppenstufen hinunter, als er lief und führte ein erregtes Selbstgespräch, das ihn immer wütender machte. Ich rannte wie ein zahmes Hündchen hinterher und wie er mich vor sich her in die heilige Türöffnung des Chefs drücken wollte, flutschte ich gerade noch rechtzeitig seitlich weg.

»Diese blöde Doppeltür!« Ungeduldig und vollgepumpt mit Jähzorn riss Wolfe beinahe den Türgriff aus, so sehr begehrte er Einlass. Dann die nächste Barriere aufgerissen. Anklopfen? Denkste! Schon stand er breitbeinig in der offenen Türzarge – spielfilmreife Rächerszene – und ich, vor Schreck an der Wand des Flurs gegenüber der Tür klebend, sah gerade noch den Direktor fassungslos an seinem Schreibtisch sitzen. Wolfe haute die Türe zu, wirklich, er haute sie zu! Und schon eilte ich neugierig hinüber, um zu lauschen, was da drinnen jetzt ablief. Das war aber unnötig. Wolfe brüllte den Chef so mächtig an, dass man jedes Hörrohr fortgeworfen hätte.

Was er sich da für eine Schweinerei geleistet hätte, eine Unverschämtheit wäre das von ihm, uns schlecht zu machen vor allen Schülern, dass er sich das nicht gefallen ließe – auf gar keinen Fall. Unschuldige zu verdächtigen, das sei hundsmiserabel, eine Sauerei einfach!

Die kleinlauten Einwendungen des Chefs klangen fast unterwürfig und der Rächer der Ehre tobte sie souverän nieder. Da! – zum Getrampel im Zimmer mischte sich sogar das Klappern von Gläsern in der Vitrine und ich hatte den Verdacht, dass womöglich handgreiflich erklärt wurde und träges Fleisch geschoben wurde.

»Sie entschuldigen sich auf der Stelle, Herr Pater Direktor!« Das war seine letzte Attacke und schwitzend kam Wolfe wieder zum Vorschein. Noch war der letzte Rauch noch nicht verzogen, in meinem Kameraden brodelte es noch mächtig, als wir uns unter mitleidigen Blicken zurück auf unsere Plätze begaben. Da klickte es tatsächlich wieder in den Lautsprechern und mit ungeheurer Erwartung spitzten sich alle Ohren. Da war sie – die Entschuldigung des Chefs! Wolfe verlor Farbe, wurde jetzt blass. Der Arme hatte sich total verausgabt, aber er hatte auch eine alte Volksweisheit auf den Kopf gestellt: *Geh nicht zum Fürst, wenn du nicht gerufen wirst!*

Als gemäßigtes Temperament konnte ich da überhaupt nicht mithalten und so blieb ich Wolfe für seine Ehrenrettung natürlich Dank schuldig. Es passte ganz gut in den Kram, dass ich am darauffolgenden Wochenende Besuch von meinen Eltern bekam und da konnte ich mich revanchieren: kleine Spazierfahrt, Mittagessen und Nachmittagskaffee. Außerhalb unserer Schmalspurkost kam so etwas immer gut an. Nur lästig ist es schon, wenn die Eltern mit allen Tricks jede Situation dazu nützen, um aus deinem Freund herauszuhorchen, was sie anscheinend brennend interessiert: Ist am eigenen Sprössling nun Hopfen und Malz verloren – oder noch nicht ganz?

*

Bürde

Du trägst ein schweres Stück,
blickst bang den Weg zurück.
Ziehst mit der Last ins Weite –
fällst du, wer steht dir noch zu Seite? –
Doch – leicht möglich, wie im Reim –
hast du Glück und riesig Schwein!

Große weite Welt

Wir wissen ja nun Bescheid: Obwohl beständig von Mauern und Zäunen umgeben, fand sich immer ein geeigneter Durchschlupf in die vermeintliche Freiheit und zwischendurch waren wir sogar mit dem schweren Koffer unterwegs auf kleiner Fahrt nach Hause.

Jetzt soll aber von großen Reisen die Rede sein. Unser Klassenausflug führte in ein mir unbekanntes Land, in die bayerischen Berge, zum Spitzingsee, also in das Territorium des so veräppelten kriegerischen Bergvolkes der Alpen. Selbst ich als Bayer war seinerzeit noch nicht viel weiter über den Weißwurstäquator hinausgelangt – gemeint ist wohl eine gedachte Linie durchs Münchner Hofbräuhaus – als bis an Starnbergs Ufer oder auf den Andechser Bierbuckel vor dem Ammersee. Dahinter lag für mich unbekanntes Neuland, wie für heutige Jugendliche etwa Neuseeland.

Seezn war längst unser Klassenleiter geworden, er hatte diese Fahrt arrangiert. Im Plechsteinhaus fanden wir Unterkunft und Verpflegung. Es sollten ein paar schöne Tage mit viel Gaudi werden und wir rechneten Seezn hoch an, dass er uns während dieser Zeit großzügig Freiheiten einräumte, von denen wir im Schulbetrieb nur träumen konnten. Wenn wir morgens verkatert mit Seezn am Frühstückstisch saßen, qualmten wir wie die Schlote und bliesen ihm ungeniert den Rauch ins Gesicht. Er war leidenschaftlicher Nichtraucher und machte dennoch gute Miene zum bösen Spiel. Tagsüber verschafften wir uns reichlich Bewegung an der frischen Bergluft. Während die einen lieber auf der Wiese dem runden Leder nachliefen, zog es uns Wasserratten an einen einsamen Tümpel, der uns Badevergnügen bot. Das Wasser reichte bis zum Bauch, an der tiefsten Stelle bis ans Kinn. Das anfangs klare Nass verwandelte sich im Nu in eine schlammige Soße. Kaum im Getümmel, begann der unvermeidliche Wasserkampf. Jeder gegen jeden, gewalttätiges Untertauchen war angesagt und keiner sollte beim Wasserschlucken zu kurz kommen! Brr – die Schlammbrühe nahm jede Gelegenheit wahr, sich ungebetenen Zutritt zu verschaffen.

Na ja, trotzdem fand unsere Schadenfreude Gefallen daran, wenn Ringerköpfe prustend aus der braunen Flut emporschossen. Einfach super!, wenn einer gierig nach Luft schnappte, oder ein anderer sich halb tot hustete, weil das garstige Nass durch den falschen Schlund geflossen war. Jawohl! – durch das Elend der anderen wird die eigene Last schon erträglicher. Stimmt's?

Am Abend spülten wir die verschlammten Kehlen mit etlichen Maßen Bier wieder frei. Sollte noch gesagt werden, wie wir die Maßkrüge organisatorisch an die Trinker lenkten: Ein anspruchsloses, blödsinniges Kartenspiel bot den fatalen Vorteil, zahlende Verlierer in rascher Folge zu ermitteln. Die Formel war simpel:

»Der Verlierer ist vorgemerkt«, hieß es das erste Mal. Hatte der Betreffende zum zweiten Mal verloren, grölte die Runde:

»Der Verlierer ist dran!« Wir konnten kaum so schnell saufen, wie wir dran waren, das heißt, *Kohle* lockermachen für alle leeren Krüge. Unsere Zenzi, die fesche Bedienung, war an jenem Abend voll ausgelastet; wir ließen sie unablässig zwischen Schanktisch und Stammtisch hin und hersausen. Je mehr uns das Bier den Verstand raubte, umso großartiger fanden wir das Kartenspiel, eine gefährliche Sache! Alle, einschließlich Seezn, waren schließlich betrunken wie Droschkenkutscher. Meine letzte Erinnerung an diesen feuchten Abend enthüllt mir eine seltsame Szene: Ich sehe mich vor der Almhütte quer über dem Kiesweg liegen. Stockfinstere Nacht. Von der nahen Brücke her höre ich das Rauschen des Bergbaches und aus dem Inneren der Hütte dringt die Melodie vom verlorenen Kampf; das Bier war stärker. Dann kracht die Türe an die Mauer und ein flüchtender Kumpan torkelt unappetitlich rülpsend in meine Richtung. Ich schreie: »hey ...«, aber die Warnung kommt zu spät, schon stolperte er über mich hin und fliegt massig hernieder. Der Gestürzte beginnt stöhnend, aber wortlos und in beängstigender Weise mit mir zu ringen. Er vermittelte mir ein Gefühl, als ginge es bei ihm um Leben oder Tod. Wir wälzen uns in der Dunkelheit kämpferisch über den Kiesweg, gelangen schließlich ins Gras und kullern ineinander verkrallt einen deftigen Hang hinunter, dabei registriere ich dumpf gelegentliches Holpern und weiß instinktiv: Das sind Maulwurfshügel! Allmählich zwängt sich Unbehagen in meinen Suffkopf: warum dieser Zirkus? Keine Ahnung. Aber verflixt noch mal, was ist das für ein verdammter Idiot? Frage ich mich volltrunken.

»Hey – wer bist du?«, lalle ich erschöpft und halte mit

letzter Kraft den Zechkumpan fest.

»Ich bin der Alois, du Rindvieh!«, keucht dieser. Diese kurze, aber befreiende Aussprache verbrüderte, ja schweißte uns zusammen. Gegenseitig helfen wir uns auf die Beine und fallen einander mangels Standfestigkeit in die Arme, schwanken gefährlich hin und her und quasseln uns wirres Zeug in die Ohren: Beteuerungen, Vermächtnisse, Geständnisse. Soweit das Erinnerungsvermögen an diese Rauschszene in Gottes freier Natur.

Am nächsten Morgen war klar, mein nächtlicher Instinkt arbeitete richtig, es waren Maulwurfshügel; die frustrierende Klamottenanalyse bestätigte dies eindeutig! Erfreulicher war es dann, von Karres Racheakt zu hören. Erinnert Ihr euch, wie Seezn im Physikunterricht dem Karre auf der Leiter eine Wasserkur verordnet hatte? Nun also konnte jeder an Seezns Gesicht den Wirkungsgrad dieser überfälligen Revanche ablesen. Karre hatte die Liegestatt unseres Mathematikprofessors zu einem Folterinstrument umgerüstet. Der volltrunkene Seezn quälte sich albtraummäßig die ganze Nacht hindurch auf scharfkantigen Holzscheiten, die ihm Karre unter das stramm gespannte Betttuch gelegt hatte. Zwar hat Seezn beim Frühstück ordentlich gemault, aber dann hat er sogar noch darüber lachen können; wir fanden das famos!

Zwei Paar Stiefel »Sinn und Unsinn« besitzen wir doch alle.

Lange vor den Sommerferien wälzte ich mit Wolfe einen ungeheuren Plan. Wir wollten einer alten Jugendleier meines Vaters Paroli bieten:
»In eurem Alter habe ich mit dem Fahrrad die Alpen überquert!«, mehr hat er aber nicht verraten und gedacht haben wird er wahrscheinlich:
»Ihr Pflaumen hockt nur herum und wisst nichts mit euch anzufangen, nehmt euch doch ein Beispiel an mir!« Das hatten wir uns ja vorgenommen – aber ausgerechnet die Alpen? Die überquert doch jeder: Hannibal samt Elefanten, Goethe mit Federmäppchen und mein Vater mit dem Fahrrad – also dieser Pfad muss nicht weiter ausgetreten werden. Außerdem geht es mehr bergauf als bergab, zumindest der Zeit nach, die man im Sattel sitzt. Unter uns gesagt: Das war eigentlich der wunde Punkt in unserer lebhaften Vorstellung, der die Planung in die entgegengesetzte Richtung lenkte. Es sollte also nach Norden gehen. Wir setzten uns keine Zielbegrenzung, wollten soweit radeln, wie wir in der Halbzeit kommen würden, dann trachteten wir umzukehren. Alle Vorbereitungen waren getroffen, die Ausrüstung zusammengestellt, samt Spirituskocher, Erbswurstvorrat und Suppenwürfel.
Wolfe kam mit einem alten Damenrad von der Donau herüber und übernachtete im Gästezimmer bei meiner Großmutter und am nächsten Tag in aller Früh traten wir die Pedale fünfzig Kilometer weit bis Nürnberg. Hier kannte ich mich ganz gut aus und es fand sich der Weg über altes Kopfsteinpflaster steil hinauf zur Kaiserburg, beherzigend den Spruch:

»Wer sein Rad liebt, der schiebt!« Gegenüber dem Burgtor erspähten wir unser erstes Quartier, die Jugendherberge. Abgehärtet durch Internatsbetten, hörte man kein Meckern, als wir die Bettstellagen erblickten.
Der Herbergsvater drückte jeden eine braune Wolldecke in die Hand, was will einer mehr? Mit fünfzig Pfennigen hatte der ein tolles Geschäft gemacht und der erste Stempel im Herbergsausweis ließ die Brustkörbe schwellen. Die Drahtesel schlossen wir in den Stall und wollten sie für heute nicht mehr sehen.
Es waren zwar nur fünfzig Kilometer gewesen, aber für verweichlichte Hinterteile doch eine ausreichende Ration fürs Erste. Den Rest des Tages verbrachten wir lieber auf unseren Beinen. Sahen uns die gewaltige Burganlage an, fanden dort sogar den Hufabdruck des vom Teufel angetriebenen Pferdes, das der Sage nach den *Eppelein von Gailingen* auf der Flucht vor dem Henker über den breiten Burggraben getragen haben soll. Am Dürerhaus vorbei, hinunter zum Marktplatz mit dem *Schönen Brunnen* – Schauplatz des berühmten Christkindlmarkts – so zogen wir durch die Altstadt. Zum Abendessen kehrten wir in die Herberge zurück und suchten, müde geworden, unsere Schlafplätze auf, damit wir zum Sonnenaufgang wieder genügend Reserven zur Verfügung hatten für die weitere Tour.
Nach Tagesanbruch lenkten wir unsere Räder Richtung Westen und fuhren dem mittelalterlichen Städtchen Rothenburg zu. Mit einer Steigerung der Tagesleistung auf etwa achtzig Kilometer erreichten wir verschwitzt und erschöpft die dortige Jugendherberge. Ein Stempel

ins Heftchen, den Obolus entrichtet und etwas frisch gemacht, eilten wir in den alten Gassen umher und bestaunten den Reiz dieser mittelalterlichen Stadt, die uns in eine weite Vergangenheit führte.
In Gedanken schlüpften wir in Rüstungen und ich sah uns als Ritter durchs Stadttor dahertraben unter dem Hall der Hufe und absteigen, zu deftigem Trunk aus großem Humpen im Gasthaus zur *Goldenen Glocke*. Natürlich vollzog ich den ritterlichen Weintrunk nur im Geiste, denn für ein handfestes Viertel war der Geldbeutel zu knauserig. Fürs Eintrittsgeld ins Foltermuseum musste er dann doch herhalten, weil sich unsere technische Fantasie mit den grausigen Möglichkeiten eine vorzügliche Anregung versprach. In manchen Gerätschaften durften dann auch einige Angehörige des Erziehungsapparates Platz nehmen und wir grinsten über unsere brutalen Vorschläge und der Vorstellung, wie sie dort in ihrer Angst große Augen machen würden.
Am nächsten Tag, einen strahlend blauen Sommertag, radelten wir entspannt auf der *Romantischen Straße* im schönen Taubertal dahin und machten erste Mittagsrast hinter dem Spirituskocher in freier Natur, gleich neben dem sauberen Abspülwasser der Tauber. Mit Trockenspiritus und mitgeführtem Leitungswasser gelang problemlos die köstliche Erbswurstsuppe, die uns von nun an bis zum Ende der Tour gegönnt war. Eine Abwechslung bot lediglich der Suppenbrühwürfel. Aber keiner wollte sich festlegen, was nun das interessantere Gericht sei. Dazu trockene Semmeln, hinterher einen

Apfel zum Nachtisch, und zu trinken – Leitungswasser aus der Feldflasche, manchmal Tee – so ging es uns nicht schlecht, damals.
Die Tauber hatte uns fest im Griff. Wie lange doch so ein kleines Flüsschen ist! Über Bad Mergentheim nach Tauberbischofsheim bis zur Einmündung in den Main bei Kreuzwertheim folgten wir ihren Lauf, im Schweiße unseres Angesichts. Klingt irgendwie abgedroschen und seltsam, nicht? Aber warum nicht, wenn es so war! Vielleicht wunderst du dich, wie ich mich so gut an die Strecke erinnern kann, nach so langer Zeit? Ich fahre den beiden mit dem Finger auf der Landkarte hinterher, nach bestem Wissen und Gewissen, und ich möchte nicht glauben, dass die beiden ganz wo anders gefahren sind, ungefähr stimmt es! Ungefähr ist keine schlechte Sache. Bliebe ich einer exakten Routenbeschreibung verpflichtet, müsste ich passen und könnte dieses Kapitel nicht niederschreiben. Im Begriffskomplex des Exakten wohnt nämlich dicht an der Pelle leider auch die Abgrenzung, die Bedingung, der totale Ausschluss, Engstirnigkeit, und solches *Pack* kann sehr schnell jedes noch so lobenswerte Vorhaben blockieren. Im Ungefähren hingegen gibt es reichlich Raum für Ungenauigkeit, Schlamperei und Chaos, aber es geht doch recht flexibel, improvisatorisch und lösungswillig dort zu. Begnügte man sich also mit einer ungefähren Vorstellung, würden vermutlich Pläne machbar, welche zu exakte Vorgaben wohl erstmal verhindern würden. Jawohl, es blieben so manche Kriege erspart, wenn streitende Machthaber

sich beispielsweise kompromissbereit zeigten, indem sie ungefähre Grenzverläufe akzeptierten oder eben nur ungefähre Vorstellungen durchzusetzen versuchten. Erlaubt mir einen Vorschlag: Wie wäre es, *ungefähr* und *exakt* zu kombinieren? Zum *Sowohl-als-auch*! Alles ist verhandelbar, wenn nur ein einziges Prinzip exakt eingehalten wird: Priorität bei jeder Entscheidung hat grundsätzlich das Wohlergehen des Menschen!

Jetzt steigen wir aber wieder aufs Rad, fahren zum nächsten Lebensmittelgeschäft und versorgen uns mit reichlich Proviant, ehe wir uns in den Spessart wagen und Aschaffenburg anpeilen. Unsere Hinterteile hatten sich in den wenigen Tagen ganz gut den Sätteln angepasst und waren denen nicht mehr gram. Den Beinen aber fehlte noch die nötige Ausdauer, vor allem, wenn es nun in schier endlosen Höhenzügen aufwärtsging. Nicht steil genug, um sich beim Schieben nicht schämen zu müssen aber wiederum so strapaziös, dass wir meinten, Betonklötze an den Tretern zu haben. So schwitzten und fluchten wir herzhaft und war dann schließlich eine Bergkuppe ertrampelt und wir sahen die Zukunft vor uns liegen, konnten wir auch jetzt nicht das Sacklzement unterdrücken – du weißt ja, das ist ein nicht beichtpflichtiger Fluch. Zwar ging es nun rasant abwärts aber gleich wieder, so weit das Auge reichte, unbarmherzig bergauf in einer schönen unbesiedelten Landschaft, doch hatten wir heute überhaupt keinen Blick dafür. Viel mehr als den lahm unter dem Vorderrad fließenden Asphaltstrom nahmen wir nicht wahr. Unser Übernachtungsziel würden wir nicht erreichen,

das stand fest. Die sorgfältig geplanten Etappen gerieten im Auf und Ab des Spessarts wortwörtlich unter die Räder. Wir empfanden es angenehm, als der Himmel sich bewölkte, leichter Wind aufkam und unsere Muskelmotoren kühlte. Bei dieser Luftkühlung sollte es aber nicht bleiben. Schwere Gewitterwolken zogen auf, der Wind wurde heftig bis zu heftig und riss an den Rädern, als wolle er uns abschütteln und rollender Donner hinter den verzwickten sieben Bergen sprach grollend zu den strampelnden Zwergen. Nach den ersten satten Regentropfen sprangen wir ab und zogen die Regenmäntel über und als wir wieder aufstiegen, erfüllten sie bereits ihren Zweck. In der Ferne, auf halber Höhe des gegenüberliegenden Höhenzuges erblickten wir nach stundenlanger Fahrt erstmals eine menschliche Besiedlung, ein Dorf lag an unserer Straße – ein Hoffnungsschimmer! Nun genossen wir die Abfahrt, ließen uns nicht von Blitz und Donner stören und auch nicht vom Regen, der uns gleichsam kübelweise übergegossen wurde. Wir johlten voller Vorfreude auf das nahe nächtliche Quartier. Ausgelaugt von den letzten Kilometern Bergfahrt waren wir am Ortsschild angekommen und schoben die Räder nun durch ein gottverlassenes Dorf. Kein Mensch auf der Straße, nichts war auszumachen, das eine Bleibe versprach. Was tun, sprach Zeus? Wolfe hatte eine Idee:
»Wir gehen einfach zum Bürgermeister, der wird uns helfen können!« Nachdem wir uns nach seinem Weg durchgeklingelt hatten, fanden wir einen mürrischen Mann, der uns zuerst abwimmeln wollte, jedoch kläg-

lich an unserer Hartnäckigkeit scheiterte. Schließlich griff er zum Regenschirm und führte uns in eine ehemalige Turnhalle, die jetzt leer stand und nur allerlei Gerümpel barg.
»Da könnt ihr für eine Nacht bleiben. Bringt mir den Schlüssel, bevor ihr fahrt – gute Nacht!«
Unsere Freude war der Ernüchterung gewichen. Nichts war vorhanden, was ein Bettlager hergegeben hätte, nur der blanke Holzboden und einige schmale klapprige alte Tische standen herum, an den Wänden lehnte Sperrmüll. Wir schauten uns erschrocken an. Was stand auf der Dose? Rattengift! Ach, du lieber Himmel ... Etliche dieser Dosen mit dem aufgedruckten Totenschädel und den gekreuzten Gebeinen standen auf dem Boden herum. Hier gibt es Ratten! Wir werden auf den Tischen schlafen, sie werden schon nicht hochspringen, sagten wir uns und bereiteten mit sauren, langen Gesichtern unser Nachtlager vor. Nasse Kleidungsstücke hingen wir zum Trocknen auf, dann schlüpften wir in die Trainingsanzüge und legten uns auf die harten Tischplatten. Es war eine der unbequemsten Nächte, an die ich mich erinnern kann. Mehr wach als schlafend durchstanden wir die langen Stunden, horchten in die Dunkelheit, wenn es wo raschelte und etwas flink herumsprang.
Mit knurrendem Magen und gerädert, als seien wir mit Rothenburger Foltergerät bearbeitet worden, suchten wir in aller Früh das Weite. Im weiteren Verlauf sahen wir Mainz, fuhren den Rhein flussab, vorbei an der Loreley, zwängten uns durchs enge Bobbard und

erreichten zur Halbzeit der Tour Koblenz. Dort guckten wir am *Deutschen Eck* vor dem Mahnmal auf die damals schon (oder noch) schmutzige Brühe des *Vater Rheins*. An der Uferpromenade faszinierte uns aber eine große Werbetafel.
»Hier gibt es das stärkste Bier der Welt!« Unser Rekordhunger war damit aktiviert und wir beschlossen, wenigstens ein Gläschen zu probieren. Brr – wie das schmeckte – süßlich – scheußlich! Als wir den eleganten Ober riefen, war der süßliche Geschmack verflogen und ein bitterer geworden. Zwei Mark und siebzig Pfennige hatte er jedem abgenommen! Bei unserer schwindsüchtigen Kasse war's ein Kahlschlag, der uns einige Tage absolute Schmalkost bescheren würde. Trotzdem war rückblickend der Tropfen sein Geld wert, denn an welches Glas Bier könntest du dich nach einem halben Jahrhundert noch so gut erinnern?
Planungsgemäß zur Halbzeit wendeten wir unsere Fahrräder in Richtung Heimat. Ein gutes Stück entlang des Rheins, dann abgebogen nach Frankfurt, fand man uns in einer Hausruine, die der Krieg beschert hatte, mit einem Pappteller in der Hand und einer Fuhre Kartoffelsalat darauf. Das war sozusagen ein letzter finanzieller Kraftakt, den der Geldbeutel zugelassen hatte und der uns nachdrücklichst das stärkste Bier der Welt ins Gedächtnis rief, welches jetzt zum Kartoffelsalat die Wurst verwehrte.
Auf der Weiterfahrt schlossen wir einmal zu zwei Radlerinnen auf, mit denen wir freudig ins Gespräch kamen. Bei der Mittagsrast, wo wir die beiden mit

Brühwürfelsuppe verwöhnten, erfuhren wir ihren Standort: Kehlheim! Wolfe war jetzt kaum mehr zu bremsen, so nahe wohnten die Mädels am gleichen Wasser, der schönen, braunen Donau, in einem Revier, das er schon gerne bejagt hätte. Bald ergaben sich zaghafte Fusionierungsgespräche über eine zweigeschlechtige Tourengemeinschaft, doch die Verhandlungen kühlten sich rapide ab, als wir die von uns erwartete Tagesleistung von einhundertvierzig Kilometer erfuhren. Gnädiges Fräulein Babette. Das war niederschmetternd für unsere lahmen Waden; wir waren über die Hälfte dieser Leistung nur selten hinausgekommen.
»Das waren Profis«, trösteten wir uns, als sie uns ihren Auspuff zeigten und wir regelrecht in den Rädern zu stehen glaubten.
Fazit: Es kommen auch die langsamsten ans Ziel, wenn sie es nur nicht aus den Augen verlieren oder vorher aufgeben. Uns war das Ziel ins Herz gebrannt: zuerst nach Hause – und dann, nach den Ferien – zurück ins Knabeninstitut.

*

Stärke ist nicht immer augenfällig: Betrachte die unscheinbaren hohen Halme der Gräser! Sie widerstehen den heftigsten Stürmen, während mächtige Bäume bersten und stürzen.

Josefine

Im Reigen der kaufmännischen Fächer spielte auch die Lehre von Soll und Haben, die Buchführung, eine wichtige Rolle. Ohne sie wären wir als Kaufleute aufgeschmissen, sagte uns Josefine sinngemäß; also nichts wie ran ans neue Fachgebiet und fleißig die Löffel gespitzt, damit von Anfang an nicht schon der rote Faden fehlt!

Josefine, von uns *Tschosefien* genannt, war eine blutjunge Lehrkraft, wohl frisch aus dem Examen gehüpft, und nur widerstrebend kam uns die Anrede mit Frau Professor über die Lippen. Da aber auch sie uns aufwertete und Fünfzehnjährige mit SIE ansprach, was übrigens nur sie als einzige Lehrkraft tat, klappte es schließlich doch. Wer nun glaubt, die Internatsleitung hätte uns ein kleines Sexidol beschert, der irrt gewaltig. Ganz im Gegenteil, ein richtiges Mauerblümchen, eine unscheinbare graue Maus hat man ins Haus geholt!

Für dämpfende Gefühle war also auch hier bestens vorgesorgt worden, ebenso wie küchenseitig nachgeholfen wurde. So munkelte man wenigstens und einige glaubten bestimmt zu wissen, dass von Zeit zu Zeit Soda ins Essen kam, damit die jungen Männer nicht allzu sehr der Hafer sticht. Allerdings: Sollten sich einige für ein sexuelles Dämpfungsmittel interessieren – so viel Freiheit darf in einer Demokratie ja möglich sein – kann ich leider keine Empfehlung abgeben. Nein, ich muss das Wort Soda als nachgeplappert und ohne irgendwelche fachlich bezogene Kenntnis eingestehen. Was steht im

Lexikon? »Natron, Natriumcarbonat, kristallines Natriumsalz. Soda dient zur Wasserenthärtung und zu medizinischen Zwecken.« Vielleicht doch? Besser, Interessierte befolgen den bekannten Rat: Besuchen Sie dringend Ihren Arzt oder plagen Sie Ihren Apotheker – aber tun Sie wenigstens eins von beiden.

Buchführung ist ein schönes Fach, wenn man weiß, wie es geht. Ich hatte richtigen Spaß dabei, die Geschäftsvorfälle in die Konten zu buchen. Die Buchungssätze rasselten nur so daher: Kasse an Waren – Lieferung an Bank – Privat an Kasse. Angesprochene und erkannte Konten. Du bekommst Geld. Bar? Ab damit ins Soll der Kasse. Wofür bekamst du Geld? Für Ware. Sogleich damit den Warenausgang im Haben erkennen! So füllten sich allmählich die Kontenspalten mit Zahlen und ihren Gegenbuchungen. Belege wurden gesichtet und Geschäftsvorgänge abgeleitet, gebucht, addiert, saldiert, übertragen abgeschlossen und so weiter und so fort. Wozu das alles?

Damit du es schriftlich hast, wenn du pleite bist. Guten Mutes war ich, als Josefine die Kontenbögen und das Material für eine Schularbeit austeilte. Fortan herrschte rege Betriebsamkeit, die Bänke schienen viel zu schmal für die breiten Journalbögen und deren Geflatter erfüllte das Klassenzimmer. Ausgezeichnet! Ich hatte die Aufgaben überflogen, ihr gutes Gelingen abgeschätzt und war zufrieden mit meinem Los. Die ersten beiden Eröffnungsspalten hatte ich übertragen und wollte nun ganz gemütlich, an die eigentliche Arbeit drangehen, also zuerst mit den Buchungen beginnen;

knapp zwei Stunden blieb hierfür Zeit.
Bereits beim ersten Betrag, den ich buchen wollte, lief ich wie der Glaser gegen seine eigene Glastüre. Hoppla, das geht doch so gar nicht! Die Gegenbuchung funktioniert nicht, bin ich denn besoffen? Was ist denn das für ein Mist? Sind die Formulare anders als sonst? Inzwischen wurde ringsumher mit vollem Eifer gearbeitet und zufriedene Gesichter zeigten mir deutlich, es kann nicht an den Formularen liegen. Du machst was falsch! Aber was? Ich habe noch keine einzige Buchung machen können, wieso ist jetzt schon alles kaputt? Nach weiteren langen fünfzehn Minuten waren endgültig bei mir alle Sicherungen durchgebrannt, ich erlebte ein Waterloo, wie ich es selten wieder durchgestanden habe. Die Erkenntnis daraus: Auch Schüler, Kinder leiden sehr real! Das sollten wir Erwachsenen bedenken und die Sorgen der Kleinen nicht auf die leichte Schulter nehmen. Ich sah mich jetzt als einzige Niete in einem Meer von selbstbewussten Prüflingen, erlebte mich als jemand, der auch so siegesbewusst gewesen war, nun aber vom hohen Ross abspringen musste. Ich hörte hellsehend das amüsierte Kichern, wenn meine Sechs die Runde machen würde. Nein – das geht nicht! Und wenn etwas nicht geht und du dich nicht ergeben kannst, was passiert da? Entweder du wirst verrückt oder du lässt deinen Geist einen anderen Ausweg in den Körper hinein. Wenn im Neuen Testament von Schweinen die Rede ist, die aus dem Besessenen ausfuhren, erinnert mich das symbolkonform und nachhaltig an meinen geistigen Ausbruch:

Mir ist saumäßig schlecht geworden! Und dies geschah nicht unter Vortäuschung, sondern in bester Reality, wie der Deutsche neuerdings sagt und damit jede Bindung an Muttersprache lässig hinter sich lässt. Kreidebleich und mit kaltem Schweiß auf der Stirn hob ich den Arm, machte meinen Brechreiz geltend.

»... muss was Falsches erwischt haben«, stotterte ich und war dabei kein Lügner, denn wenn es nicht am Essen lag, waren es doch die Formulare!

Josefine war sichtlich erschrocken über das Gespenst, das nun auf wackeligen Beinen daherkam, und sie riet mir, mich ins Bett zu legen, die Arbeit könne ich ja gelegentlich nachholen.

»Gott sei Dank!«, hätte ich am liebsten gesagt, herauskam: »Ja, – danke, Frau Professor.« Nachdem ich einige tiefe Züge Luft am offenen Fenster getankt hatte und es mir von Sekunde zu Sekunde wieder besser ging, machte ich vorm Zubettgehen einen kleinen Umweg in den Studiersaal. Ich ging an mein Schreibpult und zog einen Pack Kontoblätter wie am Schopf hervor. Was habt ihr mir nur angetan! Mit zittrigen Fingern blätterte ich, um des Rätsels Lösung zu finden. Da – ich hatte die Zahlen in eine falsche Rubrik übertragen! Ich Schwachkopf! Zornig über mich und zugleich heilfroh über die simple Erklärung ging ich beruhigt zu Bette. Was für ein seltsamer Tag war das doch! Beim Nachholen der Schularbeit war ich wieder der alte Buchführer, schrieb, wie meistens in dem Fach, eine Zwei und hatte die Geschichte von der drohenden Sechs schon abgehakt.

Ist der Mensch unbelehrbar? Obwohl er moralisch aufschreit, wenn andere an der eigenen erlittenen Schmach Schuld tragen, so hindert ihn das nicht daran, seinen Mitmenschen Gleiches zuzufügen. Die Schadenfreude bringt das zustande, sie ist stärker als ein schlechtes Gewissen und wir hatten sie wahrscheinlich gepachtet.

Josefine hatte für heute einen guten Vorsatz gewählt, sich radikal von der grauen Maus verabschiedet. Sie trug einen freundlich hellen, fast weißen Plisseerock – für Modemuffel: Pressfalten – und hatte sogar zaghaft Lippenstift aufgetragen. Gestrahlt hat sie über ihren Mut, als sie das Klassenzimmer betrat und ungelenk machte sie eine kleine Verbeugung, als ihr Kavaliere Beifall zollten. Ja, man sah es ihr an, ihr tat das gut, und wir freuten uns ehrlich über den vorteilhaften Wandel in ihrem Erscheinungsbild. Mit hocherhobenem Haupt schritt sie ans Katheder und setzte sich dahinter. Aber im selben Augenblick war nun vieles zerstört oder hatte sich total verändert: Zerbrochen, ihre Vorsätze, ihr Selbstbewusstsein und das Bild, das sie sich von ihrer Klasse im Laufe zweier Jahre gemacht hatte. In ihrem Gesicht blitzte Erstaunen beinahe gleichzeitig mit Entsetzen auf und wie elektrisiert fuhr sie vom Stuhl hoch, griff reflexartig nach hinten und ein unsäglicher Ausdruck im Gesicht machte uns erschrocken.

Was war geschehen? Josefine stand vor uns und die Tränen schossen ihr in die Augen, sie war unfähig etwas zu sagen und als sie zur Türe rannte und fluchtartig das Klassenzimmer verließ, war uns das Licht aufgegangen. Dir auch liebe Leserin, lieber Leser? Ich hoffe nicht, denn Spannung muss sein, sonst kommt kein Beifall oder kein Strom, je nachdem. Irgend so ein Mistkerl – manchmal war man der selbst – hatte den klitschnassen Tafelschwamm auf den Stuhl gelegt. Das flutschende Geräusch beim Draufsetzen war natürlich unüberhörbar, ich habe es nur unterschlagen – der Spannung wegen! Unser Übeltäter hatte keine gute Idee gehabt, denn alle waren erbost über seinen Streich, doch der Schönheitsfehler dabei: Niemand wusste, wer es war. Da unter uns schon keine Aufklärung des Falles möglich war, würde das erst recht nicht durch die Lehrkraft geschehen können, deswegen rechnete ich insgeheim mit einer Kollektivstrafe. Lange brauchten wir darauf nicht zu warten. Josefine war wieder da, hatte sich gefangen und ihre verwischten Tränen belegten deutlich, dass sie auch ihre Wimpern getuscht hatte. Nur war sie jetzt weit entfernt von ihren so vorteilhaften Vorsätzen, sie schrie uns wie eine Furie an und war außerordentlich giftig geworden. Immer vermied sie es, uns den Rücken zu kehren, da der Wasserfleck noch gut Einblick in ihre Unterwäsche bot, so etwas sehen Männer! Da braucht es kein Umdrehen. Sogar mit geschlossenen Augen sahen wir das Höschen, vorm inneren magischen Auge, gewissermaßen.

Das wildeste Gezänk in der Klasse konnte, wie ich geahnt hatte, auch nicht den Täter überführen und deshalb gab sie uns eine Strafe auf. Sie griff nach Literatur, nach Lyrik, nach den Dreizehnlinden von Weber. Wer die Schwarte kennt, weiß, dass dies ein handfestes Buch ist, zum Bersten angefüllt mit antiquiertem

Schnörkelreim. Der Weber möge mir vergeben. Von Anfang bis Ende schwer verständliche, ausgedrechselte Verszeilen, so zweihundert Seiten lang, schätze ich. In unseren Büchertaschen hielten wir diese Dreizehnlinden vorrätig, da im Deutschunterricht der Stoff gerade behandelt wurde und auch etliche Verse zu lernen waren. So, da hielt sie uns also dieses Exemplar vor die Köpfe und schrie:

»Das ist euere Strafe! In acht Tagen kann das jeder auswendig! Ich werde diese Strafe im Direktorat durchsetzen!« Und ehe wir mit ihr handeln konnten, war sie wieder zur Tür hinaus. Mir war zumute, als hätte mir jemand eine Schaufel in die Hand gedrückt, mit der Aufforderung, den Schellenberg umzusetzen. Das ist absurd, dachte ich. Macht es Sinn anzufangen, wenn etwas unmöglich ist? Ich ging also klammheimlich auf Tauchstation, hütete mich, das Buch nur anzusehen, damit mir nicht die Lebensfreude abhandenkam, und lernte keine einzige Zeile.

Die Streber und kernigen *Ackerer* unter uns, sah man in diesen Tagen nur noch hinter ihren Dreizehnlinden sitzen, aber guckte man genauer hin – mehr als ein paar Seiten hatten sie in ihren qualmenden Köpfen noch nicht abgespeichert. Und die Rebellen der Klasse trugen den ständigen Aufschrei in ihren Lippen und keine Stunde verflog, ohne ihr Klagen über diese Sisyphusarbeit. Sie kamen nicht übers Lamentieren hinaus und lernten so gut wie nichts. So verging die gesetzte Achttagefrist, die Stunde der Wahrheit rückte immer näher und die Klasse war bereit, die weiße Fahne der

Ergebung zu hissen. Was wird uns jetzt blühen, war die bange Frage? Josefine musste mit dieser Möglichkeit gerechnet haben. Kaltblütig reagierte sie, nachdem ihr unser Lernstreik und das niederschmetternde Ergebnis einiger Lernwilliger bekannt waren. Triumph klang in ihrer Stimme, als sie uns mitteilte, dass sie vorsorglich eine Fristverlängerung von weiteren acht Tagen im Direktorat vereinbart hätte und nun aber die Schulleitung sich selbst vom Resultat überzeugen möchte.

»Verflucht noch mal, hat man als Schüler denn nie seine Ruhe!«, kochte einer über, und auch den anderen wurde es jetzt sehr heiß unter dem Allerwertesten. Unkonzentriert, fahrig setzten wir die Zahlen in die Buchungsspalten und heftig rauschten die Dreizehnlinden vor dem nahenden Orkan. Jetzt nahm man die Sache ernst, deswegen behinderte unsere Ratlosigkeit und Sorge den nächtlichen Schlaf, und bei Tagträumen, in den gähnanfälligen Fächern, fanden sich auch viele im Lindenwäldchen wieder.

Schließlich wurde mit jedem neuen Tag der Druck dermaßen mächtig, dass wir die Flucht nach vorne versuchten. Karre, der Klassensprecher, wurde in die Höhle des Löwen geschickt. Er sollte dem Fachmann und Kenner der Materie, unseren Deutschprofessor *King* und damaligen Klassenleiter, die Unzumutbarkeit dieser Bestrafung herauskitzeln. Durch seine Verhandlung mit der gegnerischen Partei müsste doch bitte die Aussetzung der Strafe möglich sein. Das Hauptargument zur Verteidigung war die erdrückende Mehrheit der Unschuldigen. Nur einer war doch der Straftäter.

Weshalb müssen aber alle anderen derartig böse abgestraft werden?
Arme Menschheit – das ist auch dein Problem! Seit Symbol Eva, der einzigen schuldhaften Apfelesserin im Paradies, müssen alle Erdenbürger ihr Obst in einer verflucht dornenreichen Welt essen.
Auch *King* wollte uns nicht freisprechen, ließ sich nicht dazu bewegen; er fand trotz allem Für und Wider eine gehörige Strafe angebracht und war nur bereit, in fachlicher Hinsicht fürsprechend tätig zu werden. Schillers Glocke sei leichter aufzufassen, genial im Versmaß und deswegen auch mit viel weniger Mühe auswendig zu lernen, meinte er. Ein Aufschrei der Gequälten und zähes Ringen mit dem Klassleiter brachten diesen wenigsten soweit, anwaltschaftliche Verhandlung zu führen in Sachen Schillers Glocke aber zu angemessenem Teil.
Die Gegenseite, Josefine mit eingeschaltetem Direktor, waren zur Abtretung ihrer Forderung an King bereit. Er bekam die Strafaktion in treue Hände übertragen, und die Klasse pochte anerkennend mit den Fäusten aufs Pult, als King über seinen Erfolg in dieser Angelegenheit berichtet hatte. Solcherweise lernten wir bereits als Schüler ein gutes Stück Streitkultur kennen und manche können damit getrost ihren nachbarschaftlichen Kampf in Sachen provozierende Gartenzwerge oder grenzmissachtendes Astwerk führen.
Übrigens – »Nachbarn«: Auch unverfängliche Konversation am Gartenzaun sollte nicht darüber hinwegtäuschen, welche Abgründe sich hinter netten Worten

auftun können. Zeigt dein Nachbar etwa auffallende Tierliebe und vergöttert die lieben Weinbergschnecken? Sei vorsichtig! Er mag sie nicht! Kaum bist du fort, wirft er sie dir in den Garten.

Woher ich das weiß? Ich denke einmal bösartig:

Du wirfst sie doch auch hinüber zu ihm, wenn du unbeobachtet eine in die Finger bekommst.

Glaube mir!, es könnte manche Weinbergschnecke ein Liedchen als lebender Matchball singen, legt sie doch in ihrem Leben weit größere Strecken in der Luft zurück, als sie am Boden schafft. Kannst du aber deinen Nachbarn keinen Schneckenwurf nachweisen, macht das überhaupt nichts: Behaupte es einfach, wirst sehen, es funktioniert! Dafür gibt es doch Anwälte! Sie stehen wohlfeil zu Diensten und es findet sich immer ein Richter. Mit einer Rechtsschutzversicherung schließlich fehlt dir gar nichts mehr – nur noch der Streit. Also Mensch, verzage nicht: Wer eifrig sucht, der findet auch! Wer aber auch nur ein Quäntchen gesunden Menschenverstand besitzt, wird das für seine Person zu verhindern wissen.

Unser reduziertes Strafmaß, das wir erkämpft hatten, hielt sich zum Glück in Grenzen, nur noch ein paar Seiten aus Glocke waren zu lernen, aber es war ein Lyrikvortrag vor der Klasse gefordert, der in die Benotung einfließen sollte. Ich stand damals auf der Notenwaage zwischen vier und drei und sah nun kurz vor den Zeugnissen eine gute Chance, mit einem erfolgreichen Vortrag des Gedichts, das Zünglein an der Waage auf die Drei zu senken.

Diese kleine Episode hatte bewirkt, dass ich mir die aufgegebenen Passagen besonders nachhaltig einprägte. Und eben diesen paar erzwungenen Versen verdanke ich meine spätere Zuneigung zu Lyrik, die mich damals eher abgestoßen hatte. An dieser Stelle sei ein kleines Experiment probiert. Ich werde einige Verse aus jener Zeit wiederholen, ohne seither jemals wieder diese Zeilen gelesen zu haben. Wenn ich vom Original abweiche, dann liegt das schlicht an der Zeit, die an unsere Erinnerung brandet und sich ihren Anteil vom Gedächtnis holt wie das Meer vom Felsen. Also los:

Wohltätig ist des Feuers Macht,
wenn sie der Mensch bezähmt, bewacht –
und alles, was er bildet, was er schafft,
das dankt er dieser Himmelskraft!
Doch wehe, wenn sie losgelassen!
Wachsend, ohne Widerstand –
durch die vollbelebten Gassen,
wälzt den ungeheuren Brand.
In den öden Fensterhöhlen wohnt das Grauen,
und des Himmels Wolken schauen – einen Blick,
tief hinein, nach dem Grabe seiner Habe,
die dort ließ der Mensch zurück.

Abweichungen festgestellt? Ich werde nicht nachsehen, mir genügt das *Ungefähre*.
Ungefähres in einer ganz anderen Größenordnung war mir im Zusammenhang mit den ersten vier Verszeilen

dieses oben zitierten Gedichts begegnet.
Ich hatte einmal ein Spracherkennungsprogramm in der faulen Absicht gekauft, mir das künftige Eintippen der langen Seiten in den Computer zu ersparen. Und beim Eintesten des Programms machte ich neugierig schon mal den Versuch, um Kollege Software auf die Probe zu stellen und diktierte eben diese vier Verszeilen ins Mikrofon. Was dabei auf dem Bildschirm herauskam, möchte ich euch nicht vorenthalten, denn das war doch der Gipfel! Ich las erstaunt:

Wohl Teltschik ist dieses Feuers macht
wenn sie wird Münch gesehen bewahrt
und alles was der Bild was er scharf
das dank der Gießener Hilfskraft.

Großes Ehrenwort! Genauso kam das heraus! Aus wohltätig war wohl Teltschik und aus dieser Himmelskraft war die Gießener Hilfskraft geworden! Alles erinnert stark an Bedienungsanleitungen asiatischen Ursprungs, die dort in Deutsch verfasst werden.
Ich beschloss, weiterhin lieber zu tippen, gelernt habe ich das ja und warf die silbrige CD-Scheibe ufoartig ins verdiente Landegebiet, den Mülleimer. Zugegeben, es war nur eine Light- und Simply-Version, aber für meinen Geschmack zu leicht, zu simpel, sodass ich auch das Zutrauen in die höheren Weihen des Standardprogramms verloren habe. Vielleicht mache ich im neuen Jahrtausend wieder einen Versuch, wer weiß?

Sir, the Englishmaster

Wer kennt sie nicht, diese imponierenden Alleswisser, mit ihrer souveränen Gescheitheit! Solchen Leuten gegenüber kommt man sich ziemlich ausgeliefert und hilflos vor. Besitzen diese bevorzugten Menschen neben ihrer Gottesgabe auch menschliche Qualitäten, so sind sie doch beneidenswerte Geschöpfe! In solchen Kreisen verkehrt gelegentlich auch ein ganz unangenehmer Zeitgenosse:
Die so genannte *aalglatte Kaltschnauze*, die Bildung mit Einbildung verwechselt und ihre Mitmenschen mit dünkelhafter Herablassung straft. Der himmelschreiende Notstand solcher Spezies – im Kern sind es Charaktertrottel – liegt am Mangel jeglicher Herzensbildung, sie nützen vielmehr eingepauktes Wissen ausschließlich als Machtinstrument zur Unterdrückung ihrer Artgenossen.
An der Heranzucht solcher Ego-Nieten trägt die Schule ein gutes Stück Verantwortung: Die lebenswichtigen Töpfe mit nahrhafter Gemüts- und Herzensnahrung bleiben nicht selten fest verschlossen, nichts davon wird an die hungrigen Schüler ausgeteilt, ja womöglich sind diese Pötte sogar leer. Fand schließlich auch im Elternhaus keine Grundversorgung statt und war auch dort derlei wichtige Nahrung unter Verschluss geblieben, wird der junge Mensch charakterlich unterernährt in sein Leben entlassen. Er ist eigentlich innerlich kränkelnd, kann aber selbst die Symptome nicht deuten, er wird allmählich zum Seelenkrüppel und sucht Aus-

gleich in Betätigungsfeldern, die ihm erreichbar und zugänglich sind. Ich denke, diese Bedingungen fördern bei vorhandenem Grips die Entstehung der erwähnten Kaltschnauze und bei weniger leistungsfähigen Gehirnen entwickeln sich beispielsweise brutale Glatzköpfe oder sonstige erschreckende Erscheinungen.
Seien wir dennoch vorsichtig mit Verurteilungen, sonst geschieht es leicht, dass wir Steine aus einem Glashaus werfen. Denn erschwerend für die Analyse kommt hinzu, dass die Entwicklung zu Extremen immer stufenlos geschieht und wir vielleicht schon auf dem besten Weg in eine solche Richtung sind, ohne es zu ahnen.
Jedenfalls, extrem gedacht, wird unser Dasein nicht mehr lebenswert sein, wenn Rücksichtslosigkeit und Brutalität ins Übermaß ansteigt. Die Aussicht? Eine verkommene, gottlose Welt, moralisch verloren für die nächsten Generationen und ungemütlich wie ein verseuchter Planet.

An unserer Schule sorgten schon etliche Lehrkräfte dafür, dass wir uns auf Bildung im Sinne der Wissensvermittlung nichts einzubilden hatten. Und weil Gemüts- und Seelennahrung ganz kräftig eingefüttert wurde, gab es mit ziemlicher Sicherheit keinen Absolventen, der als Kaltschnauze oder Hooligan seinen Lebensweg fortsetzte, darauf wette ich!
Nun ist Lehrherr *»Sir«* geradezu ein Paradebeispiel dafür, welch rekordverdächtiges Minimalwissen er uns bescherte. Heute, in einem von Amerikanismen durch-

setzten Umfeld, schäme ich mich beinahe für mein Kindergartenenglisch, welches ich von den ersten drei Jahren der Internatsschule noch behalten habe. Mein Wortschatz der restlichen drei Jahre wurde durch *Sir*, unseren neuen Englishteacher, auf den absoluten Nullpunkt heruntergefahren. Das einzig behaltene Wort aus dieser langen Zeit ist Safe, also Sicherheit, und diese Vokabel kannte ich bereits vom Panzerschrank.

Die Klasse johlte wieder einmal vor Freude, als sie erfuhr, dass Sir ihr die Ehre geben sollte. Ihm eilte der Ruf voraus, seinen Schülern völlige Gestaltungsfreiheit des Unterrichts zu bieten. Das Kaliber dieses Professors war so unbeschreiblich, dass dies wörtlich zu nehmen ist und es mir schwerfällt, solches Phänomen in Worten zu erfassen. Wie keinen anderen sehe ich diesen alten Lehrer noch lebhaft vor mir, eine herzensgute, alte Haut sozusagen aber ohne ein Fünkchen Autorität, dafür aber mit einer Seelenruhe und Gutgläubigkeit ausgestattet, die selbst den größten Tumult übersah. Wie er holprig die Klasse betrat, uns begrüßte:

»Good morning, pupils!«, und wir brüllten:

»Good morning Sir!« In seinem braunen, abgetragenen Tweedanzug mit den ausgebeulten Knien und Jackentaschen, die seit Jahren wohl kein Bügeleisen mehr geglättet hatten, war er bekleidet wie eine Vogelscheuche. Sein holpriges Gehen kam vom rechten Klumpfuß, der in einem derben, schwarzen Spezialschuh steckte und ihm durch den nachziehenden Schritt jenen unverwechselbaren Bewegungsrhythmus verlieh, dem sich auch seine Aussprache angepasst hatte. Seine angenehme, weiche, dunkle Stimme klang wie die eines guten alten Onkels, ruhig, kindhaft und sein Wesen war treuherzig, einfältig aber auch etwas naiv. Eine hagere Erscheinung mit langen Gliedmaßen, einem faltigen und tief gefurchten aber stets freundlich blickenden Gesicht, der hohen, kahlen Stirn, die zur Halbglatze fortschritt, umgeben vom kurz geschnittenen ergrauten Haarkranz. Besonders die übermäßige Betonung des Vokals »i« gab seiner Sprache einen lustigen Anstrich.

Kam Sir ins Schulzimmer, begab er sich ans Pult und ließ sich dort mit seiner uralten, abgewetzten Aktentasche schwerfällig nieder. Er sprach dann in eine Klasse, die sich aber überhaupt nicht angesprochen fühlte und sich auch nicht von ihm stören ließ. Mehr ein Selbstgespräch, das er da in aller Ruhe führte. Wenn seine Stimme unterging im Geräuschteppich der Klasse, schrie er zornig:

»Silent please!«, der Lärmpegel gab etwas nach, doch ohne Mitarbeit zu fordern teatchte Sir weiter vor sich hin. Unterdessen hatte man sich zu Gesprächsgruppen zusammengesetzt auch mit dem Rücken zum Lehrer, unterhielt sich angeregt, machte kleine Ausflüge im Klassenzimmer oder spielte schon auch mal eine Runde Schafkopf. Da stießen dann häufig die lautstarken Ausrufe der Kartler mit den Ruheforderungen zusammen, aber sonst passierte nichts.

Unangenehm empfanden wir es, wenn plötzlich von Sir die Vokabel Exercise aufgeschnappt wurde, sie verbreitete sich dann allmählich und alle starrten entsetzt nach vorne:

»Sir – das können Sie uns doch nicht antun!« Und ob er konnte, Sir machte unerbittlich Ernst, ließ die gefürchteten Blätter austeilen, um unseren Wissensstand zu überprüfen. Auch so eine Schularbeit verlief nicht in üblicher Schweigsamkeit, hier galten andere Gesetze. Jeder war jetzt Einzelkämpfer, auf sich gestellt, war hoffnungslos verloren, wenn es nicht gelang, irgendwoher Informationen zu beziehen. Es gab in der Klasse gottlob zwei, drei Leute, die strebsam lernten, so gut es halt den Umständen nach ging und diese Raritäten waren neben den Schulbüchern und Heften jetzt sehr stark gefragt. Wenn wir in Stafette das begehrte Material voneinander abschrieben, hing der Erfolg natürlich davon ab, ob die Quelle einwandfreie Qualität sprudelte und ferner, ob die beteiligten Zwischenhändler ihre Sache richtig machten und keine Fehler produzierten. Je weiter aber die Distanz zum Streber war, umso sicherer hätte man auf schlechte Noten wetten können, während wenige Glückspilze mit genialer Nachbarschaft bei der Notenvergabe meist recht aufgeweckt waren und glänzende Augen hatten. Einigen ging sogar allmählich der Realitätssinn verloren, wenn sie sich den *armen Schweinen* gegenüber gebärteten, als beruhe das beständig gute Ergebnis auf eigener Leistung. Die armen Schweine, das waren die Hinterbänkler oder in Isolation sitzende Schüler, die verzweifelt bei Sirs Schularbeiten Ferngespräche führten, um dem totalen Untergang zu entgehen. War dann die Probearbeit korrigiert und Sir verteilte die Arbeiten, pflegte er jedes Mal bei Noten bis drei zu sagen:

»Der Dingsda is a guta Schila!« Noten von der Vier ab kommentierte er:
»Der Dingsda is a schlechta Schila!« Und speziell in meinem Fall erlebte ich Lob und Tadel grundsätzlich in Wechselbädern, wobei der »schlechta Schila« insgesamt doch viel mehr Erfolg in seinem Misserfolg hatte. Einmal – schon vertrauter, ja zutraulich zu uns geworden, offenbarte Sir uns ein ganz neues Bild von sich. Er empfahl sich als Stratege und wir erkannten in ihm den größten Feldherrn aller Zeiten. Selbst ein Napoleon konnte da nicht mehr das Wasser reichen, war der doch auch nur bis Moskau gekommen. Wenn Sir derart private oder gar hochpolitische Themen anschnitt, war die ganze Klasse ruhig gestellt und hing an seinen Lippen, dann war nämlich immer Kolossales zu erwarten.
Sir ging mit Hitler ins Gericht, sagte wortwörtlich:
»Wenn i da Hitla gewesen wär' – i' hätt' Russland in drei Tag erobert!«, dabei lachte er satanisch auf und zeigte uns seine klobigen vergilbten Zähne.
»Sir – Sir!«, murmelte das Fußvolk jetzt andächtig und wir schauten uns mit einsturzgefährdeten, todernsten Gesichtsfassaden um. Prompt kam dann, wie bei der Ausgabe der Probearbeiten, sein Kommentar:
»Der Hitla war ein schlechta Feldherr!«, da krachten unsere Fassaden zusammen und wir lachten ihn unverhohlen ins Gesicht, was ihn zur Abgabe eines heftig lauten Fazits gereizt haben mag:
»Der Hitla war ein richtiga Schweinehund!«
Dieses Vermächtnis trage ich noch immer mit mir

herum, denn wo er recht hat, da hat er schließlich recht!

Denke ich an Sir, so sind es immer die unzähligen skurrilen kleinen Episoden, die mir ins Gedächtnis kommen; es fehlt aber die große Geschichte, die sich einfach nicht auskramen lässt.

»Sir, Sie haben eine neue Krawatte?«, feixt Freise und eilt dem Professor entgegen, als der ins Klassenzimmer stelzt. Überrascht bleibt der stehen, bietet sich in voller Breitseite der Klasse zur Ansicht und Freise höchsterstaunt:

»Sir – eine echte Gummikrawatte!« Dabei fasst er den Knoten, zieht ihn nach unten und lässt den an einem Gummiband befestigten, fabrikgefertigten Dauerknoten mit peng zurückschnellen. Eine praktische Sache für einen Junggesellen, abwaschbar und bequem! Einfach Hemdkragen hoch, umhängen, Hemdkragen runter, fertig. Eine andere Szene:

In der ersten Bank, unmittelbar am Katheder anstoßend, hatte ich mit meinem Nachbarn gewettet, Schuhcreme würde gut brennen, was der bestritt. Sir führte dicht vor uns seine Lehrmonologe und ich hatte die inzwischen herbeigeholte Schuhcremedose angezündet. Die Flammen schossen gut einen halben Meter in die Höhe und erst jetzt hatten wir daran gedacht, einen ungebetenen Zuschauer zu haben. Sir drückte sich zu Tode erschrocken vom Pult ab, in seinem Stuhl zurück, starrte durchs Feuer in die Klasse und stammelte ein – nanu? Schnell den Deckel draufgesetzt, das Feuer war wieder weg und mein Nachbar trocken zum Professor:

»Sir – nur ein Experiment – die Schuhcreme brennt!«
»Nu lasst das mal, stört nicht den ganzen Unterricht!«, sprach's und richtete wieder sein schwaches Wort an eine bestens abgelenkte Klasse.
Während einer Schularbeit kamen wir in starken Handlungszwang, da die beiden strebsamen Englischschüler heute nicht anwesend waren, nur *Johnny*, unsere jetzt einzige zuverlässige Quelle, saß weit ab und konnte nicht richtig abgeschöpft werden. Fing da nicht einer an, Sir mitten in der Schularbeit, genial abzulenken:
»Sir ...«, sagte der unvermittelt in die relativ ruhige Klasse, »der Hitler war ein Schweinehund! – Nicht?«
Sir nahm sofort den Faden auf, als wäre jetzt genau der rechte Moment, um darüber zu sprechen, und begann einen herzhaften Disput mit dem Schüler. Der aber wurde langsam unruhig, denn während die anderen mobil im Klassenzimmer unterwegs waren und unbehelligt die Ernte einfuhren, indem sie Hefte tauschten und abschrieben, focht er einen seltsamen Streit aus. Jetzt aber sah man ihn auffordernd hinter seinem Rücken winken, was ausdrückte: Ein anderer soll doch endlich den Fall übernehmen, damit auch ich beim Abschreiben vorankomme! Tatsächlich war plötzlich der Gesprächspartner verschwunden und Sir sah sich übergangslos von jemand anderem mit der kniffligen Frage konfrontiert:
»Sir, – warum war der Hitler ein Schweinehund?«
Auf diese Weise konnte die ganze Horde aus einer einzigen Quelle, unserem nie versiegenden Johnny, getränkt werden und lieferte ein durchaus respektables

Ergebnis. War Johnny vielleicht auch die Wiedergeburt eines Engländers? Wundern täte es mich nicht, er glänzte auch in Englisch nicht durch besondere Aufmerksamkeit oder gar Fleiß. Wie hatte ich ihn darum beneidet! In Sirs Schulstunde fühlten wir uns so sicher, dass sogar geraucht wurde und auf den vorderen Bänken, vor seinen Augen, lagen wir plaudernd nebeneinander wie am Badestrand, ausgestreckt mit den Beinen auf der nächsten Bankreihe. Sir nahm überhaupt keine Notiz davon und schon gar nicht erst Anstoß daran. Ich kann mir heute nicht denken, dass er das alles nicht bemerkt hatte, dieses ungehobelte, unverschämte Verhalten seiner Schüler, die ihm mit jeder Geste, mit jedem Wort – Pardon, verarschten. Ich denke, es war seine einzige Waffe, die er gegen uns hatte, diese souverän gespielte gutmütige Gleichgültigkeit. Wahrscheinlich hätte er uns am liebsten so richtig abgewatscht, wie es die anderen Lehrkräfte praktizierten, aber das konnte er halt nicht. Er hat mit absoluter Sicherheit darunter gelitten und so ist es fair, wenn auch wir jetzt benachteiligt sind, nicht Englisch zu sprechen, wo es doch alle Welt bereits tut.
Eine merkwürdige Episode trug sich zu, wie Wolfe und ich beschlossen, der Englischstunde zu entfleuchen. Wolfe riss mitten im Unterricht die Arme hoch und stieß fürchterliche Laute aus – ein letztes Röcheln – und dann brach er spektakulär in sich zusammen, ließ sich einfach vom Stuhl fallen – Ohnmacht! Sir kam erschrocken herangetappt, aber schon hatte ich und einige eifrige Helfer den Scheintoten auf unsere Schul-

tern hochgewuchtet und steif wie eine Leiche ließ er sich hinaustragen. Sir sah uns fassungslos mit offenem Mund dahinziehen. Kaum war die Tür zu, ließen wir Wolfe unsanft zu Boden kommen und sausten lachend davon, jagten um die Ecke und stießen dort regelrecht mit einer Aufsicht zusammen. Als *Wildfang* die unverschämte Botschaft hörte, dem Wolfe sei schlecht geworden, fingen alle kräftige Ohrfeigen ein und rannten blitzartig wieder zurück in die Klasse, verfolgt vom düsteren Blick unseres Wildfangs. Dort saßen wir nun mit roten Bäckchen, verloren kein Wörtchen darüber, was uns Seltsames in Ultrakurzzeit widerfahren war. Sir, der Englishmaster, war beruhigt über die rasche, plötzliche Genesung des Schülers und wandte sich wieder seinem Stoff zu, wie es sich gehört.

*

Tausendsassa

Aufgeflattert – hopsala –
wie verdattert – taumelt da ...
auf und ab und hin und her,
federleicht, ist gar nicht schwer.
Schlenkerig zuckt Flügelding –
ei, da kommt ein Schmetterling.

Der Taubenfänger

In meiner Schülerzeit hielt sich die Reizüberflutung, vergleichsweise zur Gegenwart, noch in bescheidenen Grenzen. Das Überangebot an Waren, Information und Sinnesreizen, welches die Menschen heute zu erschlagen droht, war damals schlicht noch unvorstellbar.
Auch der Massentourismus, wie wir ihn heute kennen, lag noch außerhalb jeder Vorstellung und selbst der Himmel trug noch vollflächiges Blau, war nicht zerfurcht von den Kondensstreifen der Aluvögel. Keine brachialen Lärmstöße aus dem Himmel, die uns heutzutage betäubt und fassungslos aufblicken lassen, wenn Militärjets die Schallmauer durchbrechen. Zwar sprach man bereits von einer Italienwelle, wenn vielleicht ein paar Dutzend Leute unserer Kleinstadt dieses Ziel gewählt hatten. Darunter auch meine Eltern; sie waren dorthin voller Stolz im neuen Opel Olympia gefahren. Nahte die vereinbarte Zeit ihrer Rückkehr, stand Großmutter mit mir längst vor dem Haus, an einer *stark befahrenen* Durchgangsstraße und wir zählten zum Zeitvertreib die vorbeibrummenden Autos. Ganz aus dem Häuschen waren wir zwei: Beinahe fünfzig Autos waren es in nur einer Stunde gewesen!
So viele rollen heute leicht in der Minute vorüber. Und bedenkt man, dass Großmutter in ihrer Kindheit weder Strom noch Auto, geschweige denn ein Flugzeug kannte, aber schließlich sogar noch die Landung der ersten Menschen auf den Mond erlebte, so war das schon eine gewaltige technische Entwicklung. Aber die

verlangt halt ihren Tribut!
Damals – auch das bisschen Schwarz-Weiß-Fernsehen mit seinen paar Kanälen hatte längst noch nicht überall Einzug gehalten. Zu Zeiten von Großereignissen, wie der Fußballweltmeisterschaft 1954, zwängte sich viel Volk in den Nebenzimmern der Wirtschaften zusammen, um vor den kleinen Flimmerkisten den ersten Sieg der deutschen Fußballelf nach dem Krieg zu verfolgen. Meist bekam man mehr akustisch als visuell den Spielverlauf mit.
Für mich war es die große Zeit des Kinos, und kam ich aus den Ferien zurück ins Internat, hatte ich gewiss auch wieder einige Streifen gesehen. Filme sammelte ich gewissenhaft in meinem Hirnkasten, wie dies andere mit Briefmarken oder Bierdeckeln tun. Bis ich schließlich ein Repertoire von einhundert Filmen parat hatte, die ich alle bis ins Detail nacherzählen konnte. Danach verlor sich meine Übersicht mit der stark ansteigenden Zahl der gesehenen Spielfilme. Bis in unsere Tage hinein sind nun die unzähligen Angriffe auf Herz und Gemüt, die ich im Laufe des Lebens überstanden habe, im Gedächtnis zu einem dicken, zähen Brei verklumpt. Ich sehe kaum keine Chance, einen dieser zig-tausend Filme noch einigermaßen genau nachzuerzählen. Ja es fällt mir schwer, die drei Spielfilme beim Namen zu nennen, die ich zuletzt gesehen habe. Ist das nicht schlimm und ist nicht deswegen unmäßiger, wahlloser Konsum sündhaft? Wie nur kann das Fazit lauten?
»Allzu viel ist ungesund – weniger ist mehr – in der

Beschränkung zeigt sich der Meister!« Die Alten hatten doch recht!

Doch kehren wir zurück in jene Tage. In der ersten Internatsnacht nach den Ferien hatte sich mein Bettnachbar, der Karre, schon erwartungsvoll herübergebeugt:

»Hast du wieder einen Film mitgebracht?« – und ob! Gleich sprangen verwegene Degenfechter die breite Schlosstreppe herab und stachen die Angreifer nieder, die mit ihren Fackeln die langen Vorhänge des Treppenhauses in Brand gesteckt hatten.

»Es brannte lichterloh, stell dir vor, was passierte ...«, heizte ich Karre ein. Unsere Betten standen in einem etwas abgelegenem Winkel des großen Schlafsaals, in einer Mansardenecke. Bei meiner ausgiebigen Erzählerei hatte ich wohl Zaungäste dazugewonnen, ohne es zu bemerken. Ich glaubte, nur Karre zu unterhalten, doch wie ich tagsüber immer wieder auf Einzelheiten des Films angesprochen wurde, war mir klar: Das Monster von *XY* hatte auch etliche Anlieger um ihren kostbaren Schlaf gebracht. In der folgenden Nacht machten wir eine grausige Erfahrung: Es spukte in dem alten Gemäuer! Zu mitternächtlicher Stunde erwachte ich, weil aus der Wand ein eigentümliches Geräusch drang – ein Schleifen, Rutschen und manchmal kratzte es auch. Es bewegte sich in der Wand vorwärts, kam langsam näher. Ich lag wie versteinert im Bett und mein Puls schoss in die Höhe. Was war das in der Mauer, um Himmelswillen? Ich weckte Nachbarn auf und auch denen fuhr der Schrecken in die Glieder! Jetzt war es

unmittelbar neben meinem Bett, ganz deutlich zu hören. Dahinter war die Kirche angebaut, wie ist das möglich! Als ich mein Ohr an die Wand drückte, blieb kein Zweifel: Was Schweres bewegte sich dort, und zwar von rechts nach links und als ich meinte, etwas wie Stimmen zu hören, wurde ich ausgelacht. Aber als die Zweifler schließlich selbst an der Wand lauschten, bestätigten sie das. Allmählich war der Spuk vorbeigezogen, wir fanden keine Erklärung, uns war bang im Gemüt.
Längst hatten wir dieses nächtliche Erlebnis vergessen, als erneut – wir unterhielten uns gerade leise – das unheimliche Geräusch näher kam. Diesmal erschienen uns die Stimmen deutlicher. Beherzt klopften wir an die Wand und da war es still geworden in der Mauer – doch jetzt bumste es dumpf zurück! Und es bewegte sich wieder von uns fort. Hat da jemand eine Idee, was das war? Wir waren sprichwörtlich platt! Dieses Thema beschäftigte uns am nächsten Tag und es machte die Runde. Doch offenbar gab es unter der großen Schülerzahl besser informierte Naturen. Einige wussten Bescheid. Von Expeditionen war da zu hören, die nachts und auch tagsüber, durch die Kniestöcke hindurch, die Dachregionen der Bauwerke erforschten. Wir staunten Bauklötze. Der maßgebliche Forscher, seines Zeichens Expeditionsleiter, sei der Meier Ulli, ein Einzelgänger in einer Klasse über uns. So sehr wir auch den Informanten mit weiteren Fragen bestürmten, viel mehr wusste auch er nicht zu sagen, nur dass es Einstiegsluken unter einigen Betten gäbe, die mit

Abdeckblechen verschraubt wären. Was gab es Wichtigeres, als die Aussage sofort zu überprüfen? Genau unter meinem Bett befand sich eine solche Abdeckplatte. Schon lagen zwei Monteure unterm Bett und lösten die vier Schrauben, dann spähten sie durch eine quadratische Öffnung. Ich stand derweil Wache in Türnähe und als ich auf ihr Winken neugierig zurückeilte, waren die beiden in der Luke verschwunden und ich folgte ihnen voller Erwartung, zwängte mich durch die schmale Öffnung. Nur undeutlich konnte ich erkennen, wo ich mich befand. Ein Gang, etwa einen Meter hoch mit schräg abfallendem Dachgebälk. Durch die Lücken der Dachziegel fiel nur spärlichstes Licht, der Gang endete im Dunkel vor und hinter uns. Auf allen vieren krochen wir eine Zeit lang umher, die Hände fühlten rohes, derbes Holz und auch eine dicke Staubschicht darauf. Ohne Taschenlampe war da nicht viel zu machen und deshalb kehrten wir um und klopften uns den Staub von den Hosenbeinen.

In diesen Kniestöcken krochen Ulli und seine Mannen stundenlang mit Taschenlampen und Kreide bewaffnet über die ausgedehnten Gebäudeteile hinweg. Sie fertigten Skizzen an und fanden sogar einen Zugang zum Kirchendachstuhl. Selbst war ich dahin nicht gekommen, ich muss also beschreiben, was mir erzählt wurde.

Ausgangspunkt war immer eine Luke im Schlafsaal, von dort kroch man über den Kniestock zu Einstiegen ins Dachgebälk, stieg über Holzleitern weiter hinauf und kam bis zum riesigen Dachstuhl der Kirche voran.

Dort spannten sich mächtige Balken über das Kirchengewölbe und die Verzweigungen der Holzträgerkonstruktion erfüllten den gesamten Dachstuhl. Unterhalb der ersten Balkenreihe sah man die Rückseite der Kirchenkuppel und des Kirchenschiffes in ihrer gewölbten Form und auch ein faustgroßes, rundes Loch in der Mitte der Kuppelerhebung lockte unwiderstehlich die Expeditionsteilnehmer an. Da nur dämmriges Licht vorherrschte, gespendet von kleinen Fenstern im Dachstuhl, musste äußerst behutsam der Abstieg zur Kuppel gesucht werden, die dann auf Händen und Knien bergsteigerisch angegangen wurde und deren Ziegelsteinmauerwerk den Füßen etwas Halt bot. Oben angelangt, bot sich durch die runde Öffnung der Blick nach unten, ins Kircheninnere; ein sensationelles Gefühl sei das gewesen, hieß es.
Bei solch einem Ausflug ins Kirchendach ist es dann passiert. Der Ulli war wild dazu entschlossen, den Einstieg zum Kirchturm zu finden, doch der Turm war gegenüber, auf der anderen Seite. Deshalb versuchte Ulli, wie ein lebensmüder Seiltänzer, auf einem der unteren Dachbalken das Kirchengewölbe zu überqueren.
Kurz, er verlor die Balance und stürzte gut fünf Meter hinunter, prallte aufs Gewölbe. Seine Begleiter, die nicht über den Balken gefolgt waren und verstreut im Gebälk hockten und auf seine Wiederkehr warteten, gerieten jetzt in Panik, sie stiegen hastig ab und krochen auf allen vieren zum Verunglückten, der bewusstlos mit blutendem Kopf dalag. Man stelle sich ihre Ver-

zweiflung vor! Gottlob kam wider Leben in den Körper und auch sonst schien Ulli glimpflich davongekommen zu sein. Nichts war gebrochen, er stand schnell wieder auf den Beinen, nur das Blut tropfte ihm aus der Nase: halb so schlimm – alles paletti – alles ok, nur keine Panik! Vorsichtig, und bestimmt mit zittrigen Knien, traten sie den Rückzug an, krochen schließlich aus der Luke unter einem Bett hervor und verschraubten die Platte. Vor dieser Montage werden sie hoffentlich zuerst einen nassen Waschlappen herbeigeschafft haben, damit Ulli sich das Blut aus seinem Gesicht wischen konnte. Eine Geschichte, die leicht zur Tragödie hätte werden können, die im Verborgenen spielte, unbemerkt von den Übrigen und die bis auf weiteres auch von der Schulleitung unentdeckt blieb. Ulli besaß zweifellos etwas von jener Hartnäckigkeit, die auch echte Forscher und Entdecker auszeichnet. Er war einfach nicht unterzukriegen und setzte unverdrossen seine Streifzüge fort, aber weil die Begleiter nach ihrer Unglückstour mehr Angst als Forschergeist hatten und sich nicht mehr zur Verfügung stellten, war Ulli fortan alleine im Dachgebälk unterwegs. All dies blieb aber den meisten Schülern verborgen; die Teilnehmer von einst aber hielten aus verständlichen Gründen den Mund. Wir wenigen, die den Absturz damals mitbekamen, hatten diese abenteuerliche Geschichte im Laufe der Zeit vergessen und für uns war klar, dass Ulli seit seinem Absturz keine Lust mehr verspüren werde, noch einmal sein Leben zu riskieren.

Das Internatsleben verlief wieder in seinen gewohnten

Bahnen. Als wir eines Tages in kleiner Gruppe vom Stadtausgang heimkehrten, stießen wir am freien Platz vor dem Stifterdenkmal auf eine Schar Schaulustiger, die ihre Blicke in den blauen Himmel richteten, Arme zeigten nach oben. Auch Personal vom Verlag gegenüber war zur Stelle und den Pförtner hinter seiner Verglasung sah man aufgeregt mit großer Gestik telefonieren. Was war los? Da konnte ich es endlich entdecken, was die Gemüter bewegte: die weiße Rauchfahne, die hoch oben aus einer Öffnung der kupfernen Kirchturmspitze austrat und ins Himmelblau emporstieg. Wie ist das möglich?

In den Gesichtern spiegelte sich gleichermaßen Entsetzen wie Erstaunen, niemand war die Sache ganz geheuer, doch hat die plausible Erklärung, dass es dort oben brennen muss, wenn Rauch zu sehen ist, den Pförtner veranlasst, die Feuerwehr zu verständigen. Auch die Internatsleitung hatte er längst informiert und da sah man auch schon Pater Direktor mit einigen Patres im Dauerlauf den Weg herauf jagen, gefolgt vom Hausmeister. Völlig außer Puste von der ungewohnten körperlichen Hochleistung machte der Chef sich kundig und guckte dann ebenso ratlos wie alle anderen hinauf zum Kirchturm, der noch immer weißen Rauch entließ. Servus, der Hausmeister aber setzte seinen Spurt fort, rannte durchs Friedhofstor in Richtung Turm. Wahrscheinlich sollte er den Turm besteigen, um nachzusehen, was dort eigentlich vor sich geht. Erstaunlich schnell verkündete die Feuerwehr ihr Kommen mit lautem Sirenengeheul und Blaulicht. Kurz darauf bogen Einsatzwagen und das Löschfahrzeug mit Leiter ins schmale Sträßchen ein. Sie platzierten sich vor dem Friedhofstor, welches den kleinen Friedhof begrenzt, hinter dem sich der Kirchturm erhebt. Ich dachte bei mir: Wie wollen die gegen das Feuer dort oben vorgehen? Ihre Leiter reicht da niemals hinauf. Vielleicht warten Sie, bis das Feuer in ihre Reichweite nach unten kommt?

Der Fahrer des Löschzugs hatte inzwischen die Türe aufgerissen und sprang vom Fahrzeug, jedoch landete er unglücklich mit seinem Fuß auf dem buckeligen Kopfsteinpflaster und sackte mit vertretenem Knöchel zusammen. Das wäre die Chance für einen Fotografen gewesen! Der Feuerritter mit Helm in kniefallartiger ergebener Pose vor dem Kirchenmann in Kutte, der ihm gnädigst beide Hände entgegenstreckte in einer Geste der Vergebung, so sah das wenigstens im Bereich der Hundertstelsekunde eines Schnappschusses aus.

Kaum stand er mithilfe unseres Direktors wieder auf seinen Beinen, warf er seinen Kopf in den Nacken, konnte aber nichts Verdächtiges erkennen – kein Rauch war zu sehen. Ratlose Gesichter allerseits. Die Feuerwehrleute hatten sich nun zusammengefunden und wechselten damit ab, hinauf zum Turm zu schauen, mit den Achseln zu zucken oder den Kopf zu schütteln, und gelegentlich kam ein verlegener Lacher hervor. Ich denke, diese Situation kam ihnen nicht ganz ungelegen, denn was wollten sie mit der viel zu kurzen Leiter anfangen, würden dort oben jetzt wirklich die Flammen herausschlagen? Mittlerweile war es auch gewiss, der

Hausmeister befand sich inzwischen im Turm und die Verantwortlichen wollten vor seiner Wiederkehr nichts unternehmen. Die Anzahl der Schaulustigen hatte sich vergrößert und man war schon etwas erleichtert, rätselte über die Ursache einer Rauchfahne. Den Versammelten musste die jetzt wie eine Fata Morgana vorgekommen sein, gestützt durch die fachmännischen Zweifel der Feuerwehrleute, die eine Täuschung für möglich hielten und meinten, Lichtreflexe auf dem Kupferdach könnten einen solchen Effekt durchaus hervorgerufen haben.

Nach geraumer Zeit kam Servus in Begleitung von Meier Ulli vom Turm her auf uns zu. Der Chef allerdings eilte ihnen entgegen und riegelte somit jede Information zur Öffentlichkeit ab. Wie an den heftigen Armbewegungen unseres Chefs leicht zu erraten war, hatte er den Übeltäter vor sich, doch die Gefahr schien gebannt, sonst wäre das Palaver sicher kürzer ausgefallen. Schließlich trennte man sich. Der Chef schritt zur Feuerwehr zurück, dem Hausmeister und Ulli schlossen sich wissbegierig andere Patres an und marschierten im Eilschritt der Internatspforte zu und die Zuschauer, wie auch wir, gingen uninformiert unsere Wege. Bald war auch die Feuerwehr nach Hause gefahren und alles hatte sich in Wohlgefallen aufgelöst.

Im Internat war an den folgenden Tagen nichts zu erfahren, nur wenige Eingeweihte wussten, welche Talente im Meier Ulli steckten, aber was er jetzt wieder angestellt hatte, das konnten wir nicht ahnen und man erfuhr es erst viel später. Innerhalb weniger Tage war Meier Ulli von der Schule entlassen und noch immer war nicht bekannt geworden – warum eigentlich? Unsere Neugierde hatte derart zugenommen, dass wir immer wieder versuchten, die ehemaligen Expeditionsteilnehmer auszuquetschen, auch den Erstinformanten, der uns die Einstiegsluken verraten hatte, doch ohne Erfolg, sie schienen wirklich nichts zu wissen. Nachdem schon Gras über diesen Vorfall gewachsen war, kamen Einzelheiten von einem Schüler einer unteren Klasse ans Licht, den Ulli als Einzigen vor seinem Rausschmiss eingeweiht hatte.

Nun wollen wir doch wissen, was damals gespielt wurde, oder? Ulli hatte nach seinem Absturz die Erkundung eines Turmeinstieges über das Kirchengewölbe alleine fortgesetzt. Der übliche Aufstieg über den Turmzugang zur Erde mit einem Nachschlüssel war ihm zu simpel, nicht reizvoll genug, weil er den Nervenkitzel suchte. Also balancierte er tollkühn auf schmalen Balken übers Gewölbe und riskierte dabei Kopf und Kragen, um an den Kirchturm zu gelangen. Dort führten Gerüste hoch zu einer Turmtüre, die Handwerker wohl während der Bauphase nutzten. Das alte Vorhängeschloss war offensichtlich kein Problem für Ulli. Weiter ging es über die eigentliche Turmtreppe hinauf bis in die geräumige Etage, welche sich in der Mitte der barocken Turmspitze auftat. Dort gewährten große quadratische Aussparungen den Blick über Stadt und Land.

Hier, fand Ulli, sei der idealste Platz gewesen, ein Lagerfeuer zu schüren. Doch als er die Feuerwehr gewahrte, löschte er schnell die Flammen – aber wie,

frage ich mich? Wahrscheinlich hat er sie ausgepinkelt. *Servus* war ja schon unterwegs nach oben und schnitt ihm den Weg ab, als Ulli die Treppe nach unten rannte, kurz, bevor er in den Dachstuhleinstieg flüchten konnte. Und was glaubt Ihr, hat Ulli dort oben an seinem Lagerfeuer gemacht?
Klar doch, er hat sich eine Taube gebraten! Die gibt es in luftiger Höhe massenhaft, aber wie der Taubenbrater das wieder bewerkstelligt hat, nun das wird sein Geheimnis bleiben.

*

Der Mensch wächst aus dem, was er zu sich nimmt, an Nahrung und Gedanken; ein Abnehmen wird sinnvoll, wenn er sich dabei übernommen hat.

*

Der böse Bube hat die schlimme Tat der Nacht, am lichten Tag, in Muttersprache wieder gutgemacht.

Wenn die Internatsleitung krampfhaft bemüht war, sensationelle Vorkommnisse vom Format eines Taubenbraters Meier unter Verschluss zu halten, hatte das seinen guten Grund. Es sollten Nachmachereffekte vermieden werden, denn es liegt doch in der menschlichen Natur, Vorgaben jeder Art nach Kräften übertreffen zu wollen. Schlicht nach dem Strickmuster: weiter – noch weiter, höher – noch höher! Solchen Ehrgeiz wollte man nicht Vorschub leisten, ihm keine Nahrung bieten. Aber selbstverständlich sind Schüler auch ohne Vorlage fähig, kreative Pläne auszuhecken, darin sahen wir kein Problem und so lief meist immer ein dickes Ding.

Nur frage ich mich heute: Warum, um Himmels willen, standen wir nicht selten unter derartigen Zwang, etwas anstellen zu müssen? Aus genügend zeitlicher Distanz betrachtet, lässt sich das aber einigermaßen beantworten.

Wer sich an eine Gruppe bindet, entwickelt zu dieser zwangsläufig ein Zugehörigkeitsprofil und schwuppdiwupp hat man eine imponierende Fassade errichtet, die gerne stolz zur Schau getragen wird. Versteht sich die unter ihresgleichen bewunderte Gruppe als *tolle Clique*, wird wohl unser Fassadenträger aller Welt signalisieren: Hey, ich bin einer davon – *ein ganz toller Hecht!* Und der Arme wird sich verpflichtet fühlen, sein mutiges Profil auch mit Leben zu erfüllen. Im Kern also reines Pflichtbewusstsein, das an sich eine gute, positive Sache ist aber durch falsche Motivation fehlgeleitet, zur Katastrophe führen kann. Diese Menschen besitzen meist auch ein starkes Geltungsbedürfnis. Ein *»Bedürfnis nach Geltung«* aber entsteht ursächlich aus Mangel daran. Angestauter Frust wegen eines unterdrückten Selbstbewusstseins könnte beispielsweise dafür der Nährboden sein. Denken wir einmal an diese Zusammenhänge, wenn wir von Leuten auf der schiefen Bahn hören, oder vom großen Ding, das da und dort gedreht wurde. Vielleicht erkennen wir Parallelen? In den meisten Fällen ist jedenfalls auch eine gehörige Portion Dummheit mit im Spiel.

So war das auch bei *Bruno*. Du erinnerst dich an den Stenz mit seinem güldenen Saxofon? Den schwindelfreien Fensterakrobaten? Er hatte vermutlich von uns allen den bequemsten Lebensweg vor sich gehabt: Das Nest war üppig gemacht und er hätte nach der Schulzeit nur hineinzusteigen brauchen.

Ich war zutiefst erschüttert, als ich vor ein paar Jahren erfuhr, wie unglücklich er sich die Weichen gestellt hatte. Ganz sicher war der Kamerad keinen Deut schlechter als unsereiner, der ihn doch gut kannte. Sein Imponiergehabe, auch das verbotene Bierchen zu trinken und wie ein Schornstein zu rauchen, solches teilten wir ja eifrig mit ihm. Während aber den meisten von uns die Flausen im Berufsalltag schnell vergingen, fand sich Bruno in schlechter, müßiger Gesellschaft, unter Suffköpfen und wurde zum Trinker. Das Leben dieses Klassenkameraden war leider frühzeitig verschwendet und nahm ein unglaubliches Ende. Wäre das dem humorvollen Bruno an der Wiege gesungen worden,

das Baby hätte herzhaft gelacht, denn es ist ja nicht zu fassen! Bruno, unser *Neger* – wir nannten ihn so, weil er ein gutaussehender dunkler Typ war, der selbst im Winter seine schöne braune Hautfarbe behielt. Wir dagegen verblassten immer mehr und standen schließlich käsig weiß vor dem Waschtrog – eben dieser Bruno ist erfroren!
Aufgelesen hatte man Bruno im Garten einer Trinkerheilanstalt. Von dort versuchte er volltrunken auszubrechen, hatte aber, nur mit Schlafanzug bekleidet, in der strengen Winternacht keine Überlebenschance.
Lieber Bruno, wenn meine taktlose Plauderei über deinen Absturz, den aufmerksamen Lesern eine echte Warnung vor dem Ungeheuer *Suchtmittel* sein darf, wirst du ganz bestimmt dafür Verständnis haben; nur dieser Aspekt war mein Beweggrund für die Schilderung. Für mich aber bist du immer noch der gleiche geblieben – ein feiner Kerl! Der Leser ist nun genügend vorbereitet, um auch Schilderungen der folgenden Art psychologisch in die richtige Schublade einordnen zu können.
Waldi, ein Kumpel von Wolfe und mir, war vor Zeiten zum externen Schüler geworden, es war darüber schon die Rede und auch davon, dass er dies nicht freiwillig tat, vielmehr hatte die Direktion etwas nachgeholfen. Als Externer bewohnte er jetzt seine Bude in der Stadt und kam morgens in die Schule. Unser Kontakt zu ihm war nun sehr locker geworden, es machte sich einfach die räumliche Distanz bemerkbar.
Nun trug es sich zu, dass Waldi uns einlud, ihn doch

einmal bei sich zu besuchen. Das war ja nichts Besonderes, doch er meinte damit einen Verbleib über Nacht. Er hätte nichts dagegen, wir könnten schon bei ihm übernachten, wenn wir uns das zutrauten. Das war jetzt doch der Hammer! Das konnte Waldi leicht dahersagen, er hatte den Rausschmiss aus dem Internat ja hinter sich. Wollte er uns das gleiche Schicksal bescheren? Eines jedenfalls stand fest, würde der Ausbruch auffliegen, flögen wir hinterher! Dabei muss man wissen: Es gab keinen besonderen Grund dies zu tun, wir hatten keine Ahnung, was wir draußen während der Nacht anstellen sollten. Alleine das Wagnis, die Überwindung des inneren Schweinehundes ließ uns keine andere Wahl; das Ding musste jetzt einfach durchgezogen werden. Das waren *wir tollen Kerle* uns einfach schuldig!

Mit Wolfe ging ich immer wieder die Einzelheiten der Planung durch: Wer wird Nachtaufsicht haben? Wer ist vertrauenswürdig, unsere Betten zu präparieren? Welcher Pater wird am nächsten Tag zum Wecken erscheinen? Welchen Weg nehmen wir hinaus? Wie und wann kommen wir zurück? Dann war es soweit. Der Termin, die Nacht von Montag auf Dienstag, war mit Waldi abgesprochen und Rolf, unser erwählter Bettenkünstler war eingeweiht und auch einverstanden. Er hatte unsere Betten je nach Situation zu gestalten: – aufgedeckt, während sich die Schüler wuschen – zugedeckt und geformt, als läge ein Schläfer drinnen, kurz bevor das Licht ausgeknipst wurde. Und am nächsten Morgen, gleich nach dem Wecken – wieder aufgedeckt, damit

kein Verdacht auf uns fallen sollte.
Nach dem Abendessen verließen wir das Internat durch die Kirche und begaben uns bei Dämmerung ins *Pauli*, wo uns Waldi bereits erwartete. Als er uns erblickte, war er trotzdem erstaunt, vielleicht hatte er uns den Ausflug nicht zugetraut? Aufmerksam lauschte er den Details, die wir lässig, eher beiläufig schilderten, und er nickte anerkennend mit dem Kopf. Auf organisatorische Ordnung bedacht, wollte ich nun wissen, wie das Programm denn heute Nacht ablaufen würde. Vor allem, wo denn seine Bude sei. Waldi aber war weniger Organisator, mehr Improvisator. Er meinte, dazu gäbe es noch genügend Zeit, wir sollten uns jetzt andere Gedanken machen, zog ein Kartenspiel herüber und mischte bedächtig den Stapel durch. Ausgeteilt – einige Stunden Karten gedroschen – Biere bestellt und nicht vergessen, sie artig zu trinken – geraucht wie Schlote.
Anfangs waren wir noch die einzigen Gäste in der kleinen Schankwirtschaft, später hockten einige dumpfe Gestalten vor ihren Biergläsern und redeten wenig, tranken aber in kurzen Abständen und die Striche auf den Bierdeckeln nahmen beständig zu. Auch die Redseligkeit der verstreut sitzenden Kunden hatte zugenommen. Einer redete mit schwerer Zunge wohl zur Tischplatte, er stierte auf sie und dem Klang seiner Stimme nach, waren es eher Vorwürfe, die er vorbrachte. Dem introvertierten Gast saß ein extrovertierter Mensch gegenüber. Er lallte lautstark durch den Raum und sein flackernder Blick vergaß niemanden anzuvisieren und ihn dabei mit verbalen Aufforderungen zu

beehren, nur blieb unklar, was er meinte oder wollte. Da sonst niemand einen anderen beachtete, konnte diese friedliche Beschaulichkeit gewahrt werden, die der professionelle Trinker so schätzen mag. Man redet sich den Frust von der Seele, betäubt seinen Verstand rechtzeitig, damit er nicht auf vernünftige Gedanken kommt und folgt bedingungslos dem Gesetz der Abhängigkeit einer schalen Sucht.

Nur der Wirt war noch nüchtern und stellte den Gerstensaft zuverlässig auf die Bierdeckel, wortlos auf Finger- oder Handzeichen. Der Zigarettenqualm war beizend dicht geworden und meine Augen brannten, dennoch blieben schön die Fenster zu, es war ja eine Beize. Käme es da nicht auch zum rauchschwangeren Hüsteln der Kundschaft, wäre der stilhungrige Gast nicht zufrieden.

Erst wenn das Hirn wie weicher Pudding in der Hirnschale wabert, kein klarer Gedanke mehr austritt und nur noch stereotype Formelsprache möglich ist – beispielsweise:

»Wirt, noch 'n Bier!« Oder, bereits schwieriger:

»... noch Zigarett'n! Peta Stuyii-hick-vesant ... oder 'ne Salemm-hick ... maleikum«. Ja, dann fühlt der wahre Trinker Nestwärme. Soweit wollten wir es nun doch nicht kommen lassen und riefen den Wirt zum Kassieren herbei.

So gegen halb elf schwankten wir die Treppen hinunter und mir hätte es eigentlich schon längst gereicht, wäre am liebsten ins Bettchen gegangen – übrigens Bett! Gleich fragte ich Waldi noch einmal, wo denn seine

Bettstatt eigentlich stünde, in die er uns eingeladen hatte. Der aber war jetzt erbost darüber, ihn schon wieder mit solch Fragenkram zu belästigen.
»Wirst schon noch früh genug erfahren, wo ich wohn'! Sei doch nicht so nervig!«, dabei packte er Wolfe unterm Arm und spöttelte:
»Gell Wolfe, wir zwei brauchen gar kein Bett, wir hau'n einen drauf, heut' Nacht!«
»Hast ja recht, altes Haus!«, lenkte ich ein und schlug ihn gewohnheitsmäßig mit der flachen Hand kräftig auf den Rücken und dachte dabei: »alter Saukopf, gräulicher!«
Im Dreigespann, mit eingehängten Armen und abwechselndem Stechschritt mal links, mal rechts, marschierten wir mitten in der Reichsstraße bergan – vorm Tanzhaus rechts abgebogen – dem *Kaffeehaus* zu. Auch in dieser Kneipe waren wir gerne zu Gast, weil es dort eine Musikbox mit den aktuellsten Hits gab. Warum sich beim Erinnern ans Kaffeehaus noch immer ein Hauch von Romantik und das Gefühl der Behaglichkeit einschleicht, ist mir rätselhaft. Die harte unbequeme Bestuhlung, der kalte Fliesenboden und eine eher spartanische Ausstattung der Räumlichkeit gaben dazu überhaupt keinen Anlass. Mein Nachsinnen bringt die Lösung:
Es lag an den Tischdecken! Sogar Vorhänge gab es, vielleicht waren auch die verstaubten Plastikblumen auf jedem Tisch und ein paar Sofakissen auf der langen Holz-Eckbank daran beteiligt. Welch ein Unterschied zum Pauli! Dort hockten wir unbeeindruckt hinter ver-

schmierten Resopaltischplatten, vor uns der traditionell überquellende Aschenbecher. Sollte man mich jetzt einer Schleichwerbung für den Werkstoff Resopal bezichtigen, halte ich es zu meiner Verteidigung für unwahrscheinlich, dass nun deswegen Leser eine LKW-Ladung dieses Werkstoffs ordern – also, bitte regt euch wieder ab!

Zurück ins Kaffeehaus – siehe da – wir waren nicht alleine! An einem Ecktisch saßen drei weibliche Teenager, die Waldi zu unserer Überraschung vorsorglich postiert hatte und zu denen setzten wir uns. Das hier gefiel mir schon wesentlich besser als die saufenden Gäste im Pauli. Doch bald zeigte sich, dass meine Nullerfahrung mit dem anderen Geschlecht sehr schnell offenkundig wurde und ich den beiden Kumpels gegenüber deutlich ins Hintertreffen geriet. Während sie unbekümmert herumknutschten, saß ich schüchtern neben einer Tusnelda, die ihrerseits meiner Schüchternheit in nichts nachstand. So half wenigstens die Musik als gemeinsame Wellenlänge, uns aufzulockern. Sechs Songs für eine Mark? Könnte sein. Meiner Partnerin überließ ich die Wahl und war erstaunt, wie gut sie die Titel traf, alles nach unserem Geschmack, super!

Nun war ich sozusagen in *Saufzwang* geraten, musste mir etwas Mut zulegen und so vergingen die Stunden und als ich bis dahin nicht weiter gekommen war, als ihr einmal verlegen an den Busen zu grapschen, gab ich auf. Mir war jetzt dusselig und schließlich wollte ich meine Schlafstätte noch finden, also kam der Abschied und, wie ich es befürchtet hatte, war von Waldi

Improvisationskunst gefordert. Der war tief beschäftigt mit weichen Körperformen und ich musste mir Stück für Stück seiner Adresse erobern. Er schenkte mir nur halbes Ohr und konnte sich alkoholgeschädigt schlecht konzentrieren.

Die Straße – die Hausnummer – das große Hoftor – der Hintereingang – die Treppe hoch – erster Stock, aha – linkes Zimmer – das Bett! So gehe ich die Sache durch und abschließend die Schlüsselfrage: »Schlüssel?«

»Da ist alles offen«, stöhnte er zurück und war schon wieder wo anders. Leicht fuchsig schwankte ich nach draußen. Ein solcher Sauhammel dachte ich, typischer Chaot, hätte mir sein windiges Quartier gefälligst rechtzeitig verraten können!

Es war gegen ein Uhr, die frische Nachtluft tat mir gut aber erst jetzt wurde mir klar, welche Fuhre ich geladen hatte, ich konnte nicht mehr geradeaus gehen. Immer wieder kamen die Hauswände auf mich zu und ich hielt sie mit ausgestreckten Armen fern von mir. Und als ich über einen Gehsteig stolperte und der Länge nach hinschlug, verzieh ich mir sofort, da solch ein Versehen in den besten Familien vorkommen kann – nur, warum setzt man einen Randstein so hoch, dass jeder hinfallen muss? Das war die eigentliche konstruktive Kernfrage. Je länger ich unterwegs war, umso mehr drehte sich mein inneres Karussell und ich hatte Not, die Orientierung nicht zu verlieren. Wo bin ich jetzt? Wohin musst du gehen? Die zwei Fragen beschäftigten mich andauernd. In dunkler, aber relativ guter Erinnerung sehe ich mich vor einem Tor, nein, es waren zwei Tore!

Hausnummer stimmt, also dieses Tor! Es kommt mir entgegen und ich stoße es zurück – wumm! Und es bellt ein Köder wie verrückt!
Wo ist der Griff? – Schlüssel? – Ach, ist ja offen, hat Waldi gesagt. Denkste! – zu ist es, dieses verflixte Tor! Nichts zu machen, du musst da drüber! Schaffst du es nicht, bist du verratzt!, ängstet es in meinem Hirn. Hochgesprungen – noch mal – vergeblich ...
Mit einer unheimlichen Angst – als hetzten tausend Höllenhunde hinter mir her, wuchte ich mich wieder empor und als hätte Superman mich persönlich beim Arsch und Genick gepackt und hinübergeworfen, stürze ich zu Boden. Was war das für ein unerträglicher Lärm – das schlingernde Holztor und der kläffende Hundling – oh weh, meine Kniescheiben, Ellenbogen, die armen Arme! Zum Heulen elend und von allen guten Geistern verlassen, stehe ich wie versteinert vor der fremden Haustür. Die Straßenbeleuchtung hat hier nichts mehr verloren, es ist stockfinster da hinten. Ich warte – das Blut muss sich erst beruhigen, es schießt dröhnend durch meine Adern.
Ich habe Angst – wo bin ich? Was habe ich getan? Ist der Hund eingeschlafen? Ruhig ist es jetzt. Die Haustüre – wird sie offen sein? Probiere es doch, oder glaubst du, der Waldi lügt? Das Tor war zu, er lügt! Er hat dir einen Streich gespielt, du stehst im falschen Hof! Zweifel packen mich und ich den Griff: Die Tür ist nicht verschlossen. Langsam und knarrend öffne ich sie und taste mich ins Innere. Lautes Schnarchen verrät mir: Du bist nicht allein, mein Freund. Bei absoluter

Dunkelheit brauchst du zusätzliche Informationen, also gehe ich in die Knie und taste mich mit den Händen voran. Die Kellertreppe? Hinunter willst du nicht, also wo geht es hinauf? Da ist die erste Stufe, aha, Holz! Pass gut auf! Holztreppen knarren, das kennst du doch von zu Hause. Behutsam schleiche ich mich hoch. Stufe für Stufe, halte inne und lausche. In mir pocht es wie in einer Kesselschmiede und die Zahnräder im Hirnkasten laufen auf Hochtouren, aber im Leerlauf eines Trunkenbolds. Der Schnarcher setzt aus. Ist er erwacht? Hat er mich gehört? Ich komme mir vor wie ein schäbiger Einbrecher. Ui! Jetzt hat er aber Luft gezogen! Nur mit Mühe kann ich das Lachen unterdrücken, so ulkig hört sich die Schnarchoper an. Mir wird bange, wenn ich daran denke, womöglich im falschen Haus zu sein.

Bezüglich der Hausnummer tauchen große Fragezeichen auf; vielleicht habe ich in meinem Halbrausch etwas missverstanden? Ich fühle das Treppenende, die Wand und einen Türrahmen, hier könnte es sein! Das Schnarchen ist da oben so laut, als läge der Penner vor dir, sein Konzert erfüllt das ganze Häuschen. Todesmutig drücke ich den Türgriff und verschwinde im Raum. Mit angehaltenem Atem und jederzeit zur Flucht bereit, stehe ich da und spitze die Ohren, zu sehen gibt es nicht das Geringste. Bin ich allein? Ich denke, ich bin es, taste nach einem Lichtschalter. Waldis Zimmer! Seine Büchertasche, dort die Klamotten. Mir fällt ein Stein vom Herzen und ich ziehe mir die Schuhe aus, die Jacke und die Hose, lasse nochmals den Blick durchs

Zimmer schweifen: Ein kleiner Raum, das Bett, Tisch mit Stuhl, ein schmaler Schrank, erschöpft lege ich mich ins Bett und bin auf der Stelle weggetreten.
Aus tiefem Schlaf fuhr ich hoch, als plötzlich an der Bettdecke gezerrt wurde.
»Wie bist du reingekommen? – das Tor war doch zu«, hörte ich Waldi erstaunt an mein Ohr lallen.
»Hm – kein Problem für mich«, gurgelte ich zurück, ließ ihn im Unklaren und der Schlaf hatte mich wieder.
Ein weiteres Mal erwachte ich, als nochmals die Zudecke in Bewegung geriet. Wolfe war heimgekehrt und der zog Waldi energisch aus dem Bett.
»Komm, du liegst schon lange genug da, lass mich auch noch eine Runde pennen!«, lallte auch Wolfe und nötigte Waldi, auf dem Fußboden zu schlafen. Der meckerte zwar, doch eingewickelt in eine Wolldecke schlief er auf dem Bettvorleger sogleich wieder weiter.
Als wir morgens aufwachten, rieben wir uns die Augen: Da lag ja noch ein Spätheimkehrer auf dem Fußboden und gab einen satten Klang von sich.
»Wer ist das denn?« Waldi, der zuständige Fachmann für Untervermietung, fragte halblaut hinter dem Rücken des Penners an:
»Hey Jazz, bist du es?« Tatsächlich, Czerny oder *Jazz* drehte sich um, kratzte sich hinter den Ohren und grinste uns an.
»Hast wohl kein besseres Quartier bekommen? Du hättest schon vorher was sagen können«, maulte der Zimmerherr. Jazz stammte aus einer anderen Klasse und unterhielt zu uns eigentlich keinen Kontakt, doch

war er gelegentlicher Asylant bei Waldi, wie wir jetzt hautnah erfuhren. Als Erstes riss ich das Fenster auf, um den Mief hinauszulassen. Dann machten wir nacheinander Katzenwäsche am kleinen Waschbecken und brachten unsere Kleidung in Ordnung und lautlos schlich einer nach dem anderen die Treppe hinab, wir verließen das Haus, verfolgt vom Hundegebell des alten Kläffers.

Jetzt galt es aufzupassen, damit wir nicht von Professoren entdeckt würden, die um diese Zeit in die Schule kamen, doch in dieser Praktik waren wir bestens trainiert. Zuletzt mischten wir uns unter die externen Schüler, welche nun in Scharen durch die Pforte ins Internat strömten. Dort wandten wir uns zuallererst an Rolf, und die Anspannung wich aus unseren Zügen, als wir von ihm hörten: »Alles in Butter!«

Wäre ich ein Stier – tränke ich kein Bier.
Wäre ich das Bier – ließe ich mich saufen.
Wäre ich der Säufer – ließe ich es laufen.

Jetzt, da wir in der Lektüre schon so weit fortgeschritten sind, könnte sich ein aufmerksamer Leser, eine Leserin doch einmal fragen:

»Was war eigentlich mit dem Sex? Ist der Schreiber prüde und schweigt sich aus, oder war nur tote Hose bei euch?«

Freilich, in vielen Büchern ist von nichts anderem die Rede, doch sollte das kein Maßstab sein. Bei uns war eben damals der Stellenwert dieses Themas nicht so hoch angesiedelt, wie das von unseren heutigen, industriell heftig aufgeilten, Zeitgenossen gesehen wird. Maulhelden, ja, die gab es natürlich! Doch die Mehrheit war eher aufmerksamer Zuhörer, schwieg dezent und war genussvoll aber klammheimlich mit sich selbst beschäftigt. Fielen diesbezügliche Schlüsselworte – etwa wie *Schwarzdruck* oder *Kalte Bauern* vors Bett legen – konnten die unteren Jahrgänge mit solchen Redewendungen nichts anfangen und wurden auch nicht aufgeklärt. Wuchs man mit den Jahren ins Verstehen hinein, war man selbst erstaunt, solche vom Staub schwärzlich gewordenen Lustflecken auf den Holzdielen nicht beachtet zu haben und auch nicht auf die verrückte Idee gekommen zu sein, solche derart zu platzieren. Darüber hinaus – mir fällt da eben der Witz eines ehemaligen freizügigen Chefs ein, der das plausibel macht:

Zwei Jungen liegen im Bett. Fragt der eine:

»Onanierst du ...?« »Aber sicher!«

»... dann nimm gefälligst den Deinen!«

Nun, – so was soll vereinzelt vorgekommen sein.

Insgesamt aber konnte die Sexualität an Popularität dem Thema Nummer eins, *König Fußball*, nicht das Wasser reichen. Auch dämpfte unsere Triebe anscheinend jenes bereits erwähnte Soda, welches angeblich den Speisen reichlich zugefügt wurde. Und schließlich gab es keine aufreizenden Sexfilme, die uns heutzutage bereits zu jeder Tageszeit in vielen Kanälen auflauern. Porno-Druckerzeugnisse und Nacktposter? Für uns jedenfalls – Fehlanzeige! Nur das züchtige Foto seiner hübschen Schwester, angeheftet mit Reißzwecken an der Innenseite der Schranktür, solches war nach des Paters kritischem Blick und peinlicher Hinterfragung gerade noch akzeptabel. Ausgeschnittene Schauspielerinnen waren dagegen verpönt, sie wurden einfach von den *Schwarzen* abgerissen – es sind klaro die Kuttenträger gemeint. Ja, das war schon eine schmucklose Unterkunft: Nirgends gab es ein Plätzchen, um seine Erinnerungsutensilien aufzustellen, und die einzige Möglichkeit, etwas Papiernes anzubringen, war die Spindtüre und die wurde zensiert. Soweit die nüchterne Bestandsaufnahme eines vermutlich stark überschätzten Themas: Sex hinter dicken Klostermauern.

Aber draußen, in der Freiheit? Taten sich hier wenigstens sexuelle Chancen auf, mit dem sphinxhaft anderen Geschlecht, fragst du begierig? Für mich gesprochen und wohl für die meisten Schüler: »Pustekuchen!« Voller Scheu begegnete das Unvermögen in Person der unnahbaren Rätselhaftigkeit. Wie sollte es da zum großen Abenteuer kommen? Immerhin, es gab Ausnahmen.

In den beiden letzten Klassen hatten sich vereinzelt Frühreife vollkommen alleine in weiblich aufreizender Gesellschaft befunden und ihren Berichten nach war dabei auch das *Schlimmste* geschehen. Ich mochte das auch gar nicht anzweifeln, da der Betreffende sogar einen roten Kopf beim erzählen bekommen hatte, was eher für den wahren Tatbestand spricht, psychologisch betrachtet. Die Umstände, in denen das Unaussprechliche geschehen konnte, waren mir nicht minder unheimlich vorgekommen. Wir erinnern uns daran, wie wir ausbrachen, die Nacht harmlos bei Waldi verbrachten und erst morgens ins Internat zurückkehrten? Bei ähnlichen Aktivitäten nahmen fortgeschrittene Elemente Chancen zu Liebesabenteuern wahr. Unbeteiligt an solchen doch sehr seltenen Ausschweifungen kann ich leider nur Fragmentarisches wiedergeben, was mir in dieser Hinsicht zu Ohren kam; immerhin aus erster Hand.

Im Winter geschah es – sein erstes Mal! Die Nacht – eiskalt, da bibberte man mit! Und die Tussi, welche er aufgegabelt hatte – mannstoll und mit allen Wassern gewaschen – sie weiß Rat, wo es geht:

»Na – der *Papierkeller* ...«

»'nen Papierkeller?« – aber Fräulein, nichts wie hin! – Der Informant erzählt ...

Wohin? – Keine Ahnung – irgendwo in der Stadt, zuhinterst in einer schmalen Gasse ... Er würde aber da jederzeit wieder hinfinden, so seine Rede. Also dann – in völliger Dunkelheit – eine steile, eiserne Wendeltreppe hinab – hinunter in die Unterwelt.

Gespenstisch, unheimlich da drunten, im Dunkeln! Das Brummen der Heizanlage und endlich – hinter einer Feuertür – wohlige Wärme. Die Tussi kennt den Weg, der durch enge Gänge führt, zwischen aufgestapelten Papierballen aus dem großen Aktenshredder findet sie mit schlafwandlerischer Sicherheit den Lichtschalter – und eine Funzelbirne spendet schon kurz darauf einer pikanten Szene romantische Beleuchtung! Irgendwie faszinierend sei das gewesen – aber furchtbar staubig!

So wurde der *Papierkeller* bei interessierten Kreisen zum Geheimtipp. Es klappte so lange reibungslos – nein!, *problemlos*, muss es heißen! – bis ein andermal ein anderer eine andere dorthin verzogen hatte und jener Liebesritter mir bereitwillig ein Erlebnis der besonderen Art schildere:
Während des Liebesgeschäfts habe es gerumpelt, der Lastenaufzug kam herunter, um eins, mitten in der Nacht! Jetzt war aber Schluss mit lustig!
Hosen rauf und weg vom Fleck! Ein Blaumann trabte an, wahrscheinlich der Hausmeister. Das flüchtende Pärchen verfolgend – aber mit Hindernissen heruntergerissener Papierballen ausgiebig versorgt – so konnte man unerkannt entrinnen.
»Verpfiffen hat man uns, das steht fest, denn was hat der Kerl nachts in der Heizung verloren?«, war der frustrierte Kommentar.
Zweifellos muss mich die Geschichte seinerzeit sehr beeindruckt haben, denn auch heute noch, fällt das Wort Hausmeister, läuft ein solcher in meiner Fantasie immer in einem düsteren Papierkeller herum und trägt einen Blaumann.

Alte Geschichten halten uns jung.

Die letzte Prüfung

Mit unbändigem Fleiß hatte ich mich zu Beginn des neuen Jahres in die Arbeit gestürzt. Hoppla, mögt Ihr denken, was ist mit dem geschehen? Der gehörte doch, wie wir ja nun wissen, nicht zur fleißigsten Kolonne. Ich war da nicht allein: Alle Schüler der Abschlussklassen hatte jetzt die Arbeitswut gepackt oder anders ausgedrückt – die Panik erfasst. Nur von ganz wenigen einmal abgesehen, unserem Johnny zum Beispiel, der vermeintlichen Wiedergeburt eines Englisch-Lehrers, er machte keine Anstalten intensiver zu arbeiten, der blieb faul wie immer.

Soweit hatte ich es also nun gebracht an dieser Schule, vorgerückt bis in die sechste Abschlussklasse. Und ganz gut habe ich mich behaupten können, denke ich nur an die trostlose Ausgangslage, oder an den Eukalyptusfresser, diesen verfluchten Volksschullehrer und Klavierschinder, der mir verhasst war, bis zu den kleinen Zehen hinunter. Jetzt ging es also ums Ganze!

»Du musst den Abschluss packen, sonst war alles für die Katz!«, murmelte es unentwegt in mir. Jegliches Denken fand sich letztlich in diesem Teufelskreis wieder, gar nichts gab es mehr, im sechsten Monat vor dem Abschluss, was mich von dieser zentralen Sorge abbringen konnte. Jede versuchte Ablenkung war vergeblich, weil immer gleich der Bammel durchschlug, womöglich den Sprung nicht zu schaffen, hängen zu bleiben, als Niete heimzukehren. Mein Gott, wann findet diese Quälerei ein Ende?

Es gab ein Fach, das den meisten unserer Klasse echtes Kopfzerbrechen bereitete. Du kannst es dir denken? Englisch! Damit noch Zeit zu verschwenden, wäre ein hoffnungsloses Unterfangen. Wie will einer in kurzer Zeit drei Jahre Stoff nachholen? Also unterließen wir das und kalkulierten mit einer gnädigen Fünf. Was aber, wenn eine ehrliche Sechs dabei herauskommt? Dann sind wir platt! Das also war der schäbige Flicken auf unserem Nervenkostüm! Es durfte bei einem anderen Fach einfach nichts schief laufen. Nur so bestand eine reelle Chance durchzukommen. Eine verpatzte Arbeit in Mathe oder Physik und schon wäre alles gelaufen! Deswegen die Panik, der Lerneifer, oder treffender – die Lernwut in uns!
Mit jedem Tag fühlten wir uns jetzt erwachsener, die existenzielle Sorge hatte daran wesentlichen Anteil und bei der morgendlichen Rasur schauten wir in ein verändertes Gesicht. Zweifelnder Blick in den Spiegel: Ich bin das – dieser bärtige Bursche, der so ernst blickt? Wo ist der Lauser geblieben mit seinem fröhlichen Grinsen? Auch den Patres gegenüber hatte sich einiges verändert, man sprach jetzt in anderer Form und reiferer Einstellung mit ihnen. Da sie auch uns wie ausgewechselt erfuhren, sahen sie nun einen erwachsenen Berufsanwärter vor sich; den albernen Schüler von einst gab es nur noch in Erinnerung. Förmlichen Ausdruck fand dies auch in den neuen kleinen Schlafräumen, die wir im letzten Schuljahr bezogen hatten, wo nur noch vier bis sechs Betten standen. Auch zu Tisch saß die Abschlussklasse in einem separaten

Raum, der sich neben dem großen Speisesaal befand. Unsere jüngeren Mitschüler kamen uns zunehmend kindischer vor, was zur Absonderung führte und von denen als Arroganz gewertet wurde. Es war eben der große Schritt in die Erwachsenenwelt, der immer das Kind zurücklässt, weil anders dieser Lebensschritt nicht zu vollziehen ist.
In jenen Tagen kamen Berufsberater ins Haus und wir informierten uns über Berufsbilder, erhofften uns Klarheit über vage Berufsträume zu verschaffen. Anhand eines Handbuches, welches die Berater jeden Absolventen überließen, sollten wir uns in aller Ruhe einmal schlüssig werden, was denn unsere Neigung wäre; später wollte man mit uns nochmals darüber persönlich reden. Da stellte ich schnell fest, so einfach war das nicht! Die meisten Berufe lagen so weit von meinen Vorstellungen entfernt, dass ich sie nicht fassen wollte. Andere schienen mir so trocken, dass ich sie mied und weitere waren so exotisch, dass mir der Mut fehlte, etwas davon ins Visier zu nehmen. Stell dir nur vor, wäre ich Destillateur geworden – ich mag keinen Schnaps, trinke nur Bier und Wein – was für ein Flop! Oder Parfümeur – ein Fiasko wäre daraus geworden! Weil ich inzwischen durch ärztliche HNO-Kunst meinen Geruchssinn fast vollständig verloren habe. Würdest du ein Parfüm kaufen, das ein *Geruchsblinder* komponiert hat? Du meine Güte, wie sich das anröche! Aber wer weiß – Extravaganz hätte vielleicht dafür was übrig? Also blieb nur wenig für die engere Wahl: der Ladenlümmel im elterlichen Geschäft? Hinter der Türe,

griffbereit der Lederriemen – wahrscheinlich doch nicht der richtige Job für mich. Der Elektro- oder Maschinenbauingenieur? Bei meiner miesen Mathebegabung? Vergiss es! Eine Banklehre? Als Einstieg ins morsche Dachgebälk der Maklerei und womöglich in die Hochfinanz? Ja, das schon eher. Mit Geld lässt sich mancherlei anfangen, auch die Mathematik dazu würde mir genügen, soweit könnte ich allemal zählen, wie mir Geld in die Finger kommt.

Feiner Zwirn, volle Taschen, leeres Hirn – und keine öligen Pratzen!

Dieser Gedanke schlich sich völlig unbeabsichtigt ins Hinterstübchen, doch wegen des artigen Reims durften die paar Wörtchen stehen bleiben. Na ja – Blödsinn! Grips darf natürlich nicht fehlen, besonders wenn es um Geld geht, ist doch klar!

Mein Vater empfahl mir die Handelsmarine, da könnte ich die ganze Welt sehen: zu viel Wasser! Mir genügt der Atlas im Bücherregal und der Blick ins nächtliche Weltall, das ist mehr als genug!

»Oder Staatsdiener? – Der Versorgung wegen!«, kam nachdenklicher Rat von Mutter. Nein, ich wollte lieber für mich alleine sorgen und gerne auch für die Beamten, wenn das schon nicht vermeidbar ist. Das war aber ein Riesenfehler! Unser Volk dümpelt allmählich in den Ruin, und ich sitze dabei im falschen Boot! Politiker müsste man sein: Solche lassen rudern! Oder Beamter: Der lässt für sich sorgen!

Also, es blieb dabei: Nach der Schule eine Banklehre, dann sehen wir weiter. Da mit den Prüfungen auch die

Abschlussfeier näher rückte, eröffnete mir Professor Zeh, mein Klavierlehrer, eine Neuigkeit:
»Du bist als Solist mit dem Capriccio von Händel eingeplant und hast deshalb ein perfektes Stück zu bieten!« Sehr schöne Schweinerei, dachte ich – habe ja zur Zeit sonst kaum Wichtigeres zu tun, als Klavier zu üben! Es half nichts, das Stück musste zusätzlich noch bewältigt werden und so lernte und klimperte ich, in den letzten Wochen vor der Prüfung, auf Teufel komm raus! Nachts lag ich stundenlang mit offenen Augen wach, starrte zur Zimmerdecke und konnte die unguten Gedanken nicht abschütteln. Endlich war die Zeit der Prüfungen herangerückt und etwas Erleichterung stellte sich ein, die Folter des angstvollen Wartens war zu Ende gegangen. Über knapp zwei Wochen werden sich die Abschlussarbeiten erstrecken, Religion, das *wichtigste Hauptfach* der Schule, eröffnet den Reigen der Prüfungsfächer. Ich hatte den Spickzettel mit den ellenlangen Datumsreihen auf dem Knie liegen, und weil Sterry in meiner Nähe stand, drückte ich den Zettel mit dem rechten Knie gegen den Boden des Schreibpultes. Sterry schlug schier Wurzeln neben mir und die gestreckten Zehen ließen allmählich das Bein erzittern. Mir lief es heiß in den Kopf. Wenn Sterry nicht weitergeht, bekomme ich einen Wadenkrampf! Was dann? In letzter Sekunde vor meinem vermeintlichen Aufschrei wanderte der Pater weiter und ich ließ erschöpft das Knie sinken. Warum tat ich das vorher nicht? Ich konnte nicht, es war am Pultboden wie angenagelt, ein seltsamer Reflex, eine Hirnblockade! Die Arbeit lief

aber gut, ich war mit mir zufrieden und sah nun auch anderntags der Deutschprüfung, die sich über vier Stunden hinziehen sollte, einigermaßen gelassen entgegen. Auch gut gelaufen. Insgesamt konnte ich nicht klagen, bis auf Mathematik, wo ich bei einigen Aufgaben gegen eine unüberwindliche Mauer rannte und keine Lösung anzubieten hatte.

Und am Ende war Englisch an der Reihe! Ich war jetzt soweit sicher, keinen Bock in den übrigen Fächern geschossen zu haben, so hatte ich den Rücken frei und mit strahlender Miene setzte ich mich zur Verwunderung der Nachbarschaft ans Pult. Ich sagte mir schlicht aus purer Verzweiflung:

»Jetzt kannst du machen, was du willst – es kann dir nichts passieren. Die Sechs ist einkalkuliert und wenn du die Fünf schaffst, bist du der King! Hurra, wo bleiben die Bögen?« Es wurde für mich die coolste aller Prüfungen. Ich war wie verwandelt, schaute mich im großen Studiersaal um, sah in verzerrte Gesichter, war selbst befreit vom Bluthochdruck der anderen, die mit roten Köpfen das Unheil erwarteten. In mir herrschte erzwungene Ruhe und Harmonie: Ich hatte Frieden mit der *bösen Note* geschlossen. Die Blätter wurden verteilt, auch die Vorlage der Übersetzung. Augenblicklich fand ich meine innere Notvorkehr bestätigt. Wie sah der englische Text fremd aus! Wer konnte den dolmetschen? Wir waren doch alle Sirs Schüler. Und der deutsche Text, der zu übersetzen war, wie sollte ich den in Englisch erraten? Einfach unmöglich!

Die Saalaufsicht hatte ein eigenartiges Gesicht

gemacht, während sie die Bögen verteilte – süß säuerlich blickte sie uns dabei an. Es war eine auswärtige Aufsicht, wir kannten die Person nicht, uns war es egal. Ein leeres Blatt gibt sechs, ganz sicher! Ich lehnte mich also zurück im Stuhl und saß mit verschränkten Armen da und guckte durch die Gegend. Da war auch einer, der die weiße Fahne gehisst hatte. Wir grinsten uns an und fanden uns im Blicktrio mit der Aufsicht zusammen. Es wurden immer mehr Federhalter niedergelegt und die noch schrieben, kamen in die Minderzahl. Eine Viertelstunde war wohl vergangen und mein Papier war rein weiß, wie es weißer nicht geht. In meinem Umkreis gab es auch kein *Englisch-Ass*, ich saß verschollen wie auf einer Insel fest, konnte nichts um mich her aufpicken. Dort drüben herrschte etwas Aktivität, um den Winfried herum, und im Umfeld von Johnny. Sonst aber sah man nur Elend – tote Hose!

Da geschah etwas Merkwürdiges – ein Wunder! Die Aufsicht hatte uns den Rücken zugewandt und stand mit nach hinten verschränkten Armen demonstrativ vor uns. Was bedeutet das? Eindeutig: Abschreiben! Erste Anrainer bei Johnny hoben die Hintern und spähten auf seine Arbeit. Immer mehr folgten und da sich die Aufsicht in äußerst seltsamer Manier seitwärts bewegte, ohne umzuschauen, und schließlich in der Ecke stehen blieb, mit dem Rücken zu uns, bedurfte es keiner weiteren Einladung mehr. Unerschrocken erhoben sich sogleich Heerscharen von Schülern und gingen mit ihrer Vorlage in die Futterzonen. Die Aufsicht aber stand mit hochrotem Kopf unentwegt in der Ecke und wagte nicht, sich umzudrehen, denn sonst hätte sie ja jemanden beim Abschreiben gesehen. Ich glaube, das war die Formel, auf die alles hinauslief und die man der *guten Frau* schonend von höherer Warte aus beigebracht hatte. Schließlich konnte es nicht im Interesse der Schule liegen, drei Viertel der Absolventen abstürzen zu lassen. Jetzt war es so, als fände die Prüfung ohne Aufsicht statt. Auch das war für uns noch schwer genug, einigermaßen Richtiges aufs Papier zu bekommen. Nur so gelang es schließlich mit Hängen und Würgen, mit Rückenwind und durchs Zudrücken beider Augen eine durchschnittliche Vier zu erreichen. Versuche das einmal, wer selbst kein Englisch kann. Eine reife Leistung – trotz allem! Mit einer allergnädigsten Englischnote im Zeugnis hatte ich mehr erreicht, als ich im kühnsten Traum zu hoffen wagte. So war ich nun hoch zufrieden und die meisten der Klasse auch.

Zur Jahresmitte 1959 fand nun die lang ersehnte Abschlussfeier statt, wo auch die Reifezeugnisse verteilt werden sollten. Im Speisesaal schafften Schüler bis zur Mitte des Saales die Tische fort und stellten Stuhlreihen in den entstandenen Freiraum. Vorne kam das schwarze Klavier in den Vordergrund, ein Rednerpult wurde aufgestellt, einige Buchsbaumkübel zur Dekoration hereingekarrt und die Vorbereitungen zur Feier waren abgeschlossen.

Im Laufe des frühen Vormittags trafen die ersten Eltern ein und ein emsiges Treiben erfasste das Haus. Viele Klassenkameraden begannen jetzt ihre Schränke zu räumen und die Habseligkeiten in den Autos der Eltern zu verstauen, damit sie gleich nach der Feier abhauen konnten. Ich saß unterdessen mit Zeh zusammen am Klavier und spielte ein letztes Mal vor meinem Auftritt das Stück zur Probe durch. Kadenzensepp war zufrieden und entließ mich, er nahm sich einen weiteren Solisten vor.

Inzwischen waren auch meine Eltern gekommen und freudig begrüßten wir uns und ich begleitete sie in den Speisesaal, wo sie Platz nahmen bei den übrigen Eltern, die dort mit ihren Söhnen saßen. Als Solist hielt ich mich mit ein paar anderen *Vortragskünstlern* in der Nähe des Instruments auf. Nun folgte die Ansprache unseres Herrn Pater Direktors, der die Eltern gegrüßte und ernsthafte, aber tröstliche Gedanken zum Werdegang der Absolventen vortrug. Kurz gefasst:

Bei unserer schulischen Ausbildung – was soll da schon schief gehen?

Dann war ich dran. Ich stand auf, meldete, was ich vorhatte:

»Ich spiele das Capriccio in F-Dur von Georg Friedrich Händel«, verbeugte mich leicht und setzte mich ans Klavier und neben mir saß, wie gewohnt, Kadenzensepp als Beifahrer sozusagen. Wer erstmals vor größerem Publikum so etwas vorführt, hat wahrscheinlich auch feuchte Finger, so wie ich sie jetzt hatte. Das Klavier kann einem sehr vertraut sein, aber in solchen Sekunden wirkt es wie ein Fremdkörper auf dich. Du weißt zwar: Das Stück spielst du im Schlaf, nur – jetzt bist du wach! Und du denkst: Hoffentlich bleibst du nicht hängen, tappst nicht daneben! Dem Pianisten geht es hier wie dem Redner, der Angst davor hat, den Faden zu verlieren oder einen Black-out zu bekommen – ein scheußliches Gefühl! Die Übung alleine hilft da nicht weiter; die Routine könnte helfen aber das war jetzt eben der erste Auftritt.

Weil dem Musikprofessor dieser Umstand bestens geläufig war, hatte er in Sorge um sein Renommee noch mehr Angst auszustehen als der Solist. Ich spürte seine Anspannung und sah die kleinen Schweißperlen auf seiner Stirne glänzen. Er litt wie ein Fahrlehrer, der sein vertrautes Bremspedal vermisst, er war auf Gedeih und Verderb dem Spieler ausgeliefert. Im Saal herrschte erwartungsvolle Stille und mit zittrigen Fingern griff ich in die Tasten. Nach einigen Takten wurde ich innerlich ruhiger und ich spürte, wie ich vertrautes Terrain zurückgewann. Zur Mitte des Stücks liefen die Finger bereits wie von selbst und ich hatte sogar den Mumm, nach dem Professor zu schauen, der im Geiste den Tönen folgte und die Seiten umschlug. Seine Schweißperlen sind größer geworden, dachte ich und in dieser winzigen Ablenkung war für den Bruchteil einer Sekunde der Lauf der Gedankenautomatik unterbrochen und die Finger hatten prompt die Notenspur verlassen. Neben mir ruckte es augenblicklich nervös, denn auch in den grauen Zellen des Professors fanden die Töne keinen entsprechenden Anklang mehr und ich fühlte, dass wir in diesen Sekunden in unserem Erschrecken sehr gut übereinstimmten. Zwei ewig scheinende Takte lang – bestens durch die bereits zitierte Relativitätstheorie nachfühlbar, die bekanntlich das Sitzen auf der heißen Ofenplatte als Beispiel nennt – solange gingen die Finger fremd! Musste sich der Komponist deswegen schämen? Ich denke nicht. Meine Finger füllten in die Lücke zwar fremdes Tonmaterial, aber nur der Kenner wird dies bemerkt haben. Dann war der Anschluss wieder gefunden und nahtlos liefen die Hände ihren vertrauten Weg und ließen die Finger auf die Tasten fallen. Kadenzensepp atmete tief durch und als ich mich vor dem Beifall des Publikums verbeugte, wischte er sich seinen Angstschweiß mit einem großen weißen Taschentuch von der Stirn. Noch war für ihn nichts überstanden, es folgte gleich eine weitere Darbietung und dazu brauchte er eine aufnahmebereite Stirne.

Als dann die Reifezeugnisse an die Absolventen verteilt wurden, schüttelte Pater Direktor fleißig Hände, zeigte sein schönstes Lächeln, indem sein Goldzahn nur so funkelte, und wünschte uns alles Gute und Gottes Segen auf unserem weiteren Lebensweg. Mit ein paar Handschlägen nach hierhin und dorthin verließen wir den Saal, begaben uns heiterer Sinne zum Schrank, um ihn freizumachen für den Neuen, der hier nach den großen Ferien mit seiner Habe bangen Einzug halten wird.

*

Berufswahl hat was mit der Frage zu tun,
welchem Rudel man sich anschließen soll,
um fette Beute zu machen.

Nachwort

Vor längerer Zeit fotografierte ich die alte Internatspforte; vielleicht lässt sich das Bild für den Einband verwenden? Wie hat sich hier inzwischen alles verändert! Die konservierte Erinnerung scheint zu trügen, wenn ich die Veränderungen wahrnehme; in einigen Annahmen werde ich von den Tatsachen überrascht.
Wo genau stand der Kirchturm? Als ich ihn sah, war er näher ans schmiedeeiserne Tor gerückt, als ich dachte. Und sein Außenzugang? Er hatte keinen! Der Zugang ist seitlich in der Kirche, worauf ich kleine Korrekturen im Text vornehmen musste. So also spielt verstaubte Erinnerung uns Streiche!
Trotz dieser Ungenauigkeiten ist mir nicht bange um den wahren Inhaltskern der Episoden. Er entspringt meiner Jugenderinnerung und fließt zum überwiegenden Teil aus der Feder des nahen Sechzigers. Alleine dies bereitete mir beim Schreiben großes Vergnügen, da ich mit mir selbst ins Gespräch kam, über Zeiträume hinweg, die ich längst abgehakt hatte. Das führte zu überraschenden Reflexionen und zu mancher Korrektur von früheren Standpunkten, soweit diese noch greifbar sind.
Jedenfalls habe ich mich bei etlichen Berufsvertretern mit meiner forschen Feder nicht gerade eingeschmeichelt. Deswegen brauchen mir Rechtschreibreformer, Zahnärzte, Religionswissenschaftler, Machthaber, Künstler, Lehrer und Erzieher aber nicht gram sein – so schlimm war es ja auch wieder nicht – oder? Ich bin

eben ein unverbesserlicher Anhänger des *So-wohl-als-auch* und eifriger Fan des *Ungefähr-Exakten* und daher nicht an Konfrontation, sondern an Ausgleich, Einigung und Lösungen interessiert. Das Leben ist zu kurz, um es mit Hickhack zu vertun! Wege lassen sich immer finden und gibt es keinen, bahnt man einfach einen neuen.

Neue Wege werden sich im Komplex der Bildung ganz sicher auftun. Die Unabhängigkeit von so mancher Schule mag noch eine Vision sein, doch kann ich mir lebhaft vorstellen, wie es dazu kommen könnte.

Professionell aufbereitete, und bestens organisierte Wissenskonserven über jeden erdenklichen Lehrstoff, werden eines Tages die Lernenden zeitlich und räumlich unabhängig werden lassen. So dürfte immer mehr ein völlig neues Berufsbild den alten Lehrberuf verdrängen, *»the coach and Finder«*, ein *Lern- und Laufbahnberater* also, der seine Klientel begleitend durch das Dickicht der Bildungschancen zum vorher beratenen und abgesteckten Berufsziel führt.

Der Computer und seine Vernetzung kann diese Vision schneller Wirklichkeit werden lassen, als wir uns das vorstellen können. Dann wäre es endgültig Schnee von gestern, wenn ein Schüler den *Popocatepetl* und den *Citlaltépetl* als die beiden Vulkane Mexikos noch höchstpersönlich in seinem armen Kopf abspeichern müsste.

Immer wichtiger wird dann das *gewusst wo – gewusst wie*, solches Wissensgut schnell und zuverlässig zu finden, mit allesamt seinen Details. Wobei es auch frei

zugänglich für alle sein sollte!
Vielleicht wächst künftigen Generationen dann wieder mehr Freiraum zu, unmittelbare Geografie des eigenen Lebensraumes aufzunehmen. Kann etwa ein Nürnberger sagen, wo seine Pegnitz entspringt? Dass sie sich in der Nachbarstadt Fürth mit der Rednitz verbindet, welche wiederum aus den Zwillingsbächen Schwäbische und Fränkische Redzart hervorging, weiß er das? Eher wohl, dass Helengili im Nordmale-Atoll liegt und Male die Hauptstadt der Malediven ist.
Noch ein letzter Blick auf das Internat:
Brennend interessieren würden mich zwei Dingens:
Ob mein Klassenkamerad *Webs* noch immer unbeirrt von seinem Klub, dem 1. FCN und den Morlock Maxl schwärmt?
Und ob jemandem irgendwann im Leben in irgendeiner Form der *Hauptmann Diridaridadummdarides* oder sein *Putzfleck Fizzipuzzli* begegnet sind, welche uns stofflich im Deutschunterricht als komische Figuren zur Frühzeit der Gauklerbühnen nahe gebracht und eingedrillt worden sind?
Wir sind nun am Ende dieses Bandes, und hier fügt es sich passend ein, dass ich noch das Ende des Internats erwähne. Ich erfuhr es von *Wolfe*, der sich anno 2021 dort umsah: »Der Laden ist dicht – alles vorbei!«
Was bleibt, ist die Erinnerung ...
Danke – liebe Leserin, lieber Leser – für eure Geduld!

In eigener Sache

Als selbstverlegender Autor nimmt man gern jede Möglichkeit wahr, um seine Werke dem geschätzten Publikum vorstellen. Deshalb erlaube ich mir hier, auf weitere Bücher aufmerksam zu machen, welche kurz vor ihren »Stapellauf« stehen und hoffentlich schon bald verfügbar sein werden. Es sind ungewöhnliche Bände, gewidmet ungewöhnlichen Menschen.

Ein »Denkerband«, der schier grenzenlos breit und ratgebend gefächert zu sein scheint. Vorrangig geht es aber darum, Antworten auf viele drängende offene Gewissensfragen zu finden, sowie auch unseren Daseinszweck zu beleuchten, als auch zuverlässige Navigationshilfe ins Lichtreich zu bieten. Inneres Gleichgewicht, mehr Zuversicht und bessere Lebensqualität sind der Lohn! Kommen Sie mit auf eine spannende Gedankenreise? Durch Gefilde von Weltanschauung, Psychologie, Theorien und Erfahrungen bis zum Ziel nützlicher Erkenntnisse.

»Wunderliche Geschichten zum Lachen und Weinen« – ein vergnügliches Buch, das es faustdick in sich hat! Allerlei ungewöhnliche Erzählungen, Anekdoten und Kurzgeschichten sorgen für reines Lesevergnügen, auch wenn's manchmal weh tut ...

Der Band verdankt seine Entstehung einer Marotte des Autors, fast sein Leben lang alles Erdenkliche auf Zetteln zu notieren. Dadurch entstand eine faszinierende Sammlung von Sprüchen und Denkhappen aus einem Themenuniversum. Eine Auswahl von zweitausendfünfhundert Texten enthält diese Buch-Rarität namens »Hirnsteinsammlung«. Ihren Besitzern erschließt sich ein unerschöpflicher Ideenquell und jede Menge Diskussionsstoff.

Mit Lyrik nichts am Hut – dennoch fand's der Autor gut, es zu probier'n;
er sagt sich: Probieren geht über das Studieren!
Respekt den Lesern – viele Grüße! Man fragt sich, ob er es besser ließe?

Aber hallo! Nur Ihre Neugierde kann das beantworten; jedenfalls wird Ihnen die Entscheidung nicht leicht gemacht, versprochen!

Notizen